쟁점
한국사

현대편

쟁점
한국사

박태균 외 지음

역사는 하나가 아니다

　"5·16은 쿠데타인가, 혁명인가?" 역사적으로 규명되어야 할 이 질문은 언제부터인가 국회 인사청문회의 단골 질문이 되었다. 정권이 바뀔 때마다 역사는 바로 세워져야 하는 것이었으며, 박근혜 정권에 이르러서는 '역사는 오로지 하나여야 한다.'는 궤변이 등장하기에 이르렀다. 국민 모두가 이해하는 '국정교과서'라는 말 대신 '올바른 교과서'라는 신조어까지 등장하고, 역사학계에서 오랜 성찰과 연구를 통해 쌓아올린 학문적 성과들이 '올바르지 않은 역사'로 매도되는 것을 그대로 지켜볼 것인가.『쟁점 한국사』의 기획은 바로 이 같은 문제의식을 바탕으로 시작되었다. 역사교과서 국정화 논쟁이 한창이던 때 우리는 창비학당 강좌를 열었다. 우리는 그 기회를 통해 역사의 의미와 가치, 역사 공부의 중요성을 시민들에게 직접 전하고 토론하는 소중한 경험을 했다. 강좌에서는 고대부터 현대까지 24개의 주제를 뽑아 23명의 강사들이 우리 역사의 쟁점들을 하나하나 짚어나갔다. 이 책은 당시 이루어졌던 강의와 토론 내용을 묶은 것이다.

역사는 옛날이야기이기도 하고 그렇지 않기도 하다. 옛날이야기라는 것은 한반도를 무대로 살아왔던 우리 선조들의 삶과 생각의 자취, 한반도 주변이나 다른 세계와 벌였던 문명 교류 자체가 이야기로서 재미가 있다는 뜻이다. 그렇지 않다는 것은 과거의 사실과 행적들이 오늘을 사는 우리에게 분명한 의미와 메시지를 전하며, 우리가 앞으로 나아가기 위해 필요한 지혜와 통찰을 제공한다는 의미이다. E. H. 카가 역사를 '과거와 현재의 대화'라고 정의했던 것은 이 같은 맥락에서 비롯된 것이다.

역사는 하나의 교과서로 배울 수 있는 것이 아니다. 10명의 역사가가 있다면 10개의 관점이 있을 수 있다. 10개의 관점을 가진 이들이 주어진 사실과 역사적 맥락을 조합해 그려내는 10개의 다채로운 이야기는 좌와 우, 보수와 진보를 넘어 그 자체로 인간과 사회, 국가와 세계를 바라보는 관점을 풍성하게 만드는 소중한 자산이다. 이 책 집필에 참여한 23인의 연구자들 또한 마찬가지다. 고대사 사료에 대해 의견이 갈리거나, 근현대사의 여러 국면에 대한 해석이 제각각 다르지만, 그들이 한자리에 모여 다른 목소리를 내는 것은 '역사가 하나가 아니'고 '하나일 수도 없음'을 웅변하는 대목이다.

한 인간의 삶이 우여곡절을 겪듯 한 사회나 국가의 이력도 파란만장한 과정을 거친다. 화려하고 찬란한 기억도 있지만 지워버리고 싶은 부끄러운 기억도 존재한다. 즐겁고 화려했던 기억은 남기고 부끄럽고 부정적인 기억은 버리고 싶은 것이 인지상정이다. 그러나 그렇게 해서는 인간, 사회, 국가, 세계의 온전한 모습이나 진실을 알기 어렵다. 그뿐만 아니라 자의적으로 선택되거나 포장된 기억은 이후의 역사를 그릇된 방향으로 이끌 수도 있다. 이제 어느 한편의 입맛에 맞는 기억과 역사만 남기고, 그것을 단 하나의 교과서에 담아 주입하려는 시도는 중단되어야 한다.『쟁점 한국사』가 역사를 기억하고 공부하는 올바른 방향에 대해 깊이 성찰해보는 디딤돌이 되기를 바라는 마음이다.

"역사를 잊은 민족에게 미래는 없다." 일찍이 신채호와 윈스턴 처칠이 했던 이야기다. 사회적 동물이자 정치적 동물인 인간이 자신이 속한 공동체를 더 바람직하고 살 만한 곳으로 이끌어가려면 끊임없이 과거와 현실을 성찰해야 함을 강조한 언설일 것이다. 그런데 과거와 현실을 제대로 성찰하려면 다양하고 자유롭게 사고하고 토론할 수 있는 환경이 필요하다. '국정교과서 논란'을 계기로 역사, 역사 교육에 대한 사회적 관심이 역설적으로 높아진 오늘,『쟁점 한국사』가 대한민국이라는 공동체의 미래를 더 바람직하고 살 만한 곳으로 만드는 데 미력이나마 도움이 되기를 기대한다.

기획자를 대표하여 한명기

차
례

제대로 된 역사논쟁을 위해

탈냉전 이후 '역사전쟁'이라는 용어가 많이 등장하고 있다. '전쟁'의 역사를 연구하는 것이 아니라 '역사'를 놓고 전쟁을 하고 있다는 뜻이다. 좀더 정확히 말하자면 '역사를 보는 눈'을 놓고, 어떤 '눈'이 더 객관적이고 합리적인가에 대해 전쟁으로 표현할 정도의 심각한 경쟁이 진행되고 있다는 의미이다. 그런데 왜 학문의 영역에 있음에도 불구하고 '논쟁'이 아니라 '전쟁'으로 표현될까?

역사를 바라보는 눈에 대한 갈등과 논쟁은 결코 이상한 것이 아니라 당연한 것이다. 시대가 변하면 당대의 문제의식과 시대적 과제가 바뀌기 때문이다. 유학이 당대의 가장 중요한 가치관이었던 조선시대 역사책의 앞머리에 등장했던 기자조선이 19세기 이후 역사책에서 사라지거나 단군조선으로 대체된 것에 대해 그 누구도 이의를 제기하지 않는 것이 대표적인 예이다.

냉전 시기 독재정부를 합리화하는 시각만을 담고 있었던 한국현대사 서술이 탈냉전과 민주화 이후 수정주의로부터 비판을 받았고, 이로 인해 한국현대사에서 일어난 다양한 사건들에 대한 재평가 작업이 이루어졌다. 그리고 새로운 '눈'에 기초해 묻혔던 사실들이 발굴되었다.

　　시대가 바뀌었다면 변화된 시기에 적절한 새로운 역사서술이 필요한 것이다. 물론 역사를 해석하는 '눈'의 교체는 자연스럽게 일어나지 않는다. 시대의 변화를 달갑게 보지 않는 기존의 '눈'과 새로운 '눈' 사이에서 논쟁이 벌어진다. 이 과정에서 기존의 역사서술은 새로운 역사서술과 치열하게 부딪힌다. 한국에서는 이 부딪힘의 강도가 더욱 심한 편이다. 냉전 시기 독재체제로부터 민주화로 이행한 한국의 경우 새로운 역사서술은 기득권자들이 권력을 내려놓아야 할 이유를 설명하고 있기 때문이다. 즉 새로운 역사서술을 인정하는 순간 구체제에 기반한 권력은 더 이상 힘을 가질 수 없다.

　　상황이 이렇다보니 역사논쟁이 아니라 전쟁을 방불케 하는 심각한 갈등의 과정이 벌어지고 있다. 어느 시대, 어느 나라에서나 나타날 수 있는 역사논쟁이 한국에서는 유독 폭력적으로 나타나는 점은 큰 문제다. 기득권 세력들은 논쟁과 경쟁을 통해 자연스럽게 새로운 시대에 적합한 역사인식으로 교체되는 과정 자체를 받아들이지 못하고 있다. 이것이 검정교과서에 대한 색깔 논쟁과 국정교과서 제도의 부활로 표출되었다. 정부는 이미 정부의 심사를 통과한 교과서에 대해 수정을 요구했고, 그 요구를 거부한 연구자들을 법정으로 불러냈다. 심지어 해외에서 한국 역사를 가르치는 교수들이 새로운 역사인식에 근거한 자료를 이용하는 것에 대해서까지 사찰을 자행했다. 한국 사회가 그토록 비판하고 있는 일본에서도 볼 수 없는 폭력적인 모습이 한국사회에서 벌어지고 있는 것이다.

논쟁을 하면 될 것을 왜 역사교과서 국정화라는 무리수를 두는 것일까? 논쟁이 되지 않기 때문이다. 새로운 시대의 새로운 역사가 과거 냉전 시기 독재체제하에서 감추어지고 왜곡되었던 많은 사실들을 다시 밝혀내고 있는데, 그러한 사실들을 다시 감추려 하다보니 학문적 논쟁으로는 불가능했기 때문이다. 그래서 미국이나 일본, 그리고 유럽사회 역시 겪었던 역사논쟁을 하는 대신, 한국에서는 역사전쟁을 하고 있는 것이다. 이 책의 2장에서 감추고 왜곡하는 경향을 '창조 역사'라고 지칭하고 있는데, 적절한 표현이다.

새로운 시대의 새로운 인식이 확산되고 역사전쟁이 진행되는 과정에서 많은 책들이 발간되었다. 대부분은 현대사 전반을 다루면서 전체적으로 조망할 수 있는 책들이다. 또한 민주화 이후 국내외에서 공개된 자료들에 근거한 새로운 연구성과들도 지속적으로 나오고 있다. 다른 한편에서는 이러한 책들과 연구성과를 부정하거나 비판하는 냉전적 역사관에 근거한 책들과 국정교과서가 출간되었다.

이러한 상황이다보니, 이 책을 기획하면서 가장 많이 고려했던 것은 최신의 연구성과를 반영하면서 좀더 쉽게 독자들에게 다가갈 수 있는 성과를 만들겠다는 것이었다. 그래서 통사보다는 현대사에서 중요한 주제를 다루는 방식을 택했다. 각각의 주제들은 겉으로 보기에는 서로 다른 주제로 보이지만, 실상 서로 연결되어 있다. 전후 한일관계의 문제와 한반도의 해방과 분단은 한국과 일본에 설치된 미군정의 문제, 그리고 천황제의 문제가 연결되어 있다. 그리고 이 과정에서 불철저하게 이루어진 일본 군국주의의 범죄에 대한 처벌은 결국 한국과 일본에서 교과서 문제를 촉발시켰다.

폭격으로 인한 북한의 반미주의는 분단의 결과였으며, 동시에 정전협정 이후 남북 간의 대결이 지속되면서 북한 정권을 지탱하는 가장 중요한 요인 중 하나이다. 한일협정과 베트남 전쟁 시기 북한이 위협을 느끼면서도 남한에 대한 도발을 증가시킨 것도 한국전쟁 시기의 폭격에서 그 역사적 근원을 찾을 수 있다. 한국군의 베트남 전쟁 참전 역시 그 근본적 원인은 남북관계의 불안에서 오는 것이었으며, 이러한 남북 간 대립으로 인해 한미관계는 항상 정상적일 수 없었을 뿐만 아니라 협력과 갈등의 관계를 오락가락했다.

이 과정에서 남한은 이승만 독재체제와 유신체제라고 하는 비정상적인 체제를 성립시켰고, 시민들은 인권과 민주화를 위해 거리로 나서야 했다. 시민들의 움직임은 냉전과 분단의 상황에서 결코 쉽지 않았지만, 한국사회는 4·19혁명과 부마항쟁, 광주민주항쟁과 6월항쟁이라는 역사적 사건을 만들어냈다. 그리고 2016년 한국사회는 촛불시위라는 새로운 역사를 쓴 바 있다. 이렇게 본다면 이 책에서 다루고 있는 주제들은 서로 연관되어 있으며, 한국현대사에서 가장 중요한 이야기들을 모두 포괄하고 있다.

그렇다고 해서 이 책이 단지 쉽게 읽을 수 있는 내용으로만 채워져 있는 것은 아니다. 각 주제들은 한국 사회가 망각하고 있었던 이야기, 기억해야만 하는 이야기, 그리고 시민들의 살아 있는 이야기들로 채워져 있다. 제2차 세계대전을 통해 가장 많은 사망자를 낸 나라는 중국이었으며, 필리핀을 포함한 동남아시아에서의 피해자 수가 한국보다도 훨씬 더 많았다는 사실을 기억하는 사람은 많지 않을 것이다. 38선으로 12개의 강과 75개의 샛강, 산봉우리, 우마차로, 지방도로, 6개의 남북 간 철도가 잘려나갔다는 사실도 그렇다. 1945년 초 제네바에서 있었던 일본 해군무관과 미 전략정보국 대표 간의 평화교섭에서 일본이 조선과 타이완을 보유하면서 천황제를 유지하는 내용의 항복 조건을 제안했다고 한다. 8월 15일은 해방의 날이라 모두 만세를 불렀을 거라고 생각하지만, 많은 한국인들이 엎드려 울었다. 나가사키 원폭 투하로 전사한 의친왕의 아들 이우의 장례식이 있었기 때문이었다.

미군의 폭격은 정밀 폭격으로 알려져 있지만, 한국전쟁 시기는 그렇지 않았던 것 같다. B-29기에서 투하된 개별 파괴폭탄 하나가 6.96미터×174미터 크기의 목표물에 적중될 확률은 0.7퍼센트였고, 10.44미터×328미터 크기의 목표물에 적중될 확률은 1.95퍼센트에 불과했다. 6.96미터×174미터의 목표물에 대해 50퍼센트의 적중률을 기록하기 위해서는 90발, 80퍼센트의 적중률을 기록하기 위해서는 209발의 폭탄 투하가 필요했다. 그리고 1950년 11월 맥아더장군은 무초 주한미국대사에게 "불행히도 이 구역은 사막화될 것입니다."라고 말했다.

박정희에 대한 이야기도 놀라운 것이 많다. 일례로 1970년 8월 애그뉴 부통령이 방문했을 때 박정희는 예정된 시간을 넘겨 점심 식사도 없이 무려 6시간 동안 미국의 일방적인 조치에 대해 항의했다. 헨리 키신저를 비롯한 미국의 관료들은 박대통령의 감정적인 태도에 대해 우려를 피력했다. 카터 행정부 시기 남북한과 미국 사이의 3자회담을 제안하려고 했다는 것도 재미있는 사실이다. 유신 때 박정희가 탱크를 몰고 나와 국회를 해산한 것은 변명의 여지가 없는 딱 떨어지는 내란 행위다. 내란은 헌법 기능을 파괴 또는 정지시키거나 헌법에 보장된 헌법 기관들의 작동을 멈추게 하는 것을 말한다. 유신에서 이 모든 게 이루어졌다. 최종길 교수 사건이 발생하자 중앙정보부는 이렇게 중요한 사건은 건물 고층에서 조사하지 않겠다고 발표했다. 실제로 중앙정보부는 취조실을 지하로 옮겼다. 두 차례에 걸쳐 발생한 소위 인민혁명당 사건은 대구 출신의 우익청년들이 자기들이 젊었을 때 대구에서 대립했던 좌파 청년학생 운동 출신들 중 아직까지 살아남은 사람들을 손보려고 했던 사건이다.

베트남 전쟁의 원래 목적은 돈이 아니었다. 그런데 어느 누구도 한국군이 왜 베트남 전쟁에 참전했는지, 그리고 그 목적은 달성되었는지를 묻지 않았다. 이렇게 되니 역사교과서에는 베트남 전쟁에 가서 돈을 많이 벌어왔다는 이야기만 있다. 정의롭지 않은 전쟁에서 그 지역 민간인들과 한국의 젊은 군인들이 입었던 많은 피해를 통해 벌어들인 돈으로 경제성장을 했다는 것을 역사는 어떻게 평가할까?

1960년 3·15부정선거의 부통령 당선자 이기붕은 "국민들의 뜻을 헤아려서 부통령 사퇴를 한번 고려해보겠다."라는 유명한 말을 남겼다. 이승만은 하야 성명을 발표한 후 사직서를 국회에 보내지 않으려고 했다. 국민들이 원한다면 하야한다고 했으니 국민의 의사를 확인할 필요가 있다는 논리였다. 이에 분노한 시민들의 항쟁에는 구두 닦는 소년들도 참여했다.

　1974년부터 역사교과서 국정화가 시행되었다. 정부가 내세웠던 논리는 '역사교육이 너무 부족하다.' '역사교육을 더 강화해야 한다.'는 것이었다. 2015년 국정화 발표의 논리와 동일하다. 1950년대 친일 경력의 최남선이 쓴 교과서의 검정이 취소되었다는 사실은 잊혀 있다. 일본에서 과거 전쟁범죄자들의 일부가 참여하고 있는 자민당 중심의 1955년 체제가 시작되면서 제일 먼저 공격한 것이 역사교과서였고, 2008년 이명박 정부가 출범한 이후 지속적으로 역사전쟁이 계속되었다.

　이 책에는 기존의 역사책들이 담고 있는 내용들도 있지만, 최근의 연구성과 중에서 중요한 내용들을 함께 담아내고자 했다. 그리고 이를 통해서 잊힌 역사를 다시 복원하고자 했다. 이러한 작업이 새로운 시대의 새로운 역사인식 확립에 조금이라도 보탬이 되었으면 하고 기대해본다.

저자들을 대표하여 박태균

1

끝나지 않는
한일 과거사 문제

유지아

경희대학교 한국현대사연구원 연구교수. 일본 릿쿄대학교 문학연구과에서 일본현대사로 박사학위를
받았다. 역서로『교착된 사상의 현대사』가 있고, 주요 논문으로「한국전쟁 전후, 대일강화조약 논의에
의한 아시아 내에서 일본의 안보와 위상」「전후재조선일본군의 무장해제 과정에서 형성된 한미일관
계」등이 있다.

우리는 동북아시아 또는 동아시아라고 불리는 지역에 속해 있다. 동아시아에 속한 한·중·일 삼국은 아시아 전체 면적의 약 23퍼센트를 차지한다. 한·중·일 삼국의 관계는 역사적으로 중국 중심의 교역관계가 주를 이루었으나, 근대에 들어 중국의 패권이 무너지면서 새롭게 등장한 일본 제국주의에 한국과 중국이 맞서는 양상을 띠게 되었다. 1945년 8월, 아시아 태평양 전쟁[1]이 끝난 후에도 삼국 간의 대립 구도는 계속 이어졌다. 전후 냉전이 시작되면서 미국은 아시아 지역에 확고한 동맹국 확보가 절실했고, 1949년 이뤄진 중국 공산화는 그러한 필요를 더욱 가속화시켰다. 이에 미국은 일본을 점령정책을 철저히 실현해야 하는 패전국에서 공산진영에 대항할 방파제 역할을 할 수 있는 우방국으로 재인식하기 시작했다.[2]

1950년 발발한 한국전쟁으로 인해 미국의 이러한 인식은 더욱 확고

해졌고, 그 결과 아시아 지역의 안전과 평화를 위해 일본을 편입시킨 한·미·일 삼각동맹체제를 형성하고자 했다. 이 삼각동맹체제 안에서 한국과 일본은 정치적인 국교정상화를 이루었으나, 현실적으로는 아직도 과거사 문제나 영토 문제에서 벗어나지 못하고 있다. 한일 양국은 과거를 청산하고 미래로 가자는 구호에 공감하면서도 여전히 정신적 거부감을 떨쳐버리지 못하고 있다. 한국과 일본의 국교가 정상화된 지 50년이 지났지만 양국은 매년 영토 문제로 충돌하고, 일본군 '위안부' 문제로 서로를 경멸한다.

가히 역사전쟁이라 할 수 있는 이러한 상황은 현재의 문제라기보다는 전후 70년의 시간을 겪으면서 더욱 심화되고 체제화되었다고 볼 수 있다. 현재의 한일관계를 제대로 들여다보기 위해 전후 냉전, 그리고 그 후의 한·미·일 삼국관계에서부터 시작해야 하는 이유가 여기에 있다.

일본의 패전과
무조건 항복의 의미

1943년 1월 프랭클린 루스벨트 Franklin D. Roosevelt 미국 대통령은 윈스턴 처칠 Winston Leonard Spencer Churchill 영국 수상과 공동 기자회견을 가졌다. 기자회견에서 루스벨트는 "독일, 이탈리아, 일본에 의한 무조건 항복이 장래 세계 평화의 합리적 보장이다. 그것은 이 삼국 내에 타국 정복과 지배를 요구하는 사상의 절멸을 의미한다."라고 말했다. '무조건 항복'은 제1차 세계대전의 교훈이 주는 마력을 가지고 있다. 제1차 세계대전 때 휴전에 반대한 군인이나 정치가가 있었음에도 불구하고 끝까지 진격하지 않고 중간에 멈췄기 때문에 제2차 세계대전으로 이어졌다는 교훈이다. 따라서 제2차 세계대전의 종말을 계획하는 사람들은 제1차 세계대전의 실패를 피하기 위해 반대의 길을 택했다. 그 길은 최대한 빨리 전후 계획을 개시하고 전쟁 중에 수뇌회담을 열어 합의를 형성하는 것이었다. 또한 추축국에 휴전 없는 무조건 항복을 요구하고, 강화회의를 서두르지 않는 대신 점령을 실시하여 적국의 재편을 추구하고자 했다.

이런 무조건 항복 방침은 절대불변의 법칙으로 일본에서도 실행되었다. 그 정책 중 하나가 바로 무차별 공습이다. 미국은 1945년 3월에 이오지마硫黃島를 함락한 후, 기존의 군수 산업 등을 목표로 한 폭격에서 도시부에 대한 무차별 융단 폭격으로 방침을 바꿨다. 9톤의 폭탄을 탑재할 수 있는 고성능 대형폭격기 B-29기까지 동원했다. 결국 1945년 3월 9일 도쿄대공습을 시작으로 가와사키, 요코하마, 나고야, 오사카, 고베 등의 대도시가 소이탄에 의해 불탔다. 본토 공습으로 일본은 전체 국부의 25퍼센트를 상실했고, 도시 인구의 30퍼센트 정도가 집을 잃었으며, 전체 선박의 80퍼센트, 기계설비의 33퍼센트, 철도차량 및 자동차의 25퍼센트 정도가 파괴되었다. 이러한 도시 폭격은 일본 국민, 특히 도시생활자의 전의를 상실시켰으며, 일본인들의 군에 대한 신뢰도를 떨어뜨렸다.

1945년 5월에 독일이 항복한 후, 같은 해 7월 17일 포츠담에서 일본에게 무조건 항복을 받기 위한 연합국 수뇌회담이 개최되었다. 그 결과 26일에 일본에 항복을 요구한 미국·영국·중국의 대일공동선언(포츠담 선

원자폭탄 투하로 폐허가 된 히로시마(왼쪽)와 나가사키(오른쪽)

당초 일본은 포츠담 선언에 대해
어떠한 대응도 하지 않는다는 방침이었지만,
미국이 히로시마와 나가사키에
원자폭탄을 투하하면서 무조건 항복을 결정했다.

언)이 발표되었다. 선언의 내용은 군국주의 세력 제거, 연합군에 의한 보장 점령, 식민지 및 점령지 포기, 육해군 무장해제와 복원, 전쟁범죄자 처벌, 일본의 민주화, 배상 지불 등에 관한 것이었다. 당초 일본은 포츠담 선언에 대해 어떠한 대응도 하지 않는다는 방침이었지만, 미국이 8월 6일과 9일에 히로시마와 나가사키에 원자폭탄을 투하하면서 무조건 항복을 결정했다.

미국은 이미 1942년 8월부터 '맨해튼 계획'이라는 암호명의 원자폭탄 제조 계획을 실행 중이었고, 1945년 7월 16일 뉴멕시코에서 최초로 핵실험에 성공했다. 1945년 2월에 개최된 얄타회담까지 루스벨트는 당시 개발 중이던 원자폭탄의 성공을 확신하지 못한 만큼 소련의 대일참전에 큰 기대를 걸고 있었다. 그러나 1945년 4월 루스벨트에 이어 대통령이 된 해리 트루먼Harry S. Truman은 동아시아에서 소련의 영향력이 확대되는 것을 저지하기 위해서라도 미국이 주도하는 형태로 대일전을 종결시키고자 했다. 따라서 핵실험이 성공하자 일본에 원폭 투하를 감행하기로 결정한 것이다. 1945년 말까지 원폭에 의한 사망자 수는 히로시마와 나가사키에서만 약 21만 명으로 추산되고 있으며, 방사능 부작용에 의한 사망자를 합치면 30만 명에 달한다.[3]

1945년 8월 15일 정오, 히로히토裕仁 천황은 라디오 방송을 통해 전쟁 종결 조서를 발표했다. 이 조서에는 '항복'이나 '패배'라는 단어를 찾아볼 수 없다. 그뿐만 아니라 히로히토는 전쟁은 일본의 생존과 아시아의 안정을 보장하기 위해 시작된 것일 뿐 다른 나라의 주권에 개입하려는 침략적 의도는 전혀 없었다고 밝히고 있다. 그리고 "전쟁은 일본에 유리하게 전개되지 않았으며 세계의 대세 또한 우리에게 불리하다."라고 말하면서 전쟁의 종결을 고했다. 마지막에는 "전쟁에서 죽어간 신민, 후방에 남은 유족, 그리고 모든 일본인이 바야흐로 직면하게 될 도를 넘는 고난을 생각하면 내장이 찢겨나가는 듯하다."라고 말하면서, 일본 국민에게 "견디기 힘듦을 견디고 참을 수 없음을 참아라."라고 명령했다. 이 명령은 당시 일본인들에게 큰 감명과 희망을 주었다고 한다. 이러한 퍼포먼스로 인해 히로히토는 스스로가 패전의 가장 큰 희생자로 자리 잡았다.

8월 15일에 일본인들이 황궁 앞에서 무릎을 꿇고 슬픔에 잠겨 절하는 사진은 패전의 순간을 보여주는 대표적인 이미지였다. 그러나 실제로 라디오 방송을 들은 일본인들의 감정은 고뇌, 후회, 슬픔, 지금까지 속아왔다는 분노, 허탈감과 상실감, 죽음으로부터 해방된 기쁨 등 다양했다.

일본인들에게 패전은 현실이었다. 특히 패전 당시 아시아와 시베리아 및 태평양 지역에 흩어져 있던 일본인은 650만 명(이 중 350만 명 정도가 육해군 군인)에 이르렀다. 미군은 일본인 귀환정책을 서둘렀다. 1945년 10월부터 1946년 12월 말까지 510만 명 이상의 일본인이 귀환했고, 1947년에 다시 100만 명 정도가 귀환했다. 그들의 귀환으로 인한 혼란은 패전 후 큰 사회적 문제를 야기했다. 일본으로 돌아온 귀환자들은 생활 터전을 잃고 실업자로 방황했으며, 전쟁고아가 넘쳐났다. 일본인들에게는 희생자나 가해자 문제보다도 넘쳐나는 실업자, 전쟁고아 문제, 생활물자 부족으로 인한 궁핍, 앞으로 몰려올 미군에 대한 두려움이 더욱 크게 다가왔다.

히로히토 천황의 라디오 방송은
당시 일본인들에게 큰 감명과 희망을 주었다고 한다.
천황은 이 라디오 방송을 통해 스스로가
패전의 가장 큰 희생자로 자리 잡았다.

라디오 방송을 들으며 통곡하는 일본인들

천황의 효용

　　　　　　　　　　일본이 일으킨 아시아 태평양 전쟁은 일본과 연합국은 물론 아시아 국가와 지역에 막대한 인적·물적 손해를 입혔다. 일본 후생성 발표에 의하면, 1931년 만주 침략부터 일본이 항복을 선언한 1945년까지 일본인 사망자는 군인 230만 명, 민간인 80만 명(조선, 타이완 출신자 약 5만 명 포함)에 이른다. 교전국이었던 중국이나 일본의 점령하에 있었던 아시아 각 지역의 피해는 더욱 심각했으나 통계자료가 남아 있지 않아 확실한 숫자는 알기 어려운 상황이다. 각 국가가 발표한 자료를 기초로 보면, 중국인 사망자는 중일전쟁에서 군인 380만 명, 민간인 1800만 명, 조선인 20만 명, 필리핀인 111만 명, 타이완인 3만 명, 말레이시아인과 싱가포르인 10만 명과 베트남인을 포함한 동남아시아인의 숫자를 합하면 2000만 명이 족히 넘는다. 이와 같이 사망자 수만 보더라도 아시아 태평양 전쟁의 가장 큰 피해자는 아시아 민중임을 확실히 알 수 있다. 그러나 아시아 태평양 전쟁의 전후 처리 과정에서는 아시아 민중에 대한 보상이 제대로 이뤄지지 못했다.

　1945년 8월 30일, 연합군 최고사령관인 더글러스 맥아더Douglas MacArthur가 일본에 도착해 9월 2일 도쿄만에 정박한 전함 미주리호에서 다른 9개국 연합국 대표들과 함께 일본의 항복문서에 조인했다. 전함의 이름인 미주리는 트루먼 대통령의 고향이고, 미주리호에 걸린 깃발은 1941년 12월 7일에 백악관에서 휘날리던 성조기와 1853년 일본을 개항시키기 위해 페리 제독이 타고 온 파우해튼호에 걸려 있던 깃발이었다. 항복문서에 조인한 일본인은 육군참모총장이었던 우메즈 요시지로梅津

大吉嶺와 1932년 윤봉길 의사가 홍커우공원에서 거행한 폭탄 공격으로 한쪽 다리를 잃은 외교관 시게미쓰 마모루重光葵였다. 항복문서 조인식에는 천황은 물론 천황가나 궁내성의 누구도 참석하지 않았는데, 이는 미국이 천황에게 전쟁에 대한 책임을 묻지 않겠다는 암묵적 의도를 표명한 것이다.

항복문서 조인 후, 사실상 미국의 일본 점령이 시작되었다. 연합국은 먼저 일본에 대한 통제기구로 11개국으로 구성된 극동위원회Far Eastern Commission를 두었다.[4] 워싱턴에 소재한 극동위원회는 연합국 최고정책기관으로 일본에 대한 점령정책을 수립·결정하여 미국정부를 통해 연합군 최고사령관에게 전달했다. 또한 연합군 최고사령부General Headquarters, 이하 GHQ의 최고사령관인 맥아더의 명령과 정책적 문제에 대한 논의나 방침 등을 검토할 수 있었다. 그러나 극동위원회에서 군사적 문제에 대해 지시하거나 영토 문제를 해결하기 위한 평화협정 같은 문제를 논의할 수는 없었다. 그뿐만 아니라 극동위원회는 GHQ와 공식적으로 의사소통을 하는 미국정부의 권한을 인정하고 있었다. 이는 연합군 최고사령관인 맥아더가 미국 태평양 육군총사령관을 겸하면서 미국의 명령을 직접 전달받는 체제에서도 알 수 있다. 연합국이 점령하는 형태를 취하고는 있지만 현실적으로는 미국정부가 극동위원회에 대한 거부권이나 GHQ에 직접 명령을 내리는 긴급중간지령권을 행사할 수 있었다. 긴급중간지령권은 극동위원회의 사후승인을 필요로 하지만 긴급 시 명령을 내릴 수 있는 권한이다. 결과적으로 미국정부가 대일점령의 주도권을 가지고 있는 셈이었다. 비록 도쿄에는 최고사령관에 대한 감시

항복문서 조인식에 참석한 우메즈 요시지로와 시게미쓰 마모루

미국은 천황에게 전쟁 책임을 묻지 않겠다는 의도를 표명했고,
항복문서 조인식에는 천황가의 누구도 참석하지 않았다.

기관 역할을 하는 대일이사회가 있었으나, 대일이사회 역시 통제기구는 아니었기 때문에 GHQ가 수행하는 정책에 대해 어떠한 발언권도 갖지 못해 실질적으로는 거의 기능을 하지 못했다. 따라서 GHQ는 점령의 일반적, 구체적인 작전들은 물론 정책을 수행하는 데 있어 일본 내의 유일한 권위자였고, GHQ의 정책에는 미국의 의견이 가장 많이 반영되었다.

이와 같이 일본 점령은 미국의 단독 점령이나 다름없었다. 점령 초기 미국은 일본에 대해 민주화와 비군사화를 지향하는 철저한 사회정치 구조의 변혁을 추구했다. 즉 미국은 적국인 일본을 민주화, 비군사화하여 다시는 자국의 안전을 위협하지 않도록 하고, 그 결과로써 생기는 동아시아 패권의 공백을 차지하고자 했던 것이다. 이러한 연합국의 대일점령정책은 세계사적으로 보아도 매우 새로운 유형의 점령이었다. 전통적으로 점령이란 침략적 군대의 해체, 배상금 징수 등을 행하는 것이 통례였지, 적국의 사회정치 구조를 변화시키는 변혁을 꾀하지는 않았다.

실제로 일본은 독일과 다르게 간접 점령 형식이 채택되었다. 그 이유는 크게 두 가지를 꼽을 수 있다. 첫째 일본이 미국의 예상보다 빨리 항복했기 때문에 일본어가 가능한 점령 요원을 양성할 기회가 없었고, 둘째 천황제의 존재가 컸다. 천황의 전쟁 종결 조서에 이어, 8월 16일에는 천황의 이름으로 전육해군 부대에 정전의 대명이 내려졌다. 대본영은 육군대장 아사카노미야 야스히코를 중국에 파견해 현지군에 정전협정과 무장해제를 명했다. 8월 19일에는 50만 명의 관동군이 소련군과 정전협정을 맺었으며, 바로 무장해제를 행할 것을 약속했다. 또한 참모차장 가와베 도라시로는 마닐라로 가서 연합군 최고사령관으로부터 항복문서·일반명령 제1호(육해군)를 수령했다. 일본군에게 천황의 명령은 절대적이었다. 이렇듯 세계 각지에 흩어져 있던 300만 명이 넘는 일본군이 천황의 명령 하나에 바로 무장해제되는 추이를 조용히 보고 있던 미국정부와 통합참모본부는 천황의 효용을 실감했다.[5] 후에 미국정부가 '천황제를 지지하지 않지만 이용한다.'는 전략을 바탕으로 천황에게 전쟁범죄에 대해 묻지 않는다는 방침을 세운 것도 이때의 경험이 컸다.

일본 내의 천황보존주의 역시 무시하지는 못했다. 1945년 8월 17일에 성립한 황족내각인 히가시쿠니노미야 나루히코東久邇宮稔彦王 내각은 국체호지國體護持[6]를 최대 과제로 삼아 치안대책을 중시하고, '1억총참회'를 제창하며 천황 이하 지도자의 전쟁 책임을 모호하게 하려고 했다. 10월 4일에 GHQ가 '민권자유에 관한 지령'을 발표하자, 히가시쿠니노미야 내각은 이를 거부하고 이튿날인 5일에 총사직했다. 그리고 10월 11일에 새롭게 조각한 시데하라 기주로幣原喜重郎 수상과 맥아더가 회담을 갖고, GHQ는 '5대 개혁 지령'을 내렸다. 지령은 부인 해방, 노동조합 결성 장려, 학교 교육의 민주화, 비밀경찰 등의 폐지를 의미하는 비밀심문 사법제도 철폐, 경제기구의 민주화였다. 이 회담에서 미국은 헌법을 개정할 것을 요청했다. 시데하라 내각은 1945년 10월 25일에 헌법문제조사위원회를 설치하고, 1946년 2월 2일까지 천황주권을 원칙으로 하는 보수적인 안을 작성했다. 메이지헌법에 기초한 시데하라 내각의 안을 본 GHQ는 따로 팀을 꾸려 일본 헌법 초안을 작성해 2월 13일 시데하라 내각과 대표회담을 진행했다. 결국 일본정부는 3월 6일 GHQ안을 토대로 상징적인 천황제 존속과 전쟁 포기 조항을 포함한 '헌법 개정 초안요강'을 발표했다. 이 초안은 국민들의 지지를 얻어 11월 3일에 공포되고, 1947년 5월 3일에 시행되었다. 일본 헌법은 국민주권, 전쟁 포기와 평화주의, 기본적 인권 존중을 3대 원칙으로 삼았으며, 천황은 국민통합의 상징이 되었다.[7]

 GHQ는 일본 경제의 후진성을 재벌이나 기생지주 때문이라고 보았다. 또한 그 후진성이 일본 군국주의의 온상이기 때문에 재벌과 기생지주를 해체하는 것 자체가 비군사화인 동시에 경제민주화라고 주장했다. 이에 따라 GHQ는 1945년 11월 6일에 미쓰이, 미쓰비시, 스미토모 등 15개 재벌의 자산 동결과 해체를 명했다. 또한 1946년 5월부터 1948년 11월까지 전후개혁과 함께 일본 지도자의 전쟁 책임을 추궁하기 위한 극동국제군사재판이 열렸다. 침략전쟁을 계획·입안·수행한 A급 전범 28명이 기소되어 재판을 받았으나, 천황은 소추하지 않았다. 미국과 GHQ가 천황을 소추하면 점령정책을 실시하는 데 지장이 있을 것이라 판단했기 때문이다. 법정은 1948년 11월 12일, 심리하는 도중에 사망한 마쓰오카 요스케, 나가노 오사미와 정신 이상을 일으킨 오카와 슈메이를 제외한 25명에 대해 전원 유죄를 인정했고, 도조 히데키를 비롯한 7명에게 교수형, 16명에게 종신형, 나머지 2명에게 각각 금고 20년 형과 7년 형을 선고했다. 그러나 미국은 점점 심각해지는 미소 간의 냉전과 동아시아 정세로 인해 초기에 세웠던 일본의 민주화와 비군사화 정책을 계속 추진하지 못하고, 대일점령정책을 전면 수정해야만 했다.

일본 전범 처벌을 위한 극동국제군사재판

극동국제군사재판에 A급 전범 28명이 기소되어 재판을 받았다.
피고인석에 앉아 있는 도조 히데키를 포함해
25명이 유죄 판결을 받았다.

전혀 다른 두 개의 점령,
한국과 일본

'해방 3년사'는 한국근현대사에서 1945년 8월 해방부터 1948년 8월과 9월에 남북으로 분단되어 정권이 수립되기까지 3년간의 역사적 시간을 말한다. 이 3년은 일본에서는 '패전'에서 '점령개혁'을 거쳐 '역코스'로 전환되는 시기이다. 즉 이 시기에 유럽에서 전후 처리 문제를 둘러싸고 미소대립이 냉전으로 나타나고, 이런 국제정치의 현실이 아시아에도 확장·적용되면서 일본에서는 '개혁'보다 '부흥'이, 한국에서는 '통일'보다 '분단'이 강요되었다. 그 결과 한국은 미소에 의한 분할 점령이 실시되었고, 일본은 본토에 대한 미국의 실질적인 단독 점령하에 근대 이후 과제로 삼았던 '탈아입구'에 다시 몰두하기 시작했다.[8]

미국의 한국과 일본에 대한 점령정책은 전혀 달랐다. 미국은 일본에 대해 적어도 역코스가 시행되는 1948년 전까지는 개혁을 목표로 한 점령정책을 실시했으나, 대조적으로 한국에서는 바로 민주주의에 역행하는 정책을 시작했다. 단적으로 일본에서는 점령정책이 시작되면서 처음으로 공산당이 합법화되어 정당 정치 안에서 활동할 수 있도록 허락한 반면, 한국에서는 좌익 특히 공산당을 초기부터 억압했다. 미국이 건국준비위원회를 부정했던 이유도 공산주의자의 비중이 컸던 탓이다. 미군이 한국에 진주하기 전인 9월 8일, 건국준비위원회는 전국인민대표자대회를 소집하고 '연합국과 절충하는 인민총의의 집합체'가 필요하다는 이유로 '조선인민공화국'을 수립할 것을 선언했다. 그리고 다음 날인

9일 건국준비위원회를 해산했다. 그러나 미군정은 10월 10일에 성명서를 발표해 '인민공화국'을 부정하고 직접 점령을 실시함으로써 좌익에 대한 대결자세를 명확히 했다. 반면 일본에서는 기존의 일본정부 형태를 인정하고 간접 점령을 실시했다.

1947년 후반 한반도에서 미소공동위원회가 결렬되면서 미국과 소련의 관계가 악화되기 시작했다. 이 시기부터 미국은 남한에 대해 단독정부 수립, 군사력 강화, 경제 원조 등의 방침을 가지고 남한을 독립시키려는 정책을 실시했다.

한반도에서 미소 냉전이 교착하는 동안, 중국 역시 본격적으로 냉전이 진행되었다. 제2차 세계대전 후, 중국의 전후 처리 및 건국의 주도권을 둘러싸고 격렬하게 대립하던 국민당과 공산당은, 1946년 여름 국민당이 공산당을 공격하면서 내전이 본격화되었다. 그 결과, 1947~48년에 걸쳐 공산당군은 국민당군을 압도하고, 1948년 말에는 베이징에 입성했으며, 1949년 봄에는 국민당군을 총공격해 같은 해 10월 1일에 중화인민공화국을 수립했다. 그후 장제스蔣介石가 인솔하는 국민당은 타이완으로 건너가 연말에 타이베이를 수도로 한 정부를 수립했다.

아시아 재건 계획이나 대소련 정책에서 중국을 중심에 두고 있던 미국은 중국이 공산당의 손에 들어가자 중국에 대한 기대를 단념하지 않을 수 없었다. 특히 중국 공산당의 친소적인 태도로 보아 중국은 소련의 영향하에 들어갈 가능성이 높아졌으며, 한반도에서는 미소공동위원회의 결렬로 인해 앞으로의 변화를 예측할 수 없었다. 이런 상황에서 이제 아시아에서 기대할 수 있는 것은 일본뿐이라는 '일본중시론'이 대두되면서[9] 미국은 일본의 점령정책을 민주화와 비군사화에서 경제부흥으로 전면 수정했다. 이 궤도 수정을 '역코스'라고 한다. 한국전쟁이 발발하여 주일미군(미8군)이 한국전쟁에 참가하기 위해 일본을 떠나게 되자 맥아더는 일본에 경찰예비대(자위대의 전신)를 조직하도록 명령했다. 이는 명백히 비군사화 정책과는 반대되는 처사였다.

한국전쟁 발발 후 미국은 극동에서의 일본의 역할을 재평가하고, 일본이 더욱 성장하기를 바랐다. 그리고 '미일경제협력'을 효과적으로 추진하기 위해서는 일본 자본가 진영을 인적으로 보강할 필요가 있다고 판단해 급속히 추방해제를 추진했다. 일본은 한국전쟁이 발발하기 전에 이미 신문사, 방송국, 민간 기업 및 학교에서 광범한 공산주의자 추방, 즉 '레드 퍼지'Red Purge를 시행한 바 있다. 레드 퍼지로 추방된 인원은 정부 관계 기관에서 약 9000명, 민간 기업에서 약 2만 명 정도로 추정된다. 레드 퍼지로 결원되었던 인원은 1948년에 추방한 군국자의들을 추방해제함으로써 메꿨다. 즉 1950년 8월까지 공직추방해제가 결정된 군주주의자 1만 90명으로 충당했다. 공산주의자를 군국주의자로 대체한 셈이다. 한국전쟁이 장기화되고, 대일강화조약 체결의 필요성이 대두되자 미국은 군국주의자 추방해제를 더욱 확대했다. 1952년에 대일강화조약이 체결된 이후에는 아예 추방령을 폐지하여 나머지 추방자도 자동으로 해제되었다.[10] 그리고 추방해제와 더불어 추방당한 사람들에 대한 활동 제한도 완화되었다. 이 조치로 결국 일본에서는 전쟁 시기의 군국주의자나 제국주의자들이 재등장하는 계기가 되었다. 그들은 다시 요직에 앉아 미국이 대일점령정책 전환을 추진하는 데 큰 역할을 담당했다.

미국은 일본 경제의 부흥을 위해 그간의 방관적이던 태도를 버리고 적극적으로 개입하기 시작했다. 우선 미국의 국무성과 육군성은 1948년 12월 18일에 맥아더에게 대일자립 부흥에 관한 9원칙을 실시하도록 명령했다. 이른바 '경제안정 9원칙'이다.[11] 요컨대 경제안정 9원칙은 인플레이션 극복에 의한 일본 경제의 안정과 자립을 요구하는 것이다. 이러한 경제재건을 중심으로 한 점령정책 전환은 민주화와 비군사화라는 점령 초기의 원칙을 퇴색시키는 가장 큰 요인이 되었다.

한일 국교정상화와
굴절된 한일관계

1950년 9월 14일에 미국 트루먼 대통령은 강화촉진성명을 통해 대일강화조약에 대한 태도를 밝혔다. 이 발표 후 극동위원회에서 진행된 조약 초안 작성에서 소련은 철저하게 배제되었고, 미국은 한국전쟁 전의 '엄격한 강화'와는 전혀 다른 방침을 세웠다. 이에 대해 첫 번째 교섭 상대였던 영국의 반응은 호의적이었고, 네덜란드와 프랑스도 찬성 의사를 표명했다. 반면 미얀마와 중국은 무배상 강화에 이의를 제기하고, 뉴질랜드는 군비 제한 없는 강화에 대한 걱정의 의사를 밝혔을 뿐이다. 소련은 이 원칙에 대해 예상대로 반대 입장을 취했으나 미국이 의도한 극동위원회 구성국과의 예비절충은 완만하게 일단락되었다.

한국전쟁 발발 이후 급진전을 보인 대일강화조약은 소련, 중국 등과의 합의를 보지 못한 상태에서 미국이 제안한 의견에 찬성하는 국가들만이 참석하는 강화조약 개최에 합의하면서 준비에 착수했다. 여기에서 주목할 것은 한국전쟁을 전후해 이전에 보복적인 성격이 강한 '엄격한 강화'에서 일본을 자유진영에 편입시키면서 아시아의 반공 보루로 설 수 있도록 고려한 '관대한 강화'로 궤도를 완전히 수정했다는 점이다. 그러나 이는 실제로 동아시아에서 직접 전쟁에 동원되거나 희생되었던 국가들의 생각을 전혀 고려하지 않은 결정이었다. 때문에 일본과 동아시아 국가들 간에 전후 처리를 둘러싼 갈등이 깊어지게 된 것이다.

1951년 일본과 미국의 대일강화조약 교섭이 본격적으로 진행되자, 한국도 일본에 타협적인 자세를 취했다. 이승만 대통령은 1951년 1월 26일에 AP특파원과의 회견에서 대일강화에 대한 미국의 정책에 지지를 표명하면서 일본과의 과거사 청산 문제에도 관용적인 태도를 보였다. 그는 "한국인들은 일본의 군국주의 지배자들로 인한 모든 상처와 그들의 과실을 관용의 정신으로 불식해버리기를 원하고 있다."라고 강조했다. 그리고 이는 한일 양국이 모두 공산주의자들의 팽창 및 침략이라는 공통된 문제에 직면하고 있기 때문이라고 설명했다.[12] 상황은 일본에서도 마찬가지였다. 미국의 노력으로 일본 내의 반공의식이 더욱 고양되었을 뿐만 아니라, 미국과의 연합이 일본을 공산주의로부터 지키는 방책이라는 인식으로까지 발전했다. 이러한 인식은 미일안보조약이라는 새로운 전후 시스템을 창출했다.

한국전쟁이 시작된 1950년부터 4년간 미국은 일본, 한국, 타이완, 필리핀 각국과의 사이에 군사적인 의미를 담은 2개국 간 조약을 체결해 미군이 동아시아에 주둔할 수 있는 법적 기반을 마련했다. 또한 미국은 동남아시아조약기구SEATO를 설립하고, 공산주의 세력에 대항하는 동남아시아 지역 국가들의 결집을 시도했다. 미소를 중심으로 한 반공진영과 공산주의 진영의 대항관계는 동아시아의 국제질서에 영향을 미쳤다.[13] 그 결과 일본은 1951년 9월 8일에 샌프란시스코 강화조약(대일강화조약)을 체결해 조기 독립을 이루었으며, 같은 해 미일안보조약을 체결해 미국이 주도하는 태평양 지역의 안보체제 안에 편입되었다.[14] 그러나 미일안보체제가 일본과 미국을 긴밀한 관계로 만든 반면 아시아 각국과의 관계에서 일본의 입장은 퇴보시켰다. 특히 한국을 비롯한 동아시아 국가 간의 전후처리는 직접적인 교섭에 의해 해결할 수밖에 없는 상황이 되었다.

일본이 주권을 회복하고 태평양 지역의 안보체제에 편입되는 과정에서 미국은 동아시아 전략에 따라 한국과 일본의 관계를 개선시키고자 했다. 이러한 미국의 의지에 따라 한일회담은 대일강화조약이 체결된 후 신속하게 시작됐지만, 진행 과정은 원활하지 못했다. 이유는 대일강화조약의 조문 해석에 대한 한일 간의 차이와 한국의 국제적 지위 때문이었다. 한국은 제2차 세계대전 중에 연합국이 아니었다는 이유로 대일강화조약의 서명국이 되지 못했고, 그로 인해 개별적으로 일본에 식민지배에 대한 배상을 주장했으나 받아들여지지 않아 한일관계는 악화되었다.

한일회담 예비회담은 GHQ의 주선으로 1951년 10월 20일부터 12월 22일까지 도쿄에서 개최되었다. 이 한일회담은 당사자인 한국과 일본의 필요에 의해 개최된 것이라기보다는 한국전쟁 과정에서 한국과 일본의 원활한 관계를 필요로 했던 미국의 요구에 의해 시작되었다. 한일 간에는 감정적 대립이 계속되고 있었지만 현실적으로 한일 양국이 미국에 종속된 체제였기 때문에 미국의 요구에 응할 수밖에 없었고, 이러한 상황은 양국 국민의 격한 반발을 초래했다.

1965년 6월 22일 한일 양국은 일본정부에 대한 한국의 손해배상청구권을 남한과 일본의 경제 협력을 통해 해결하는 데 동의했다. 당시 한국에서는 민주화운동이 일어나 미국의 지원을 받던 이승만 정권이 붕괴되었으나 다시 미국의 지원을 받는 친미 군사정권, 즉 박정희 정권이 들어섰다. 그리고 일본에서는 기시 노부스케 정권이 재일미군 주둔을 영구화하고, 미일안보체제를 강화하기 위해 미일안보조약을 개정했다. 그 여파로 일본에서는 전국적으로 안보투쟁이 일어나 결국 기시 내각이 퇴진하고, 이케다 하야토 내각이 들어섰다. 이렇듯 1960년대 한일 양국 정부는 미국의 경제적·군사적 지원을 바라고 있었기 때문에 미국의 요구로부터 자유로울 수 없었다. 그러나 한일 국교정상화에 대한 한일 간의 인식은 현격한 차이가 있었다. 단적으로 일본이 제공하는 3억 달러의 보조금, 2억 달러의 장기 저리 공채 및 3억 달러의 투자와 상업대출은 한국의 관점에서는 손해배상이었고, 일본의 관점에서는 경제협력 및 한국의 독립에 대한 선물의 의미였다는 점에서도 알 수 있다.

결국 미국의 중재로 맺은 한일 국교정상화와 함께 미국은 한일 양국에 미군을 주둔시키면서 보수체제를 지원할 수 있는 삼각동맹을 성사시켰다. 한국과 일본이 동아시아에서 반공의 보루로 설 수 있는 체제를 만들어 동아시아 안보체제를 유지하고자 한 미국의 목적이 달성된 것이다. 그 결과 한일 양국의 현안 문제는 명확한 해결을 보지 못한 채 남게 되었다. 현재까지도 한국인의 대부분은 한일 간의 많은 문제가 해결되지 않았다고 생각하는 반면, 일본인 대부분은 모든 문제가 1965년 협정에 따라 법적으로 해결되었다고 생각한다. 또한 최근 들어 장기적인 경기침체와 노령화된 경제사회 구조로 인한 불안감이 커지면서 더욱 자국의 자존심을 내세우는 경향을 띠고 있다. 특히 한국은 일본의 국력 때문에 포기해야 했던 부분에 대해 현재는 동등한 입장에서 국제사회에 전달할 수 있다고 생각하는 반면, 일본은 동등한 입장이 되었기 때문에 더이상 관대한 태도를 취할 수 없다는 입장을 보임으로써 역사 문제를 더욱 악화시키고 있다.[15]

역사 문제는 과거사에 대한 서로 다른 관점뿐 아니라 현재의 한일관계에서 공유하고 있는 역사를 어떻게 검토하느냐에도 영향을 받는다. 한일관계는 냉전이 종결되자 기존에 이어온 반공국가 간의 협력이 무너지면서 두 사회를 연결해줄 뚜렷한 고리가 존재하지 않게 되어 더욱 불안정해졌다. 그러나 한일 양국 사회의 상호 연결의 필요성은 상업적·사회적·문화적으로 점차 뚜렷해지고 있다. 문화나 민주주의에 관한 관점이 비슷한 시민운동 차원에서의 연대는 성과가 매우 크다. 특히 1990년대 이후 교류가 활성화되면서 서로에게 자극과 영향을 주면서 발전해왔다. 이러한 측면에서 한국과 일본은 정부 차원에서뿐만 아니라 경제, 시민운동, 학술 및 문화 등을 포함한 상호 이해를 위한 노력을 더욱 확대해나갈 필요가 있다. 이러한 노력이야말로 뒤틀린 상호 역사인식을 바로 세우는 데 가장 큰 밑바탕이 될 것이다.

2

해방과 분단의
현대사 다시 읽기

정병준

이화여자대학교 사학과 교수. 서울대학교 국사학과에서 박사학위를 받았다. 주요 저서로 『몽양 여운형 평전』, 『우남 이승만 연구』, 『한국전쟁』, 『광복 직전 독립운동 세력의 동향』, 『독도 1947』, 『현앨리스와 그의 시대』 등이 있고, 주요 논문으로 「한국 농지개혁 재검토」, 「카이로회담의 한국 문제 논의와 '한국 조항'의 작성 과정」 등이 있다.

한반도의 분할 점령은 준비된 정책이었다. 한반도는 도마 위의 생선과 같은 신세였다. 당시 미군부의 정책문서를 보면 38도선 분할 이외에도 다양한 안이 준비되어 있었다. 1945년 7~8월경에 이미 미 육군 브레인들이 한국을 어떻게 할 것인가를 두고 가능한 여러 방안들을 내놓았다. 그중에는 한반도를 둘러싼 열강이 미·소·영·중 네 나라였기 때문에 한반도를 네 부분으로 나누자는 방안도 있었다. 소련은 원산 청진 등 북한 지방을, 중국은 평양을, 미국은 인천과 부산을, 영국은 군산을 점령하고, 서울은 미국과 소련이 공동 점령하는 방식이었다. 만약 이 안이 채택됐다면 한국은 강대국의 결정에 따라 4등분됐을 수도 있다. 한편에서는 북위 40도로 한반도를 분할하자는 의견이 제기되기도 했다. 1945년 8월 13일자로 되어 있는 이 안은, 말 그대로 북위 40도 이북은 소련이 그 이남은 미국이 관리하자는 주장이다. 사실 이런 논의에는 역사적인 배경이 있다. 러일전쟁 전 러시아와 일본이 한반도와 만주를 서로 차지해 세력 균형을 이루고자 했던 '만한교환론'이 그것이다. 이렇듯 역사에서는 과거의 경험이 현실로 소환되는 경우가 많다. 음모론자들은 38도선이 남한에 주둔하고 있던 일본의 17방면군과 북한 19·20사단의 작전 관할구역에서 비롯되었다고 주장하기도 한다. 다른 나라의 예를 살펴보면 인도차이나에서는 16도선으로 분할됐고, 일본 역시 미·소·영·중에 의해 4등분될 뻔했다. 한국에서는 잘 몰랐지만 강대국들의 타협의 산물로 분할 점령이 결정된 것이다.

북위 38도선이라는 것은 인간이 만들어낸 상상과 관념의 산물이었다. 물론 지금은 GPS가 있어 현재 위치의 경도와 위도를 정확히 알 수 있지만 예전에는 불가능했기 때문이다. 상상과 관념의 산물인 38도선이 현실에 닿으면서 수많은 단절이 생겨났다. 섀넌 매큔Shannon Boyd-Bailey McCune이라는 지리학자는 이러한 단절을 다음 면의 표로 표현했다. 그는 12개의 강과 75개의 샛강, 산봉우리, 우마차로, 지방도로, 6개의 남북간 철로가 잘려나갔음을 확인할 수 있다고 했다. 상상의 선이었던 38도선이 현실에서 위력을 발휘하기 시작한 것이다. 이 선은 수많은 도로뿐만 아니라 예성강, 임진강, 북한강 등 자연 지형까지 끊어놓았다. 또 오랫동안 수많은 사람들이 터를 잡고 살아왔던 마을의 허리를 잘라놓았다. 실제로 38도선 부근에 있던 구암리와 정고리의 소속을 두고 문제가 생기기도 했다. 38도선을 구획하기 위해 1946~48년 사이에 미소 양국이 두 차례 조사를 실시하고, 38도선을 표시하는 표지를 세웠다. 처음에는 콘크리트 말뚝을 박으려고 했으나 그러면 분단을 영구화할 수 있다

상상의 산물이던 38도선을 따라 남북을 분할하는 목책을 세웠다.
현실의 38도선은 길과 강을 자르고 한 마을을 갈라놓았다.

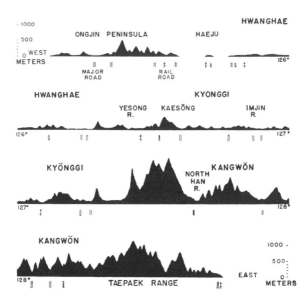

38도선을 표시하는 목책과 잘려나간 산, 강, 길

는 생각에 목책을 세우는 것으로 바뀌었다고 한다. 80번 목책과 81번 목책 사이에 구암리와 정구리가 있는데 본래 북위 38도 이북에 있었지만 1947년에 지형상 남한에 소속시키기로 결정됐다. 당시 경기도 개성군 화성면 화장리는 38도선이 마을 한가운데를 지나갔지만 누구도 그런 사실을 몰랐다. 사람들은 마을이 행정구역상 북한에 속했다고 생각해서 북한에 세금을 내고 있었는데, 1947년에 측량해보니 마을의 상당 부분이 38도선 이남에 있음을 알게 됐다. 그래서 미군정 사령관에게 진정서를 내고 남한 소속으로 인정받았다. 이외에도 많은 마을이 38도선을 사이에 두고 분할됐다.

해방 한국의 위상에 대한 엇갈린 시선

1945년 8월 15일 광복 당시, 한국과 열강 사이에는 해방 한국의 위상과 실체에 대한 인식의 차이가 존재했다. 일본의 식민지에서 해방된 '한반도'의 위상과 주권에 대해 열강과 한국인들 사이의 인식과 사고가 전혀 달랐던 것이다. 당시 한반도를 둘러싼 열강의 판단은 이러했다. 첫째, 한국은 오랜 식민지를 거쳤기 때문에 자치 능력이 없다. 그러므로 즉시 독립은 불가능하다. 둘째, 한국은 일본·중국·러시아 등 강대국의 이해가 교차하는 지역으로 특정 강대국의 이해가 배제되거나 독점되면 장래에 지역 분쟁이 발생할 가능성이 매우 높다. 셋째, 자치 능력이 없고, 강대국의 이해가 교차하는 이 지역을 관리하는 가장 현명하고 이성적인 방법은 강대국의 이해를 조정하고 장기적으로 독립 방안을 모색할 수 있는 연합국의 공동관리, 즉 신탁통치다.

반면 한국인들은 해방이 곧 독립이라고 확신했다. 한국은 오랜 문명국이었고, 독립국가였으며, 국내외 항일투쟁을 통해 자치·독립할 자격이 충분하다고 인식했다. 국내에 있던 건국동맹이나 건국준비위원회, 국외에 있던 임시정부가 이를 가능케 하는 실체였다.

연합국이 한국을 바라보는 인식을 분명히 보여준 것이 1943년 11월에 있었던 카이로 회담이다. 미국·영국·중국이 참가한 이 회담은 중국이 참가한 유일한 전시회담이었고, 중국이 연합국의 일원이자 4대 강국으로 인정된 회담이었다. 카이로 회담과 카이로 선언은 중국 문제에 중점을 두었다. 카이로 선언의 대부분은 중국이 일본에 빼앗긴 영토 문제를 어떻게 해결해야 하는지에 대해 설명하고 있다. 제1차 세계대전 시기 일본이 차지한 독일 위임통치령도 언급되어 있지만, 대부분은 타이완, 펑호도, 만주 등 중국에 관한 이야기다. 바로 그 다음에 한국 조항이 위치하고 있다. 한국 조항은 첫째 연합국은 한국인의 노예 상태에 주목해, 둘째 적절한 시기에(in due course), 셋째 한국의 자유와 독립을 회복케 한다고 되어 있다. 여기에 연합국의 대한인식과 대한정책이 담겨 있다. 이 조항은 한국의 독립을 보증하는 조항이지만 동시에 한국에 신탁통치를 실시하겠다는 결정이었기 때문이다. 한국인의 노예 상태라는 것은 일본통치의 가혹성을 얘기하는 동시에 오랜 식민통치의 영향으로 한국인들이 자치·독립할 능력이 없다는 인식을 대변한다. 한국의 자유와

카이로 회담에 참석한 세 정상

카이로 회담에 참석한 중국 장제스 총통,
미국 루스벨트 대통령,
영국 처칠 수상의 모습.
중국이 참가한 유일한 전시회담으로
한국의 독립에 대해 논의했다.

독립 회복이란 원칙론적이고 일반론적인 식민지의 해방과 독립을 의미한다. 그런데 자치·독립할 능력이 없는 이 지역이 어떤 경로를 거쳐 독립할 자격을 획득할지는 바로 '적절한 시기', 즉 신탁통치라는 절차와 과정을 통과해야 한다는 것을 명시한 것이다. 대한민국 임시정부가 대일선전포고를 했고, 광복군이 일본과 투쟁했다는 사실은 인정하지 않은 것이다.

한편 미국의 루스벨트 대통령은 한반도의 지정학적 중요성에 집중했다. 이 지역에서 강대국의 단일한 이해를 반영하거나 배제하면 지역 전체가 불안정해지고 지역 불균형이 생긴다고 본 것이다. 한반도는 역사적으로 중국과 러시아, 일본 등이 오랫동안 패권을 다툰 지역이었다. 실제로 한반도를 둘러싸고 청일전쟁, 러일전쟁 등 많은 전쟁이 있었다. 따라서 이 지역의 이권이 한 나라에 쏠리면 갈등의 소지가 생길 수 있기 때문에 특정 국가들의 이해가 교차하는 이 지역의 불안정을 막기 위해 미국이 개입해야 한다는 논리가 떠올랐다. 자치 능력이 없는 한국인들은 식민지 해방으로 충분하다고 생각한 것이다.

미국이 한국에 개입하게 된 가장 중요한 계기는 카이로 선언이다. 사실 미국은 한국에 큰 관심이 없었다. 아시아 지역 전체에서 중요도로 따지면 한국은 중국, 일본, 필리핀 등에 미치지 못했다. 한국은 인도차이나반도의 국가들보다도 못한 관심 지역이었다. 그렇지만 미국이 강대국들의 이해를 조정하기 위해 신탁통치를 결정하고 그 중재자로 개입함으로써 미국의 대한정책이 구체화되기 시작했다. 미국으로서는 한반도에 개입하는 것이 그리 내키지 않는 선택이었다. 미국은 1947년까지 개입과 철수 사이에서 정책적 딜레마를 가지고 있었다. 정리하자면 신탁통치는 한국인들의 자치 능력 결여, 한반도의 지정학적 위치와 강대국의 이해 조정이라는 미국 측 판단에 기초한 정책적 선택지였다. 카이로 선언은 한국 독립의 약속이자 강대국 신탁통치의 결정이라는 이중적 의미를 지닌 것이었다. 당시 한국인들은 이런 외교적 결정의 맥락을 이해하기 어려웠다.

사실 한국은 아시아에서는 유일하게 해방을 약속받은 나라였다. 루스벨트는 아시아의 식민지 가운데 신탁통치가 실시될 대상지역으로 인도차이나와 한국을 거론했지만, 독립을 보장한 것은 한반도가 유일하다. 이는 한국이 일본의 유일한 식민지였기 때문이기도 하지만, 한국 해방이 당연한 것은 아니었다. 카이로 선언이 한국의 자유와 독립을 약속했지만, 일본이 1944년이나 1945년 초에 평화 교섭에 나섰다면, 나아가 중국에서 철수하고 점령지에서 철군을 약속했다면 평화 교섭이나 종전이 성립했을지도 모른다. 군국주의 일본이 좀더 현실적으로 대처했다면 한국의 해방 없이 전쟁이 종결되었을 가능성도 있다. 모든 전쟁은 평화 교섭을 염두에 두고 시작하기 때문이다. 러일전쟁도, 청일전쟁도 그랬다. 적을 멸절滅絶하는 완전한 승리라는 것은 있을 수 없다. 실제로 1945년 초 스위스 주재 일본 해군무관과 미 전략정보국OSS 대표가 만나 평화 교섭을 벌인 사실이 있다. 일본 측은 두 가지 조건을 내걸었다. 천황제 유지와 조선·타이완 보유가 그것이다. 조선은 만주사변이나 중일전쟁처럼 침략 전쟁을 통해 얻은 땅이 아니라 1910년에 국제적으로 인정받은 조약에 의해 획득한 땅이라는 것이 그들의 논리였다. 일본 군국주의라는 폭주기관차가 멈출 가능성은 적었지만 만에 하나 그 협상이 성사됐다면 한국은 해방을 맞지 못했을 것이다.

카이로 선언으로 일본의 한반도 보유는 불가능해졌지만 일본은 천황제 유지만큼은 끝까지 포기하지 않았다. 포츠담 선언에서 연합국 정상들은 일본의 무조건 항복을 요구했다. 하지만 포츠담 선언 전문을 자세히 읽어보면 '일본'이라는 국가의 무조건 항복을 요구한 것이 아니라, '일본군'의 무조건 항복을 요구했음을 알 수 있다. '일본'과 '일본군', 이 차이는 중요하다. 원래 '일본'의 무조건 항복을 요구하려 했으나 미국의 대일정책 입안자들이 일본의 항복은 천황제를 부정하는 것이기 때문에 안 된다며 반대했다. 그들은 일본의 전후재건을 위해 천황제가 꼭 필요하다고 생각했다. 미국의 대일정책 입안자들이 일본을 제대로 알았던 것이다. 그들은 대부분 1920년대 워싱턴 체제가 성립된 이후 미일관계가 가장 우호적인 시점에 일본 연구에 뛰어들었다. 일본어를 공부하고, 일본의 문화와 역사에 매료되었다. 일본인들에 대한 애정과 깊은 이해를 바탕으로 일본을 연구한 이들이 아시아 태평양 전쟁 시기 대일정책을 주도하게 됨으로써, 일본에 대한 섬세하고 유연한 정책을 선택할 수 있었다. 일본 문화와 역사의 중심지인 나라와 교토 지역에 원자폭탄을 떨어뜨려서는 안 된다고 주장한 것도 그들이다. 그런 그들이 강력하게 주장했기 때문에 포츠담 회담에서 일본정부나 일본 국민의 무조건 항복이 아니라 일본군의 항복을 요구하게 된 것이다. 그 때문에 히로히토 천황은 포츠담 선언을 수락하면서 "연합국의 두터운 정을 알 수 있겠다."라고 말했다.

전후 일본이 동아시아에서 역사 분쟁, 영토 분쟁을 벌일 수 있는 근거가 바로 여기에 있다. 천황이나 일본국가·국민 전체가 아닌 전쟁을 일으킨 일본군, 일본 군부와 정치 지도자 일부만이 그 책임을 짊어지게 된 것이다. 천황과 국민들은 면책되었다. 전쟁의 최고 책임자이자 통수권자는 천황이었지만, 천황제가 폐지되지도 천황이 바뀌지도 않았다. 도쿄 전범재판에서도 일본의 정치·군사 지도자 몇 명만이 처벌되었다. 연합국과 일본의 평화관계를 회복한 샌프란시스코 평화조약(1951년)에도 일본의 전쟁 책임은 언급되지 않았다. 이로써 전후 일본의 전쟁 책임이 면탈된 것이다. 역사적 맥락에서 보자면, 일본은 국가 전체가 전쟁 책임에 대해 공식적으로 반성하고 확인할 수 있는 국제적 프로세스를 거치지 못했다. 일본으로서는 전쟁의 참화를 국제적 규범 속에서 직시하지 못하고, 단지 일본의 패전으로만 기억하는 역사적 비극이 발생하게 되었다. 아시아에서 2000만 명, 일본에서 300만 명이 희생된 참혹한 전쟁의 책임을 단지 수십 명의 정치·군부 지도자가 지게 됨으로써 아시아의 인접 국가들과 역사, 영토 문제를 둘러싼 갈등을 남기고 말았다. 반성이 없는 역사는 반드시 후과를 남기는 법이다. 도쿄 전범재판에서 처형되거나 처벌받은 전범들이 야스쿠니 신사에 합사하면서 또다시 문제가 생겼다. 일본 국민과 자신이 어떻게 면죄부를 얻게 됐는지 잘 아는 히로히토 천황은 전범의 야스쿠니 신사 합사를 반대했다.

한편 한국인들은 일본 패망이 곧 해방이고, 그로써 한국은 즉각 독립을 보장받는다고 생각했다. 국내에서는 여운형과 건국준비위원회가, 국외에서는 김구와 임시정부가 이를 가능케 했다. 냉정하게 말하자면 해방 후 한국은 국제적으로 연합국들이 생각한 범위 이상의 권리를 누렸고, 한국이 진정으로 해방·독립되었다고 생각했다. 여운형은 해방 2년 전부터 조선해방민족연맹을 만들어 해방을 준비했고, 이듬해 건국동맹을 조직했다. 이는 건국준비위원회의 모체가 되었다. 여운형은 한국 현대정치사 최초의 대중 정치인이라고 할 수 있다. 그는 뛰어난 외모, 리더십, 웅변, 스포츠맨십, 국제적 감각을 갖춘, 청년과 학생들이 가장 선호하는 인물이었다. 여운형은 1940년대 초반 일본의 패전을 예상한 유일한 정치인이기도 하다. 그가 건국동맹이라는 조직을 만든 것은 바로 그런 전제가 있었기 때문이다. 우리는 건국준비위원회를 범상하게 생각하지만 여운형이 없었다면 이 조직은 결코 만들어질 수 없었을 것이다. 건국이라는 것은 결국 일본의 패망을 전제해야만 가능했기 때문이다. 여운형은 총독부와 타협하에 건국준비위원회를 만들었다. 총독부의 구상은 연합군이 진주하기 전까지 과도적 시기의 치안유지 협조였고, 여운형의 구상은 말 그대로 건국준비였다. 현명한 한국인들은 치안유지가 아니라 건국준비를 위한 행정권 이양에 나섰다. 1945년 8월 말, 남한과 북한을 모두 아우르는 전지역에 건국준비위원회 지부가 조직되었고, 이들은 실질적으로 행정권을 장악했다. 한국인들이 해방의 실체를 실감할 수 있는 정치적 공간을 제공한 것이 바로 건국준비위원회였다. 이것이 건국준비위원회의 최대 공로다.

사실 8월 15일 한반도에서는 아무 일도 일어나지 않았다. 35년간의 식민통치는 매우 긴 시간이다. 40세가 넘은 사람들만이 독립국가의 기억을 갖고 있었다. 식민교육과 식민체제가 일상이던 청년들에게는 일본이 자신의 모국이었고, 천황이 국가의 주인이었다. 한국인들은 예전처럼 히로히토의 항복 방송을 엎드린 채 들었다. 히로히토가 쓰는 일본어는 궁중 언어여서 알아듣기도 힘들었을 뿐 아니라 라디오가 계속 지직거려 의미를 파악하기 어려웠다. 일본이 패전했다는 것은 분명했다. 8월 15일 천황의 방송을 들은 황국신민들은 해방을 축하하고 독립만세를 외치는 대신 엎드려 울었다. 이날 오후 나가사키에서 원폭으로 전사한 의친왕의 아들 이우의 장례식이 있었다. 이 육군장은 서울 시내에서 엄숙하게 거행되었다. 그러니까 8월 15일은 일본통치의 연속이었던 것이다.

하지만 8월 16일은 달랐다. 여운형이 정치범 석방을 요구하면서 자기가 두 차례나 갇혔던 서대문형무소에 가서 정치범들을 석방했다. 서대문형무소에서 풀려난 독립투사들이 서대문부터 종로까지 행진하자 한국인들이 몰려들었고, 그제서야 일본의 패전이 한국의 해방과 직결된다는 것을 절감했다. 대중은 환호했고, 만세를 불렀다. 다음 면의 사진이 바로 이 날의 장면이다. 그날 오후 계동의 휘문중학교에서 건국준비위원회가 만들어지고 안재홍이 라디오 방송을 했다. 해방소식이 전국으로 확산됐다. 바로 다음 날 한반도의 남단인 전남 광양에서 개최된 해방축하대회에서 한국인들은 일장기에 덧칠을 해 만든 태극기를 들고 해방을 축하했다. 서울의 소식이 불과 하루 만에 땅끝까지 퍼지면서 대중적 폭발을 이끌었다. 형무소에서 풀려난 1100명의 정치범들이 고향에 도착하고 혁명적 열기가 고조되기 시작했다. 이런 면에서 역사의 시간은 굉장히 주관적이며 혁명적이다. 35년간의 식민지 기억이 단 하루 만에 전도되었던 것이다.

한국의 해방을 만끽하는 사람들

1945년 8월 16일 서대문형무소에서
석방된 이들이 환호하며 만세를 불렀다.
그들은 비로소 한국이 해방됐다는 것을 실감했다.

그러나 이후의 과정은 그리 혁명적이지 않았다. 전후 전쟁의 책임을 져야 할 일본 대신 한국이 분단되었고, 한국에서만 군정이 실시되었다. 한국이 패전의 책임을 지게 된 셈이다. 미국은 제2차 세계대전 시기에 적국인 독일과 일본, 이탈리아를 점령하기 위해 군정요원들을 훈련시켰다. 하지만 일본에서는 군정 대신 선거로 뽑힌 정부에 의한 간접 통치가 시행되었다. 반면 남한에서는 일본을 위해 훈련된 군정요원 2000명에 의한 군정이 시행됐고, 그들에 의해 온갖 실수들이 자행됐다. 그것이 고의든 선의든 간에 말이다. 일본에서는 군국주의가 해체되고 민주화 개혁이 일어났다. 전범재판이 있었고, 재벌 해체와 토지 개혁, 노동 개혁 등이 이어졌다. 하지만 남한에서는 총독부 관리를 유임하고 친일파 청산과 토지 개혁을 저지했다. 통치의 주체는 동일한데 일본과 한국에서 벌어진 통치의 양상은 어째서 이토록 달랐을까? 아마도 미국의 정책적인 우선순위 혹은 관심의 정도 차이 때문일 것이다. 워싱턴의 관심이 미치지 않았던 한국에서는 주요한 개혁 조치들이 늦어졌다. 이는 남한에서 현상유지적 조치가 좀더 큰 힘을 발휘했고, 식민 통치체제의 관성이 더욱 지속적인 영향력을 끼치게 되었음을 의미했다.

한반도가 아시아에서 유일하게 소련과 경계를 마주한 냉전의 전초기지였다는 점 역시 그런 차이를 만든 원인 중 하나로 작용했다. 제2차 세계대전 시기 미국과 소련은 각자가 점령한 지역에 자신들의 체제를 이식한다는 원칙에 합의한 바 있다. 유럽에서 미국이 점령한 지역에는 미국식 체제가, 소련이 점령한 지역에는 소련식 체제가 이식되었다. 유럽의 전후 처리에서 가장 논란이 된 지역은 폴란드였다. 폴란드는 근대 이전부터 이미 오스트리아, 프로이센, 러시아에 의해 여러 차례 분할 점령당했다. 폴란드인들은 역사적으로 러시아와 독일에 대해 큰 반감을 갖고 있다. 제1차 세계대전이 끝나고 윌슨이 민족자결주의를 표방했을 때 이에 해당하는 대표적인 국가가 폴란드, 체코, 루마니아 등이었다. 폴란드는 제1차 세계대전으로 독립하면서 독일과 러시아의 영토를 많이 차지했다. 그 때문에 제2차 세계대전이 벌어지자 독일과 소련이 손잡고 가장 먼저 공격한 나라가 폴란드였다. 소련은 카틴 숲에서 폴란드의 엘리트 장교 2만 명가량을 대학살했고, 독일은 아우슈비츠 수용소에서 폴란드계 유대인 수백만 명을 학살했다. 전쟁 말기인 1944년 폴란드인들이 바르샤바에서 무장봉기를 일으켰을 때 지척에 도착해 있던 소련군은 이들이 독일군에게 대학살되도록 방관했다. 영국 런던에는 연합국이 사실상 승인한 폴란드 임시정부가 수립되어 유럽과 아프리카 전선에서 폴란드군을 지휘하고 있었지만, 소련이 폴란드를 점령한 후 새로운 임시정부를 수립했다. 그리고 이것이 폴란드정부로 재편되었다. 미국과 영국은 이러한 상황을 제지할 수 없었다. 소련이 점령한 지역이었기 때문에 소련의 체제가 수립됐다. 전후 유럽에서 가장 위험한 국가로 꼽힌 곳이 그리스와 터키였는데, 이들은 소련의 위성국가가 된 공산주의 국가들에 포위되어 있었고, 내정은 불안한 상태였다. 1947년의 트루먼 독트린은 바로 이 두 나라를 구하기 위한 것이었고, 냉전의 전면적 선포였다.

1943년 3월 워싱턴 회담에서 한국과 인도차이나에 대한 신탁통치 필요성이 처음으로 제기되었고, 같은 해 12월 카이로 회담을 통해 그 내용이 확인됐다. 카이로 회담에 참여한 중국의 장제스는 한국의 독립이 필요하다고 주장했지만 미국과 영국은 '적절한 시기'에 독립을 시키겠다는 뜻에서 'in due course'라는 문구를 집어넣었다. 해외에 있는 한국인들은 이 말이 즉시 독립을 의미하는 것이 아님을 알았다. 충칭의 한국 독립운동 진영은 한국이 국제사회의 공동관리, 공동운영을 거치게 되는 것이라며 카이로 선언의 '적절한 시기'를 '국제공영론國際共營論' '국제공관론國際共管論'이라고 인식했다. 이어진 얄타회담에서 루스벨트 대통령은 한국이 향후 20~30년간 신탁통치를 받을 필요가 있다고 했고, 스탈린은 한국의 즉시 독립을 주장했지만 신탁통치에 동의했다. 이후 1945년 7월에 미·소·영·중이 모두 한반도의 신탁통치에 합의하게 되었고, 그 결과 1945년 12월 모스크바 회담에서 한반도 신탁통치가 결정되었다.

그런데 모스크바 회담에서 결정된 내용은 원래의 구상과 차이가 있었다. 소련과 미국의 제안이 달랐기 때문이다. 미국은 4대국이 한국에 대한 신탁통치를 실시하며, 기한을 10년으로 하자는 제안을 했다. 여기에 향후 한국의 독립 방안은 없었다. 소련은 임시정부 수립과 신탁 혹은 후견을 실시하자고 제안했다. 먼저 미소공동위원회를 개최해 한국의 정당과 사회단체를 참여시켜 임시정부를 구성한 후에, 이 임시정부와 협의해 5년간의 신탁 혹은 후견 기간을 거치자는 제안이었다. 결국 소련 안을 중심으로 모스크바에서 합의가 이루어졌다. 미국과 소련의 입장 차이가 있었던 것은 분명하지만, 양국은 모두 자국의 이해가 반영될 수 있는 정책적 지렛대를 가지고 있었기 때문에 합의에 도달할 수 있었다. 양국 모두 임시정부 수립, 공동위원회 구성, 신탁통치 실시를 합의했다는 점에서 어느 쪽이 더 진보적인가, 혹은 우위에 있는가 하는 질문은 의미가 없는 셈이다. 모스크바 회담에서 한국 문제는 중요하게 취급되지 않았고, 간단하게 처리되었다.

만약 양국이 1945년 7월 포츠담 회담 직후에 대한정책을 결정했다면 국내에서는 그에 대한 저항이나 반발이 크지 않았을 것이다. 미소 양국은 임시정부나 건국준비위원회의 존재나 활동을 인정하지 않았다. 한국인들이 진정한 해방을 맛본 지 4개월이나 지난 1945년 12월에 한국에 대한 신탁통치를 결정함으로써, 대폭풍을 불러왔다. 모스크바 결정은 시기적으로 너무 지체된 정책적 결정이었고, 내용적으로 실현불가능한 구조로 되어 있었으며, 한국인들이 수용할 수 없는 내용이었다.

미국의 자유기지 노선, 소련의 민주기지 노선

모스크바 결정에서 한국의 독립이라는 굉장히 복잡한 문제를 졸속으로 처리했기 때문에 이를 시행하려는 과정에서 속속 문제가 드러났다. 모스크바 결정에 따르면 우선 미국과 소련이 공동위원회를 구성한 후 한국의 정당 및 사회단체와 협의해서 임시정부를 구성해야 했다. 문제는 어떤 정당 및 사회단체가 '민주적'인가를 둘러싸고 미국과 소련 간에 합의가 불가능했다는 사실이다. 2년 반 이상 지속된 미소공동위원회는 이 문제에서 한 걸음도 나아가지 못했다. 다음 단계는 임시정부가 4대국과 협의해서 신탁통치를 한다는 것이었다.

미국과 소련은 서로 다른 꿈을 꾸고 있었다. 미국은 4대국과 협의하는 신탁통치 단계에서 미·영·중 대 소련의 3대 1 대결구도로, 국제적 우위를 점할 수 있다고 판단했다. 반면 소련은 오랜 식민통치를 겪은 한반도에서 계급 문제와 민족 문제가 폭발 일보 직전이므로, 임시정부 수립 단계에서 큰 방향에서의 좌파적 정권, 즉 친소적 정부가 수립될 수 있다고 판단, 국내적 우위를 점할 수 있다고 보았다. 미국은 국제적 우위를, 소련은 국내적 우위를 자신의 정책적 지렛대로 판단하고 있었던 것이다.

이런 상황 속에서 미국과 소련은 모스크바 결정의 실행이라는 국제적 합의와는 별개로 자신들이 점령한 남북한에서 각각 자신의 체제를 이식하고 강화하는 데 집중했다. 미국은 국제적 우위를 이용해 '자유기지' 노선을 추구했고, 소련은 국내적 우위를 활용한 '민주기지' 노선을 실행했다.

소련은 한반도의 국내적 상황이 혁명적이라고 판단했고, 이러한 국내적 우위에 기초한 민주기지 노선을 시행했다. 민주기지 노선은 김일성의 노선으로 알려져 있지만, 실제 1945년 이래 소련이 점령한 동유럽에서 시행되었던 인민민주주의혁명 노선과 동일하다. 북한에 대한 간접 개입 및 현지화 전략을 핵심으로 하는 민주기지 노선은 북한에 친소정부를 수립하고 혁명기지로 만든 후, 이를 남한까지 확장한다는 공격적인 노선이었다. 여기서 핵심은 토지개혁과 중요산업 국유화다. 토지개혁을 통해 지주를 타도하고, 중요산업 국유화를 통해 자본가를 타도하는 전략이었다. 동유럽 역시 토지개혁과 산업 국유화를 진행함으로써, 지주와 자본가의 경제적 정치적 토대를 해체하고, 공산당의 지지기반을 확대해나갔다. 북한에서도 토지개혁과 중요산업 국유화가 가장 중요한 정책으로 채택되었다. 그후 공산당은 우당_{友黨}과 합당해서 당명을 근로·노동자당으로 변경했다. 이 정책은 북한과 동유럽에서 동일하게 진행되었다.

이 과정에서 북한의 정권기관이 수립되었다. 1946년 2월 소련은 북조선임시인민위원회를 조직했다. 소련군은 북한을 점령했지만, '군정'이라는 조직을 설치하지는 않았다. 주권이 조선인들에게 있다고 선언했고, 조선인들의 통치권을 인정했기 때문이다. 그러나 실제로는 북한을 완벽하게 통제하고 있었다. 북조선임시인민위원회는 소련의 임명에 따른 것으로, 주요 '민주개혁'이 완료되고 북조선노동당이 설치된 후에 선거가 실시되었다. 절차적 정당성을 확보하기 위한 이 선거는 3개월간 도·시·군·읍·면·리에 걸쳐 치러졌다. 선거가 진행되는 과정에서 새로운 체제에 대한 선전과 학습, 동원 등도 함께 이루어졌다. 그리고 1947년 2월 북한은 합법적인 절차를 통해 북조선인민위원회라는 정식 정부를 설립했다. 아직 미소의 공식적인 대한정책은 미소공동위원회를 통한 임시정부 수립이었지만, 북한에서는 이미 선거라는 절차를 거친 정식 정부가 수립된 것이다. 같은 해 12월 북한은 헌법 초안을 준비했고, 스탈린과 소련공산당 중앙위원회가 이 내용을 검토했다. 1948년 9월에서야 조선민주주의인민공화국이라는 정식 국호의 국가가 탄생했지만, 이미 정식 정부는 1947년 2월에 수립된 것이었고, 공화국 수립은 형식적 완결성을 더했을 뿐이다.

남한에 대한 미국의 노선은 공식적으로는 국무부의 국제협력 노선과 미군정의 자유기지 노선이 병행되었다. 미국은 아시아 태평양 전쟁 시기 남한을 점령하고 군정을 실시한 후 신탁통치를 한다고 결정했다. 일본이 패망한 후 멸망한 대한제국, 임시정부, 인민공화국 중 어느 누구도 주권정부의 자격이 없다고 판단했다. 남한은 주권정부가 없는 '임자 없는 땅'이 되어버린 기이한 상황이었다. 사실 미군정 3년 내내 미군정 법률가들은 군정의 법률적 성격을 둘러싸고 고민을 거듭했다. 이미 대서양헌장을 통해 연합국들이 영토적 합병이라는 식민지 팽창을 거부한다고 선언했으므로, 미군의 남한 점령은 합병이나 식민지 건설이 아니었다. 주권은 남한인들에게 있는데, 문제는 그 실체로 인정할 수 있는 정부 형태가 존재하지 않는다는 것이었다. 미군정은 자신이 군사정부나 명목상의 정부이자 사실상의 정부로 기능하고 있다고 생각했다. 미군정은 실질적인 주권정부의 일을 대행했다.

미국무부가 영향력을 행사하던 점령 초기, 미국은 소련과 협력하는 국제주의적 노선을 추구했으며, 모스크바 결정에 따른 임시정부 수립을 공언했다. 그러나 현지의 미군정은 소련의 민주기지 노선에 상응하는 일종의 자유기지 노선을 추구했다. 이는 미군정 예하에 과도정부 형태를 설립한 후 이를 북한까지 확대한다는 계획이었다. 즉 미국식 과도정부를 창설해 북한까지 영향력을 확산시킨다는 공격적인 구상이었다. 소련의 민주기지 노선과 거울을 보듯 유사한 이 정책은 1945년의 정무위원회 계획, 1946년의 민주의원, 좌우합작운동, 입법의원에 이르기까지 여러 차례 시도되었다. 직접 통치를 담당하던 미국은 방법상 소련 측과는 차이가 있었지만 국가주의적 정책과 그 태도에서는 큰 차이가 없었다. 이러한 미군정의 자유기지 노선은 초기에는 미국무부와 마찰을 일으켰으나, 1947년 이후에는 선견지명으로 받아들여졌다. 미소공동위원회의 실패, 1947년 이래 미소 냉전의 세계적 확산으로 냉전정책이 한반도에도 공식 적용되기 시작했기 때문이다.

미소 양국의 공식 대한정책은 모스크바 결정에 따른다고 했으나 실상 그들 모두 점령하고 있는 반쪽을 강화하기 위해 군대를 창설하고, 경찰과 행정조직을 강화했다. 일제는 비정상적으로 성장한 국가기구를 남겨놓았는데, 이는 식민지 통치의 효율성을 극대화하기 위한 국가물리력 분야의 팽창을 특징으로 했다. 그런데 미국과 소련의 점령 기간을 거치면서 경찰력과 내무 행정인력이 훨씬 강화되었다. 미국과 소련 중 누가더 분단에 큰 책임이 있는가를 묻기는 어렵다. 양측은 상대방을 의식하며 공격적인 정책을 구사했고, 한반도 분단을 심화시키고, 고착화하는 결과를 초래했다.

1947년 제2차 미소공동위원회가 무산되자, 미국은 한국 문제를 유엔으로 이관했는데, 이는 자신이 가진 국제적 우위를 활용하기 위해서였다. 반면 소련은 미소 양군의 철수와 한반도 개입 중단을 주장했는데, 이는 한반도의 국내적 우위를 활용하려는 의도였다. 이렇듯 양국은 자신의 정책적 우위, 전략적 지렛대를 활용해 대한정책을 추구했고, 이러한 양상은 한국전쟁 시기까지 지속되었다.

한국인들의 대응

소련은 신탁통치(信託統治) **주장, 미국은 즉시독립**(卽時獨立) **주장, 소련의 구실은 38선 분할점령**(分割占領)

모스크바에서 개최된 3국외상회담을 계기로 조선독립 문제가 표면화하지 않는가 하는 관측이 농후해가고 있다. 즉 번즈 미 국무장관은 출발 당시에 소련의 신탁통치안에 반대하여 즉시 독립을 주장하도록 훈령을 받았다고 하는데 삼국 간에 어떠한 협정이 있었는지 없었는지는 불명하나 미국의 태도는 '카이로 선언'에 의하여 조선은 국민투표로써 그 정부의 형태를 결정할 것을 약속한 점에 있는데 소련은 남북 양 지역을 일괄한 일국 신탁통치를 주장하여 38도선에 의한 분할이 계속되는 한 국민투표는 불가능하다고 하고 있다.

모스크바 결정이 유포된 후 한국인들의 대응은 1945년 12월 27일 『동아일보』의 보도가 가장 잘 대표하고 있다. 물론 이 기사는 『동아일보』가 작성한 것이 아니라 해외 통신사가 작성한 기사를 전재한 것이었다. 다른 신문들도 이 기사를 보도한 바 있다. 국제란에 단신 정도로 취급되었어야 할 기사가 1면 톱으로 실렸다. 이 보도는 이후 반탁운동이 걸어갈 방향을 제시했다는 점에서 역사적 의미가 있다. 모스크바 회담에 대한 공식결정서는 서울 시각으로 12월 28일 정오에 발표됐고, 워싱턴에서 있었던 발표가 도쿄를 거쳐서 서울에 들어온 건 29일이었다. 그런데 한국에서는 27일에 실린 이 기사 보도 이후 거센 반탁운동이 시작되었다.

기사 내용을 보면 '관측이 농후해지고 있다.'는 식의 추측성 발언이 대부분이다. '번즈 미 국무장관은 출발 당시에 소련의 신탁통치안에 반대하여 즉시 독립을 주장하도록 훈령을 받았다.'라고 하는데, 이는 거짓이다. 번즈는 미국의 공식 대한정책인 신탁통치 제안을 할 예정이었다. '3국간에 어떤 협의가 있었는지 없었는지 불명하나 미국의 태도는 카이로 선언에 의해 조선은 국민투표로써 그 정부의 형태를 결정할 것을 약속'했다고 하는데, 이 역시 거짓말이다. 카이로 선언은 신탁통치를 공언했기 때문이다. '소련은 남북 양 지역을 일괄한 일국신탁통치를 주장'했다는 것도 거짓말이다. 이런 사실은 존재하지 않는다. 소련이 '국민투표는 불가능하다고 하고 있다.'는 주장 역시 허위 사실이다. 이 기사에는 사실이 하나도 존재하지 않는다. 모두 허위, 왜곡, 선동이다.

원래 모스크바 결정은 12월 27일 모스크바에서 해리만^{Harriman} 주소대사가 보낸 것으로 미국외교문서에 실려 있다. 모스크바 결정은 워싱턴 시각으로 12월 27일 목요일 오후 10시, 런던 시간으로는 12월 28일 금요일 오전 3시, 모스크바 시각으로는 12월 28일 오전 6시에 동시 발표된다고 했다. 그런데 한국에서는 그보다 앞선 27일에 엉뚱한 허위 사실이 공표된 것이다. 한국인들은 사실관계를 확인하지도 않고 이 보도에 격렬하게 반응했다. 이 보도에 기초해서 신탁을 반대하는 반탁, 신탁을 주장하는 소련에 대한 반소, 공산주의에 대한 반공이 반탁운동의 중심에 자리 잡았다. 즉 반탁=반소=반공운동이 된 것이다. 사실 반탁의 핵심 논리는 한국인들이 즉시 독립할 자격이 있으므로 이를 부정하는 외세를 배격하고 즉시 독립하겠다는 반탁=반외세 즉시 독립이 타당했다. 그러나 전혀 사실과 다른 반소·반공이 핵심에 등장하게 된 것이다. 또한 모스크바 결정의 사실 확인도 이뤄지지 않았다. 결과적으로 한국민주당의 송진우는 '훈정론'을 주장했다는 빌미로 암살됐고, 임시정부는 미군정을 접수한다는 포고문을 발표함으로써 반탁운동의 중심에 서게 되었다.

반탁운동은 1894년의 동학농민전쟁과 1919년의 3·1운동에 비견될 정도로 민족주의 에너지가 가장 강력하게 집결된 사례다. 이렇게 집결된 에너지가 소련과 공산주의에 대한 반대의 에너지 대신 즉시 독립을 향한 긍정의 에너지로 폭발했다면, 한국현대사의 방향은 달라졌을 것이다. 지도자나 대중 모두 모스크바 결정의 원문을 알지 못한 채 잘못된 정보에 기초해 반탁운동을 이끌었다. 역사에서 예를 찾기 힘든 강력한 민족주의 에너지가 집결되었지만, 정확한 곳에 정확하게 쓰여질 수 없었다.

반면 찬탁진영에서는 모스크바 결정을 총체적으로 지지한다고 주장했다. 모스크바 결정이 임시정부 수립과 후견(신탁)이라는 두 가지 핵심 내용을 담고 있는데, 그중 어느 하나만을 지지하거나 반대할 수 없으므로 이를 총체적으로 지지한다는 입장이었다. 그렇지만 찬탁진영이 처음부터 찬탁을 지지한 것은 아니었다. 처음에는 반탁을 주장하다가 1946년 1월 초에 갑작스레 찬탁으로 입장을 전환한 것인데, 정확한 정보를 받았기 때문이라고 하지만 역시 권력을 향한 버스가 출발할까 두려워 성급하게 행동한 것이다. 반탁에서 찬탁으로의 전환은 당시 반소·반공 분위기와 결합되면서 찬탁진영의 반민족성, 친소성을 부각시키는 계기가 되었다. 여기에는 미군정의 공작정치가 개입했다. 미군정은 박헌영이 기자회견에서 밝힌 '한반도가 소련의 연방으로 편입되길 희망한다.'는 주장을 활용했다. 결국 찬탁진영은 반민족, 친소적이라는 인상을 남겼고, 이는 지지기반의 상실을 가져왔다.

어떻게 이런 일이 벌어질 수 있었을까? 사실 확인조차 없이 맹목적인 반탁운동이 확산된 것은 1943년 카이로 선언 이래 신탁에 대한 반감이 쌓였기 때문이다. 늑대가 온다고 오랫동안 소리쳤기 때문에 관성적으로 그 늑대가 왔다고 믿었던 것이다. 또 이미 해방과 사실상의 정부를 경험해본 한국인들로서는 신탁통치에 쉽게 동의하기 어려웠다. 그럼에도 불구하고 1945년 12월 한국의 지도자들은 모스크바 결정에 대해 좀 더 현명하고 신중하게 대처했어야 했다. 최소한 모스크바 결정의 원문도 확인하지 않은 채 전개된 이러한 상황은 한국현대사의 운명을 결정짓는 데 중요한 역할을 했다. 분단은 기본적으로 강대국의 결정에 따른 것이지만, 한국인들의 맹목적인 반탁운동 확산이 결정적이었다고 할 수 있다. 한반도의 운명은 1945년 12월의 한국 지도자들과 대중, 그리고 한국의 상태와 관련이 있다.

1919년 파리강화회의가 개최되었을 때 한국은 일본의 식민지였고, 평화회의에 초대받거나 참석할 자격이 전무했다. 그러나 한국인들은 이 기회에 한국 독립을 호소하기로 결심했고, 대표를 파견하기로 결정함으로써 3·1운동이라는 민족적 운동을 일으켰다. 또한 김규식, 여운형, 이승만 등은 파리강화회의에 대표로 참석하거나 그를 후원함으로써 역사적 인물이 되었다. 그러나 제2차 세계대전 이후 한국의 운명을 결정하게 될 전후 강화회의에는 아무도 관심을 갖지 않았다. 한국의 지도자들은 참석하려 하지도 않았고, 그 결정의 내용조차 합리적으로 확인하려 하지 않았다. 1919년 파리강화회의에는 전력을 기울였는데, 1945년 모스크바 회의에는 왜 아무런 관심과 합리적 판단을 갖지 않은 것인가? 가장 큰 이유는 아마도 권력투쟁 때문이었을 것이다.

미소에 의한 38도선 분할이 이뤄진 후 남한과 북한, 서울과 평양의 정치 지도자들은 각자의 지역을 고수했다. 누구도 38도선을 넘어 평양과 서울을 오가며 민족 내부에서 평화적으로 통일 문제를 해결하려는 시도를 하지 않았다. 서울의 이승만, 김구, 박헌영 등은 평양에 가서 자주적인 평화통일을 논하거나 정치협상을 벌이려 하지 않았고, 평양의 김일성, 조만식도 마찬가지 태도를 취했다. 1948년 김구, 김규식이 남북협상에 나섰지만, 이미 역사의 흐름은 분단정부 수립을 중단시킬 수 없는 시점이었다. 결국 남북한의 정치 지도자들이 분단 시스템을 용인한 것이다. 21세기의 한국인은 20세기의 정치 지도자들에게 분단이 정말 어쩔 수 없는 일이었는지, 당신들의 책임은 없는 것인지 물어야 한다. 이런 측면에서 여운형의 정치적 행보는 다시 평가될 필요가 있다. 여운형은 1946년 이래 공개적으로 다섯 차례나 북한을 방문했던 유일한 정치인이었다. 통일정부 수립을 위해 노력하던 그는 1947년 암살당했다.

결국 좌우 대립은 찬탁, 반탁 논쟁을 거쳐 좌우익 논쟁으로 발전했다. 우익진영은 반탁, 반공, 친미 진영이 됐다. 좌익진영은 찬탁, 친공을 지지했고, 여운형과 김규식이 주도한 중도파는 우선 임시정부부터 수립하고 이후에 반탁하자는 의견을 냈다. 북한은 찬탁 입장에서 미소공동위원회의 노선과 단독정부 노선을 병행했다.

1948년의 한국

최근 수년간 1948년 8월 15일을 건국절로 삼아야 한다는 주장이 강력하게 개진되면서, 한국사회에 충격을 주었다. 1948년에 국가가 세워지면서 자유민주주의와 시장경제를 수립하여 대한민국의 기초를 세웠다는 주장이다. 하지만 역사적 사실은 그와 다르다. 이것은 '창조 역사'라고 부를 만한 새로운 주장이다. 이런 주장을 접하면 제헌헌법을 비롯한 한국 헌법의 역사가 지니는 중요성을 다시금 깨닫게 된다.

1948년 제정된 제헌헌법은 불과 40여 일 만에 만들어졌다. 그러나 여기에는 역사적 배경이 존재한다. 헌법 제정에 필요한 제헌 경험과 관련 헌법문서들이 잘 준비된 상태였기 때문이다. 그 핵심에 대한민국 임시정부가 있다. 1919년 임시정부가 수립되면서 임시헌장, 임시약헌 등 헌법문서들이 만들어졌고, 해방에 이르기까지 독립운동의 상황에 맞게 여러 차례 변경되었다. 또한 신해혁명 이후 중국 각 지역의 헌법문서들도 임시정부의 헌법문서가 만들어지는 과정에 영향을 끼쳤다. 즉 임시정부의 헌법문서에는 한국 독립운동의 역사성·정신과 중국 혁명운동의 간접적 영향이 투영되었다. 제헌헌법의 작성자들은 임시정부의 헌법문서들과 과도입법의원의 헌법안, 독일·미국 등의 헌법도 참조했다. 그러나 제헌헌법의 체제와 형식, 중요 조항 등의 기본 골조는 역시 임시정부에서 가져왔다고 할 수 있다. 즉 제헌헌법은 1948년의 시점에서는 불과 40여 일만에 만들어졌지만, 그 속에는 1919년 이래 40여 년간 지속된 독립운동의 세월이 응축된 것이다.

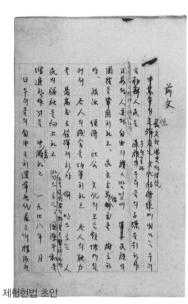
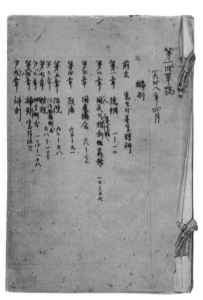

제헌헌법 초안

제헌헌법은 40여 일만에 만들어졌지만
그 속에는 1919년 이래 40여 년간 지속된
독립운동의 세월이 응축되어 있다.

1948년 대한민국이 만들어질 때 정통성의 근거를 어디서 찾았을까? 제헌헌법의 제정 과정과 그 내용을 살펴보면 대한민국의 수립 과정과 그 정신을 알 수 있다. 인간은 본래 역사와 관성, 문화의 지배를 받는 동물이다. 고려가 후삼국을 통일한 이래 줄곧 민족적, 언어적, 문화적, 군사적 동일체로 존재해왔던 국가가 어느 순간 분단국가가 될 지경에 처했다. 당시 정치인과 국민 모두 이 분단 상태를 인정하고 분단국가의 수립을 전면적으로 강조하기는 불가능했다. 1948년 제헌헌법을 만들고, 대한민국을 세운 사람들은 자신들이 완전히 새로운 국가를 만든다고 생각하지 않았다. 이들은 역사에서 근거를 찾았고, 그 근거는 3·1운동과 대한민국 임시정부였다. 1919년 200만 명 이상이 참가한 3·1운동이라는 민족적 에너지가 폭발해 대한민국 임시정부를 수립했고, 이를 세계에 공표했는데, 그후 39년이 지나 지금 이 '임시' 정부를 '정식' 정부로 재건한다고 선언한 것이다. 즉 대한민국 정통성의 연원은 대한민국 임시정부이자 3·1운동이라는 독립운동임을 공표한 것이다.

　　사실 대한민국 임시정부는 1919년부터 1945년까지 한국 독립운동의 중심으로, 가장 오래된 역사성과 정통성을 갖춘 조직이었다. 정부 수립에 동의한 대통령 이승만, 부통령 이시영, 국회의장 신익희 등이 전부 대한민국 임시정부 출신이다. 물론 정부 수립에 반대한 김구, 김규식, 조소앙, 엄항섭 등도 임시정부 출신이다. 결국 대한민국 임시정부는 독립운동가들이 모두 합의할 수 있는 일종의 최소공배수 같은 것이었다. 한국인들이 보편적으로 의지할 수 있는 정통성의 근거가 되는 셈이다.

　　그 때문에 제헌헌법은 헌법전문에서 대한민국 임시정부, 독립운동을 자신의 정통성의 연원으로 내세웠다. 그 연장선상에서 정치적으로는 친일파 청산, 경제적으로는 농지개혁과 삼균주의적 개혁을 헌법정신으로 담게 된 것이다. 독립운동을 계승하고, 임시정부의 정통성 아래 정식 정부를 재건한다고 표방했으므로, 정치적 과제는 당연히 친일파 청산이었다. 반민특위를 만들어 친일파를 청산한다는 내용이 제헌헌법 제101조에 들어 있다. 친일파 청산이 제헌헌법의 정신인 것이다. 그러나 알다시피 이는 실패로 끝났다. 농지개혁 역시 제헌헌법 제86조에 들어가게 되었다. 농지개혁은 특정 개인의 의지와 노력의 산물이 아니라 시대정신의 반영이자 독립운동의 연장선상에 놓여진 헌법정신이었다.

결국 제헌헌법은 대한민국 임시정부의 유산을 계승한 것이며, 정치적으로는 독립운동 정신을, 경제적으로 삼균주의 정신을 지향했다. 제헌헌법에는 '자유민주주의'나 '시장경제'가 들어가 있지 않다. 일각에서 제기하는 친일파를 옹호하는 체제, 국가의 헌법이라는 주장 역시 성립할 수 없다. 이후 헌법 개정 과정을 살펴보면, 제헌헌법은 1948년 이후 한국 정치의 새로운 출발점이라기보다는 그 이전 역사적 동력과 관성의 종착점에 가까웠다. 한국의 불행은 제헌헌법이 제대로 계승되지 못했을 뿐만 아니라 제대로 교육되지도 않는다는 사실에 있다.

그러면 제헌헌법을 통해 1948년의 국가가 자유민주주의나 시장경제의 수립을 지향했는지 살펴보자. 먼저 제헌헌법에는 자유민주주의나 시장경제라는 단어가 없다. 이 용어는 1972년 제정된 유신헌법에서 처음 사용되었다. 용어의 사용이라는 측면에서 건국절 주장은 유신헌법을 계승하자는 것과 맥을 같이하는 것이다. 1948년의 국가는 3·1운동과 대한민국 임시정부를 계승하는 '민주주의 제제도'를 강조하고 있다. 수식어가 붙지 않는 민주주의 제도였다. 경제적으로는 시장, 사유, 자유가 아니라 사회정의 실현을 첫 과제로 제시했다. 개인이나 시장의 자유가 아니라 사회정의, 생산수단의 국유, 국영, 공영을 추구했다.

제헌헌법 제84조부터 제88조까지가 경제와 관련된 항목인데, 여기서는 사회정의의 실현과 균형 있는 국민경제의 발전이 기본이고, 개인의 경제적 자유는 이 한계 내에서 보장된다고 씌어 있다. 즉 사회정의와 국민경제가 우선이고 개인의 경제적 자유는 후순위라는 것이다. 해방 후 경제 문제의 핵심에는 일본 국가, 기업, 개인이 놓고 간 소위 적산 문제가 있었다. 토지와 산업시설이었다. 동양척식주식회사와 일본인 대지주는 물론 일본인들이 소유한 토지는 한국인들의 것을 빼앗은 것이므로 당연히 경작하는 농민들에게 돌려주어야 한다는 것이 상식이자 시대적 소명이었다. 여기에는 누구도 반대할 수 없었다. 때문에 제헌헌법에 농지개혁 조항이 들어가게 된 것이다.

또한 일본인이 남기고 간 공장, 광산, 산업시설은 모두 한국인들의 피와 땀으로 만들어진 재산이므로 당연히 이를 국유화, 공유화해야 한다는 것이 시대정신이었다. 수많은 통역자, 브로커들이 이를 불하받기 위해 개입했지만, 제헌헌법의 정신은 일본이 남긴 산업시설은 대한민국 국민의 소유로 해야 한다는 것이었다. 따라서 경자유전의 원칙 등에 의해 농지개혁, 주요산업의 국유화, 광물·천연자원의 국유화가 제헌헌법에 포함되었다. 제헌헌법의 경제조항은 주요기업은 국유·공영으로 하고 국방 또는 국민생활상 필요할 경우 사영기업을 국·공유로 한다고 쓰고 있다. 이쯤 되면 제헌헌법은 '시장경제'와는 전혀 거리가 먼 사회민주주의 혹은 삼균주의 정신에 기초하고 있으며 그 이유가 독립운동과 시대정신을 반영했기 때문임을 알 수 있다.

그렇다면 도대체 '자유민주주의'와 '시장경제'는 언제 등장하게 된 것인가? 1954년 사사오입 개헌과 5·16쿠데타 이후 1963년 개헌이 그 출발점이다. 1948년 제헌헌법은 국가의 정통성을 3·1운동과 임시정부에서 구했고, 민주주의 제제도의 수립과 농지개혁, 주요기업의 국유·공유를 내세웠다.

그런데 임시정부에 대한 인식은 1963년과 1987년에 극적으로 변했다. 5·16쿠데타 이후 성립된 1963년 헌법은 임시정부를 헌법전문에서 삭제했다. 대신 4·19와 5·16을 헌법전문에 넣었는데, 재미있게도 4·19는 의거로, 5·16은 혁명으로 표현했다. 4·19는 미완의 학생의거로, 박정희 자신은 4·19의 계승자로 혁명을 완성한 5·16혁명의 주체로 표현한 것이다. 사실 박정희는 스스로를 4·19의 계승자로 자부했고 4·19를 초래한 이승만을 가장 혐오했다. 또한 4·19의 과제를 좌절시킨 장면 역시 혁명의 적으로 간주했다. 실제로 박정희가 1960년대 초반에 쓴『우리 민족의 나아갈 길』이나『국가와 혁명과 나』등에는 이승만에 대한 주체할 수 없는 증오가 넘쳐난다. 사실 박정희 시대에 국가정책적으로 이승만에 대한 국가적·국민적 혐오가 양산되고 교육되었다고 볼 수 있다. 지금은『해방전후사의 인식』이 이승만에 대한 부정적 인식을 확산시킨 것처럼 얘기되지만, 이승만에 대한 부정적 인식은 4·19 이후 시대정신이었으며, 나아가 박정희 정권 18년 동안 헌법정신에 따라 국가가 지속적으로 국민에게 주입시킨 결과이기도 했다. 그런데 지금은 이승만과 박정희가 사이좋게 묘사되고 있으니, 역사의 아이러니가 아닐 수 없다.

유신헌법에 이르러 최초로 '자유민주적 기본질서'라는 용어가 등장하게 된다. 그러다가 1987년 헌법전문에 임시정부의 법통이 다시 등장했고, 5·16이 빠지는 대신 '자유민주적 기본질서'는 남게 되었다. 결국 1987년 헌법은 제헌헌법의 정신과 유신헌법의 유산, 1987년 민주주의 운동의 영향이 변형된 형태로 엉켜 있는 상태이다.

1948년 제헌헌법

유구한 역사와 전통에 빛나는 우리들 대한국민은 기미 3·1운동으로 대한민국을 건립하여 세계에 선포한 위대한 독립정신을 계승하여 이제 민주독립국가를 재건함에 있어서 정의인도와 동포애로써 민족의 단결을 공고히 하며 모든 사회적 폐습을 타파하고 민주주의 제제도를 수립하여… (중략)

1963년 헌법(5.16.)

유구한 역사와 전통에 빛나는 우리 대한국민은 3·1운동의 숭고한 독립정신을 계승하고 4·19의거와 5·16혁명의 이념에 입각하여 새로운 민주공화국을 건설함에 있어서, 정의·인도와 동포애로써 민족의 단결을 공고히 하며 모든 사회적 폐습을 타파하고 민주주의 제제도를 확립… (중략)

1972년 유신헌법

유구한 역사와 전통에 빛나는 우리 대한국민은 3·1운동의 숭고한 독립정신과 4·19의거 및 5·16혁명의 이념을 계승하고 조국의 평화적 통일의 역사적 사명에 입각하여 자유민주적 기본질서를 더욱 공고히 하는 새로운 민주공화국을 건설… (중략)

1987년 헌법

유구한 역사와 전통에 빛나는 우리 대한국민은 3·1운동으로 건립된 대한민국 임시정부의 법통과 불의에 항거한 4·19민주이념을 계승하고, 조국의 민주개혁과 평화적 통일의 사명에 입각하여 정의·인도와 동포애로써 민족의 단결을 공고히 하고, 모든 사회적 폐습과 불의를 타파하며, 자율과 조화를 바탕으로 자유민주적 기본질서를 더욱 확고히 하여… (중략)

경제조항에도 변화가 있었다. 제헌헌법 제84조에는 "모든 국민에게 생활의 기본적 수요를 충족할 수 있게 하는 사회정의의 실현과 균형 있는 국민경제의 발전을 기함을 기본으로 삼는다. 각인의 경제상 자유는 이 한계 내에서 보장된다."라고 했으나 1963년 헌법에는 "개인의 경제상 자유와 창의를 존중함을 기본으로 한다."로 바뀐다. 또 제헌헌법 제85조에서는 "광물 기타 중요한 지하자원, 수산자원, 경제상 이용할 수 있는 자연력은 국유로 한다. 공공필요에 의하여 일정한 기간 그 개발 또는 이용을 특허하거나 또는 특허를 취소함은 법률의 정한 바에 의하여 행한다."라고 했는데, 1954년에 있었던 헌법 개정에서 이 조항이 "광물 기타 중요한 지하자원, 수산자원, 수력과 경제상 이용할 수 있는 자연력은 법률이 정하는 바에 의하여 일정한 기간 그 채취, 개발 또는 이용을 특허할 수 있다."로 바뀐다. 이것은 1954년에 있었던 사사오입 개헌에서 시장경제적 요소가 들어가기 시작했음을 의미한다. 하지만 자유시장경제를 전면화한 것은 아니었다. 다만 국영기업에 대한 문호개방, 외국자본에 대한 문호개방을 언급한 정도로 시장경제의 가능성을 열어둔 수준이었다. 아직까지 한국 경제는 미국의 원조에 의존하고 있었기 때문이다. 제86조는 농지개혁법이었는데 1963년에 가면 소작제도 금지로 바뀌고 나머지 조항에서도 적지 않은 수정이 있었다.

1954년에 있었던 사사오입 개헌은 역사의 아이러니를 보여준다. 당시 이승만 통치의 연장을 의미하는 정치체제 변경은 이미 확정이나 다름없다는 것이 정치권의 판단이었다. 그해에 있었던 국회의원 선거에서 자유당은 개헌에 대한 동의 여부로 공천을 했기 때문이다. 이승만 정부 내내 총선과 대선 모두가 부정으로 점철됐지만 가장 대표적인 부정이 1960년에 있었던 3·15부정선거였다고 한다면 다른 하나는 1954년 선거였다. 따라서 권력구조 개편은 문제가 아니었다. 당시 정부가 강조한 것은 헌법의 경제조항 변경이었다. 즉 주요산업의 국유·국영 체제에서 사영·사유제도를 반영하는 방향으로 변경한다는 것이었다. 당시 미국은 한미경제위원회 등을 통해 이 문제를 강하게 요구했다. 한국정부가 간행하던 영문 잡지 『코리아리퍼블릭』의 삽화에 이런 정황이 드러나 있다. 국유 공장의 문이 굳게 닫혀 있는데, 한국정부가 이 문을 개헌이라는 톱으로 자르고 있으며, 그 뒤에 사기업이 문이 열리길 기다리고 있다. 국가 재건을 가속화하기 위해서 외국자본을 유치해야 하는데 그러려면 역시 개헌이 필요하다는 의미이다. 이것이 1954년에 한국정부가 개헌을 하면서 이루고자 했던 가장 큰 목표였다. 이러한 경제조항의 변화 원인은 기억되지 않고, 광대놀음 같은 사사오입만 남았으니 역사의 아이러니가 아닐 수 없다.

1948년에 세워진 대한민국이 일제의 식민통치와 독립운동의 경험이 만든 국가라면 1954년의 대한민국은 냉전체제 속 열전이었던 한국전쟁이 만든 국가였다. 두 국가 사이에는 큰 차이가 있다. 1948년의 시대정신이 독립운동, 반일, 반제국주의였다면, 1954년에는 반공, 반북, 반소였다. 1948년에는 국가의 정체성을 둘러싼 경쟁과 갈등이 존재했다. 제헌헌법이 임시정부 계승을 표방했기 때문이다. 임시정부는 독립운동에 참여한 많은 이들이 권리를 주장할 수 있는 조직이었다. 특정한 주인이 있을 수 없었으므로, 우파와 중도우파, 중도좌파까지 합세해서 임시정부를 중심으로 한 정통성 경쟁을 벌였다. 그렇기 때문에 한국정부로서는 반공주의와 일민주의를 정통성 확보의 보조 이데올로기로 동원할 수밖에 없었다.

한국전쟁이 종결되자 더이상 국가의 정체성을 둘러싼 경쟁, 정통성 경쟁은 존재하지 않게 되었다. 헌법상 독립운동이나 임시정부는 현실적 위력과 가치를 상실한 반면 반공주의가 전면적으로 득세하게 된 것이다. 반공주의는 누구도 도전할 수 없는 최고의 가치를 지니게 되었다. 1948년에는 자신이 한국의 국민인지에 대한 정체성의 갈등이 존재했다.

한국정부가 간행하던 영문잡지 『코리아리퍼블릭』

국유 공장의 문이 굳게 닫혀 있는데,
한국정부가 이 문을 톱으로 자르고 있으며,
그 뒤에 사기업이 문이 열리길 기다리고 있다.

제주 4·3사건, 여순사건 등은 한국정부의 입장에서 명백한 반란이었다. 그러나 한국전쟁 이후 더이상 국민의 정체성에 의문을 갖는 반란은 일어나지 않았다. 전쟁의 긍정적, 부정적 경험을 통해 한국 국민들이 대한민국을 자신의 국가로 체화한 것이다.

1948년 현실 정치에서는 원내에서 극우파, 우파, 중도파 등이 상호 경쟁하고 있었으며, 원외에는 임시정부와 독립운동 세력 등이 상존하고 있었기 때문에 서로 경쟁하고 보완하는 측면이 있었다. 좌파를 제외한 다양한 정치세력들이 현실 정치에 참여하거나 예비자원으로 존재했지만, 한국전쟁은 좌파는 물론 중도파와 우파의 주요 인사까지 제거하고 말았다. 이것이 한국전쟁이 낳은 한국 정치사의 큰 불행이다. 사실 1948년 5·10선거 이래 한국에는 대중적 인기 정당이 존재하지 않았다. 해방 직후 영향력이 가장 강했던 우파 정치 지도자 이승만과 당시 가장 인기 없던 한국민주당만이 유일하게 선거에 참여했다. 이후 많은 국민들은 자신의 정치적·경제적 이해를 대변할 정당을 찾을 수 없었다. 1950년대 중반까지 한국 정치의 주요 특징은 무소속 의원의 대거 출현이었는데, 이는 당시 정당 정치의 대표성에 한계가 있었음을 반영하는 것이다.

이승만과 김구

1948년 『타임』 표지에 실린 이승만의 사진을 보면 당시 이승만의 이미지가 현재의 관점과 많이 다름을 알 수 있다. 이승만은 1875년생으로 한 국가의 수반일 뿐 아니라 굉장한 노령자였다. 이승만을 한마디로 요약하자면 범접할 수 없는 카리스마를 지닌 엘리트였다. 인간 이승만은 굉장히 화려한 경력의 소유자다. 미국 유학 6년 만에 하버드 대학에서 석사학위를 받고 프린스턴 대학에서 박사학위를 받았다. 대한민국 임시정부의 초대 대통령이자 대한민국의 초대 대통령이었다. 하지만 대한민국 임시정부에서 탄핵되었고 결국 4·19혁명으로 퇴진했다. 결국 이승만의 이미지는 두 가지다. 건국의 아버지이자 분단 독재의 어머니. 키메라처럼 두 가지의 상반된 모습이 함께 존재한다. 이는 그가 남긴 긍정적 영향과 부정적 유산을 반영하는 것이기도 하다.

이승만을 바라보는 시각도 크게 두 가지로 나뉜다. 하나는 이승만 영웅주의 사관이다. 해방 후 정치적 지지기반도 없는 상태에서 미군정의 반대를 무릅쓰고 대한민국을 건국한 국부이자 선지자라는 관점이 그것이다. 다른 하나는 강대국 결정론이다. 역사의 주인공은 이승만이 아니라 미국이라는 것이다. 미국이 한국정부를 수립했으며, 이승만은 그를 대변하는 꼭두각시에 불과하고, 나아가 이승만은 분단 독재의 책임자라는 관점이다. 이 두 가지 모두 일정한 진실을 담고 있지만, 한 가지 면만을 강조하려는 경향을 갖고 있다. 이승만이 독재와 부정선거, 4·19혁명 등의 과정에서 많은 사람들에게 고통을 준 것은 부정할 수 없는 사실이다. 실제로 이승만은 3·15부정선거 때 1000만 표를 얻었다. 공개 부정선거로 100퍼센트를 얻은 것이다. 한편 직전 선거인 1956년 선거에서는 500~550만 표 정도를 얻었다. 유효투표자의 절반 이상은 이승만 지지자라는 것을 알 수 있다. 이는 이후 이승만 재평가의 현실적 기초가 된다고 할 수 있다.

반면 김구는 한국인들의 보편적인 정서를 대변한다. 그는 순정 민족주의의 최상급을 보여주는 인물이다. 한국인들이 김구를 좋아하는 건 내러티브가 훌륭하기 때문이다. 독립운동, 반탁, 통일운동, 암살 등 김구의 삶에는 일생을 관통하는 극적인 이야기가 있다. 『백범일지』를 보면 마치 완판본 『춘향전』을 읽는 것처럼 재미있다. 일례로 을미사변 직후 김구가 황해도 치하포에서 일본인 쓰치다 조스케를 죽인 치하포 사건에 대한 서술이 그렇다. 김구는 사실 여부를 확인하지 않고 황해도 치하포에서 쓰치다를 죽였다. 김구는 해주 사는 김창수(김구의 본명)가 국모 원수를 갚기 위해 일본인 쓰치다를 죽였다고 방을 써붙이고 길을 떠났다. 당연히 김구는 체포되어 인천 감옥에 압송되어 사형수 신세가 되었다. 이게 이 사건의 전말이다.

사실 을미사변은 한 나라에 굉장한 치욕을 가져다 준 사건이다. 그런데 고종을 포함해 그 누구도 일본에 복수하거나 원한을 갚겠다고 나서지 못했다. 그때 시골 총각이 국모 시해에 대한 복수를 하겠다고 일본인을 죽인 것이다. 때문에 한국인들은 최초의 명성왕후 복수 사건이라며 통쾌해하고 김구를 영웅으로 칭송했다. 반면 일본은 김구를 살인강도죄를 저지른 범죄자일 뿐이라고 했다. 여기에 한국과 일본의 시각 차이가 있는 것이다. 김구는 법정의 진실이나 이성적인 판단보다는 당대의 보편적인 한국인들의 정서에 따라 행동했다. 즉 한국인들의 보편적 감성, 민족적 감정을 따라 생사를 의탁한 것이다. 사실 김구의 삶에는 주요 대

이승만과 김구

화려한 경력에 카리스마를 지닌
엘리트 이승만,
한국인들의 보편적인 정서를 대변하는
순정 민족주의자 김구.

목마다 이러한 결정이 있다. 그의 인생은 늘 혁명적이고 믿기 힘든 전환으로 연결되었다. 한학을 배워 과거시험에 응시했으나 낙방한 후 관상공부를 하고, 이어서 독학으로 병법을 공부하다가, 동학에 입문하고, 나아가 의병이 되어 청국을 왕래했다. 그러다 치하포 사건을 일으켜 투옥되었다가 탈옥한 후 중이 되어 전국을 떠돌다 환속해서는 기독교도가 되었다.

그의 사상적, 이념적, 종교적 지향을 쉽게 판단하기는 어렵다. 다만 김구에게 손을 뻗으면 당대 보편적인 한국인들의 심성을 발견할 수 있다. 난세의 궁경窮境에 처해 가까운 곳에서 해답을 얻고 싶어 하는 보통의 한국인들을 발견할 수 있다. 또한 김구의 결단은 당대의 보통 한국인들이 걷고 싶어 하는 길에서 크게 벗어나지 않았다. 각각의 선택은 믿기 힘든 전환이지만, 그 일생을 연결하면 독립운동─반탁운동─평화통일운동이라는 큰 그림이 그려지게 되는 것이다. 일생을 민족을 우선시하고 민족주의적 심성을 지킴으로써 김구는 한국인들에게 호평을 얻었다.

1950년대 이승만은 현직 대통령이자 국부로 칭송받았고, 동양 최대의 동상이 파고다공원에 세워졌다. 김구는 한국독립당 비밀당원이던 안두희에게 암살당해 마땅한 친공주의자로 선전되었다. 4·19혁명이 일어나자 이승만의 동상은 성난 시민에 의해 파괴되었고, 김구 추도식이 최초로 열리게 되었다. 박정희가 4·19의거를 계승해 5·16혁명을 완수하겠다고 선언한 이후 이승만은 분단과 독재의 책임자로 격하되었다. 헌법에서 임시정부는 사라졌지만 이를 간접적으로 대변하는 '3·1운동의 독립정신'을 계승한다는 조항이 존재했다. 이승만이 제외된 상태였으므로 그 대체자는 당연히 김구가 되었다. 임시정부의 최후의 주석이자 평화통일의 선구자로서 대표성이 인정된 것이다. 김구는 1962년에 가서야 대한민국 정부의 독립유공자로 선정되었다. 안중근을 비롯한 독립투사들 대부분이 이때 독립유공자가 되었다.

그후 1990년대 중반 이승만에 대한 재평가가 시도되었다. 국제적으로 소련·동구 사회주의가 몰락했고, 국내 정치적으로 제도적 민주화를 달성하고, 경제적으로 OECD에 가입할 정도로 성장을 이루었으며, 북한에 대한 승리가 선언되는 시점이었다. 한국사회가 보수적 분위기로 전환되는 순간이었다. 역설적으로 이 시점에서 국회는 김구 암살진상보고서를 채택했고, 백범김구기념관이 착공되었다.

그럼에도 불구하고 한국현대사를 이승만과 김구라는 두 명의 거물로 해석하고 대체하려는 시도는 안타까움을 자아낸다. 위인들이 역사의 흐름 밖에 서서 역사를 만들었다고 믿는 영웅주의 사관을 반영하기 때문이다. 이름을 남기거나 남기지 못한 많은 주인공들이 역사를 만들어왔다. 이승만과 김구 역시 역사 속에서 자신의 소명을 다한 한 사람으로 기억되고, 한국현대사라는 역사의 큰 흐름의 일부로서 평가되기를 희망한다.

3

한국전쟁과
폭격의 트라우마[1]

김태우

한국외국어대학교 한국학과 조교수. 서울대학교 국사학과에서 박사학위를 받았다. 주요 저서로 『폭격』 『평화인문학이란 무엇인가』(공저) 『분단폭력』(공저) 등이 있고, 주요 논문으로 「냉전 평화론의 사생아: 소련과 북한의 한국전쟁 '북침' 시나리오 조작의 정치적 배경과 과정」 「1948년 미 공군에 의한 독도 폭격의 전개양상과 군사정책적 배경」 등이 있다.

2016년 1월 10일, 미 공군의 대표적인 전략폭격기인 B-52기가 한반도 상공에 등장했다. B-52기는 베트남 전쟁에서 약 300만 톤의 폭탄을 퍼부은 가공할 전략폭격기로 유명하다. 북한의 4차 핵실험이 진행된 후 나흘 만에 핵무기 탑재 능력까지 갖춘 현시대 최고의 폭격기가 한반도 상공에 등장했다는 사실은 여러모로 의미심장하다.

　　미국은 B-52기 전개를 통해 한반도가 자신의 핵우산 아래 있다는 사실을 분명하게 보여주는 일종의 '무력시위'를 펼쳤다. 더불어 북한사람들에게 가장 끔찍하고 무서운 기억으로 남아 있는 역사의 한 장면을 전면에 들춰냈다. 그 기억이란 다름 아닌 한국전쟁의 기억, 그중에서도 북한의 전쟁세대에게는 가장 두려운 기억으로 남아 있는 B-29기의 대량폭격에 대한 기억이다. B-29기는 B-52기가 등장하기 전까지 사용된 미국의 대표적인 전략폭격기로, 제2차 세계대전 당시 일본에 실제 핵무기를 투하했고, 한국전쟁 동안에 소이탄으로 북한 지역을 모두 불태워버린 악명 높은 폭격기였다. 요컨대 B-29기의 후신인 B-52기의 한반도 등장은 그 자체만으로 북한사람들에게 전쟁의 죽음과 공포를 불러일으킬 수 있는 조치였다.

한국전쟁은 한국사는 물론 세계사적 관점에서 보아도 매우 격렬하고 잔혹한 전쟁이었음에 틀림없다. 미국 정치학자들의 연구 결과에 의하면, 1871년부터 1965년까지 진행된 전세계 93개의 중요한 전쟁들 가운데 한국전쟁은 전투원 사망자 수를 기준으로 한 '격렬함'severity 항목에서 역대 3위로 평가되었다. 해당 항목에서 한국전쟁에 앞서는 전쟁은 1위를 차지한 제2차 세계대전과 2위를 차지한 제1차 세계대전뿐이었다.[2]

그런데 한국전쟁의 놀라운 진실은 비전투원 민간인 희생자들의 수가 전투원 희생자 수를 훨씬 상회한다는 것이다. 1955년 한국정부의 발표에 의하면, 남한 지역 민간인 사상자(사망·학살·부상·납치·행불자) 수는 90만 968명에 이른다.[3] 이는 한국군 사망·실종·부상자 전체 통계를 훨씬 상회하는 수치다. 한편 현재 북한정부는 한국전쟁기 북한 지역 민간인 사상자 수가 수백만 명에 이른다고 주장하고 있는데, 통상적으로 학자들은 전쟁 기간 북한에서 약 150~200만 명에 이르는 민간인이 희생된 것으로 평가하고 있다. 사실상 북한 지역 희생자 수에 대해서는 정확한 통계가 부재한 상황이지만 분명한 사실은 북한의 민간인 희생자 수가 남한보다는 훨씬 더 많았고 그 주요 원인은 미 공군의 공중폭격 때문이었다는 것이다. 북한 지역은 한국전쟁 3년 내내 일상적이고 반복적으로 지속된 대량폭격에 의해 표현 그대로 '초토화'되었다. 이 같은 북한사람

한국전쟁 당시 공중에서 폭탄을 떨어뜨리는 B-29기

한국전쟁에서 소이탄으로 북한 지역을
불태워버린 악명 높은 폭격기다.

들의 역사적 경험을 제대로 이해하는 것은 현대 북한의 정치·군사적 정책과 이데올로기를 이해하는 데 있어 매우 중요하다.

그런데 이제껏 미국은 한국전쟁 당시 미 공군의 민간 지역 폭격 사실에 대해 적극적으로 부인해왔다는 사실에도 주목할 필요가 있다. 지금까지 유지되고 있는 미 공군의 공식 입장은 한국전쟁 내내 미 공군이 '군사목표'military targets만을 '정밀폭격'precision bombing했다는 것이다. 이 글은 이와 같은 미국의 공식 입장에 대해 직접적으로 반박하고자 한다. 필자는 2000년경부터 미국의 문서보관소에서 공개되기 시작한 한국전쟁 기간 미 공군 문서 수만 장을 수집했고, 이 자료를 수년에 걸쳐 분석했다. 수많은 미 공군 자료들은 미국의 전쟁수행 방식을 생생하게 보여주고, 강대국들에 의해 좌우된 전쟁의 불행한 민낯을 있는 그대로 드러낸다. B-52기가 한반도 상공에 등장하고 핵실험이 반복되고 있는 한반도의 비평화적 현실 속에서 한국전쟁의 생생한 민낯과 만나는 과정은 한반도의 평화적 미래를 위해 꼭 필요한 전제가 될 것이다.

정밀폭격 정책의 등장

1950년 6월 25일 38도선 전역에 걸친 북한군의 남침에 의해 전쟁이 시작되었다. 김일성은 1949년 3월 스탈린과의 만남에서 최초로 무력통일 의사를 개진했고, 1950년 초에 이르러 비로소 스탈린의 개전 동의를 얻어낼 수 있었다. 1949년 한 해 동안 국공내전에서 중국공산당이 승리했고, 한반도에서 미군이 완전 철수했으며, 소련 또한 미국처럼 핵무기 개발에 성공했다. 이 모든 상황들이 스탈린의 동의를 이끌어내는 데 중요한 배경이 되었다. 게다가 김일성은 1949년 소련으로부터 대량의 무기들을 들여오기 시작했고, 중국으로부터는 만주 지역에 체류하고 있던 수만 명의 조선인 병력들을 넘겨받음으로써 북한군의 군사적 능력을 단기간에 급성장시킬 수 있었다. 1950년 6~7월 북한군의 급속한 남하와 한국군의 무기력한 패퇴는 어쩌면 매우 당연한 수순처럼 보였다.

실제 한국전쟁 초기 북한군은 파죽지세로 한국군과 미군을 허물어뜨렸다. 북한군은 전쟁 발발 후 불과 3일 만에 수도 서울을 점령했을 뿐만 아니라, 미 육군과의 잇단 초기 전투에서도 압도적 승리를 거두었다. 7월 20일 대전에서 미 제24사단은 병력 4000여 명 중 4분의 1가량인 1000여 명이 전사하거나 포로가 되기도 했다. 북한군은 대전 점령 직후 순식간에 남하하여 23일 광주, 26~27일 여수를 점령하는 등 연일 승전보를 올렸다. 기존 역사서들의 설명처럼, 한국전쟁 초기를 북한군 승리의 시기로 보는 것은 일면 당연해 보인다.

그런데 기존 역사서들이 전혀 보지 못하고 있는 전쟁의 또 다른 모습이 같은 시기에 병존했다. 1950년 7월 북한군은 지속적인 승전 소식을 북한 지도부에 보내고 있었지만, 당시 일부 북한 지도부는 불안과 공포로 인해 이미 패닉 상태에 빠져 있었다. 세계 초강대국 미국의 군사적 개입과 북한 지역에 대한 폭격이 그 직접적인 이유였다. 7월 7일 북한 주재 소련대사 테렌티 슈티코프Terenti F. Stykov를 만난 김일성은 "사방에서 전화해서 미 공군의 폭격과 대규모 파괴에 대해 보고한다."며 불만을 토로했다. 박헌영, 김두봉, 김달현 등 북한 간부들이 미국의 참전과 대규모 공중폭격에 대한 우려를 직접적으로 표명했고, 이에 김일성은 "매우 힘들다."고 하소연했다. 슈티코프는 스탈린에게 전문을 보내 "미 공군의 대대적인 폭격"이 "조선 지휘 성원들과 주민들에게 어두운 인상을 주고 있다."고 분석했다.[4]

실제 미 공군의 북한 지역 폭격은 북한 내의 주요 군사·산업시설은 물론이고, 민간인 거주 지역 상당 부분의 무차별적 파괴를 시사하는 군사적 조치였다. 제2차 세계대전 기간 미국과 영국의 연합군 폭격기들은 전략폭격Strategic Bombing이라는 군사적 관점에서 군사활동에 직·간접적으로 도움을 주는 모든 민간시설들을 사실상의 '군사시설'로 간주했다. 특히 아시아 태평양 전쟁 기간 미군 폭격기들은 일본을 비롯한 극동 지역에서 소이탄과 원자폭탄을 활용한 도시 폭격의 전력을 지니고 있었다. 한국전쟁 기간 유엔 공군력의 90퍼센트 이상을 담당했던 공군부대이자 제2차 세계대전 종전 이후에도 여전히 일본에 체류하고 있던 미 극동공군Far East Air Force, FEAF은 이렇듯 동아시아 민간 지역 폭격에 매우 익숙했고, 이를 당연시했던 군사조직이었다. 이제 북한 내 주요 도시들은 미 극동공군의 무차별적 폭격의 희생물로 전락할 위기에 놓여 있는 듯했다.

그런데 한국전쟁 초기 미 공군은 5년여 전의 무차별적인 일본 폭격 방식과는 다르게, 북한 지역의 '군사목표'만을 향한 선별적인 '정밀폭격'의 방식으로 폭격을 수행하기 시작했다. 게다가 전쟁 초기 4개월 (1950년 7~10월) 동안 북한 지역 폭격에 임했던 미 공군 폭격기들은 과거 일본 폭격 과정에서 사용했던 소이탄을 일체 사용하지 않았다. 이 기간 동안 유엔군사령관 맥아더는 북한 도심을 향한 소이탄 공격을 분명하게 거부했다. 폭격의 주체(미 극동공군)는 제2차 세계대전 때와 동일했지만, 폭격의 방식은 분명히 5년 전 일본에서 진행됐던 것과는 매우 달랐다. 그렇다면 1945년 제2차 세계대전 종전 후 불과 5년 밖에 지나지 않은 시점에 동아시아 지역에서 발발한 전쟁에 대해 미국이 기존과 매우 상이한 전쟁수행 방식을 취한 이유는 무엇일까? 크게 두 가지를 들 수 있다.

첫째, 세계 여론의 영향이다. 전쟁에 반대하는 평화의 목소리가 전세계 여론을 압도하고 있던 상황이었다. 한국인들에게는 잘 알려져 있지 않지만, 놀랍게도 한국전쟁 발발 시점에 전세계는 유례없는 대규모 반전운동의 물결에 휩싸여 있었다. 특히 제2차 세계대전으로 인해 커다란 재산과 인명의 손실을 입은 유럽인들은 단순한 반전이 아닌 염전厭戰 현상까지 보여주고 있었다. 유럽인들은 반전과 반핵의 의지를 직접 행동으로 옮기면서 주요 국가들을 압박하기도 했다. 1950년 '스톡홀름 호소문'Stockholm Appeal 서명운동이 그 대표적 예이다. 당시 세계평화회의 의장 졸리오 퀴리Juliot-Curie의 주장에 의하면, 1950년 7월 중순까지 전세계 성인 인구의 약 4분의 1에 해당하는 2억 7347만 566명이 스톡홀름 호소문에 서명했다고 한다. 이 중에는 서독인 200만 명, 프랑스인 1200만 명(전체 인구의 30퍼센트), 이탈리아인 1463만 1523명(전체 인구의 32퍼센트), 영국인 79만 277명, 미국인 135만 명도 포함되어 있었다. 비록 당시의 평화 서명운동이 소련을 중심으로 한 공산진영에 의해 주도되고 있었지만, 아직 중국이 본격적으로 이 서명운동에 동참하지 않고 있던 상황 속에서 전세계 성인 인구의 약 4분의 1이 서명에 참여했다는 사실은 당대 반전운동의 열풍을 충분히 짐작할 수 있게 해준다.[5]

둘째, 미국 국내 여론의 영향이다. 한국전쟁 직전인 1949년 미국사회 또한 전쟁 기간에 벌어진 무차별적인 전략폭격과 핵폭격에 대한 비판과 반성의 목소리가 정점을 향해 치닫고 있었다. 1949년 미국은 국제적십자위원회ICRC의 전쟁 기간 민간인 보호를 위한 제네바협약 형성에 적극적으로 참여하고 있었고,[6] 1949년 10월 의회 청문회 과정에서 불거진 해군과 공군 사이의 논쟁으로 인해 전략폭격 관련 논의는 미국 대중에게까지 널리 확산되고 있었다. 해군 제독들은 미 공군 전략폭격이 군사적으로 비효율적일 뿐만 아니라, 도덕적으로도 미국인들의 정서에 맞지 않는다고 주장했다. 그리고 이 같은 의회 청문회 결과, 미 공군은 이후 전쟁에서 더이상 인구밀집 지역을 노골적으로 폭격할 수 없게 되었다.[7]

실제 전쟁 발발 직후인 1950년 6월 29일 미 합동참모본부JCS는 유엔군사령관 맥아더에게 다음과 같은 명령을 하달했다. "귀관은 귀관의 작전을 북한 지역의 비행장, 보급소, 석유탱크집합지역, 병력집합소, 기타 순수군사목표purely military targets로 확장할 수 있도록 인가받았다."[8] 합참은 미 공군 작전구역을 북한 지역으로 확장하라는 명령서를 통해, 북한 지역의 '순수군사목표'에 대한 제한적 폭격을 동시에 명령했던 것이다. 워싱턴의 공식적인 정밀폭격 정책이 전구戰區사령관에게 최초로 하달된 순간이었다. 맥아더는 이 같은 합참의 지시를 1950년 11월 초까지 충실하게 이행했다. 그는 미 극동공군 사령관들이 지속적으로 소이탄 사용을 주장했음에도 불구하고 11월 초까지 북한 지역 전략폭격에서 소이탄 사용을 철저하게 금지시켰다. 최소한 11월 초까지는 워싱턴의 지시를 이행하기 위해 그 나름대로 애를 썼던 것이다.

기하급수적으로 늘어나는 민간인 피해

한국전쟁 초기 4개월(1950년 7~10월) 동안 미 공군은 실제 워싱턴의 정밀폭격 정책을 실행으로 옮기기 위해 나름대로 애썼다. 그러나 전쟁 발발 직후부터 남북한에서는 미 공군의 공중폭격으로 인한 민간인 피해가 기하급수적으로 늘어나고 있었다. 심지어 한국정부의 공식 통계자료 또한 전쟁 초기 4개월 동안 서울시민 희생의 가장 중요한 원인으로 미 공군의 공중폭격을 꼽고 있었다.[9] 북한은 미 공군의 공중폭격이 정밀폭격은커녕 오히려 민간인 밀집구역만을 배타적으로 공격한다고 주장했다. 북한은 미 공군 군사작전의 비인도주의적 성격에 대해 연일 국제사회에 고발했다.

이 같은 극단적 인식의 차이(정밀폭격 vs 무차별폭격)는 무엇으로부터 유발되는 것이었을까? 양측은 그저 자신을 선하게 포장하고 상대방을 악마화하기 위해 이 같은 정반대의 주장을 펼쳤던 것일까?

우선 북한의 상황부터 살펴보자. 한국전쟁 초기 유엔 측의 북한 지역 폭격은 미 극동공군 폭격기사령부FEAF Bomber Command의 B-29중폭격기heavy bomber에 의해 수행되었다. 그리고 폭격기사령부의 북한 폭격은 전적으로 '전략폭격'이라는 공군작전 개념 속에서 진행되고 있었다.

공군의 폭격작전은 크게 전략폭격과 전술폭격Tactical Bombing으로 구분되는데, '전략폭격'이란 적의 전쟁수행 능력과 전쟁의지를 없애기 위해 적 점령하의 주요 도시나 생산시설, 교통·통신시설 등을 파괴하는 폭격작전을 의미한다. 전략폭격에 대비되는 개념으로 '전술폭격'이 있는데, 이는 보통 지상부대나 해상부대의 작전에 직접적으로 기여하기 위해 실시되는 공중폭격을 뜻한다. 전략폭격과 전술폭격의 개념은 흔히 젖소와 우유 들통에 비유되곤 한다. 즉 전술폭격은 적에 대한 즉각적 도움을 좌절시키기 위해 우유 들통을 뒤엎는 작전이라면, 전략폭격은 젖소를 죽여 버리는 작전인 것이다.[10]

전쟁 초기 미 극동공군 폭격기사령부 산하의 B-29기들은 전략폭격 개념에 의거하여 한강에서 압록강 사이에 있는 북한군 수송망을 차단하고, 북한군 병참보급에 도움을 주는 산업시설을 파괴하는 임무를 부여받았다. 그리고 실제 이 임무를 충실하게 이행해나가기 시작했다. 1950년 7월 13일 미국으로부터 갓 도착한 B-29기 56대의 원산 선착장 폭격을 시작으로, 7월 22일 B-29기 6대의 평양조차장 폭격, 7월 23일 B-29기 18대의 평양조차장 폭격, 8월 7일 B-29기 49대의 평양병기창과 평양조차장 폭격, 8월 9일과 10일 각각 B-29기 24대와 46대의 원산 정유공장과 조차장 폭격 등은 그 대표적 예이다.[11] 특히 1950년 7월 30일부터 3일간 지속된 흥남 폭격은 정밀폭격 정책의 대표적 성공 사례로 미 공군에 의해 누누이 회자되어 왔다.

그러나 당시 정밀폭격의 실체는 '정밀'이라는 표현을 무색하게 만들 정도로 조악하기 그지없었다. B-29기의 정밀폭격은 사실상 당대 북한 민간인들의 엄청난 희생을 전제한 상태에서 진행되고 있었다. 그 주요 원인으로는 우선 B-29기들의 전략 목표가 평양, 원산, 청진, 흥남, 함흥, 진남포, 성진 등과 같은 대도시 인구밀집구역에 집중되어 있었다는 사실부터 지적해야 할 것이다. 앞서 설명했듯이 전략폭격의 핵심 타깃은 교통과 산업의 중심지로 이는 응당 평양이나 원산과 같은 대도시에 집중되기 마련이었다. 달리 말해 '정밀' 타격 대상 자체가 인구밀집지역 한가운데 위치한 경우가 대부분이었다는 것이다. 따라서 주변 민간인들에게 피해를 주지 않고 소위 '정밀폭격'을 수행하기 위해서는 폭격 적중률이 매우 높아야 하는데, 당시 B-29기의 목표물 적중률은 낯 뜨거울 정도로 현격히 낮았다.

한국전쟁 초기 미 공군 내 실험에 의하면, B-29기에서 투하된 개별 파괴폭탄 하나가 6.96미터×174미터 크기의 목표물에 적중될 확률은 0.7퍼센트에 불과했고, 10.44미터×328미터 크기의 목표물에 적중될 확률은 1.95퍼센트에 불과했다. 6.96미터×174미터 크기의 목표물에 대해 50퍼센트의 적중률을 기록하기 위해서는 90발의 폭탄이 필요하고, 80퍼센트의 적중률을 기록하기 위해서는 209발의 폭탄 투하가 필요했다.[12] 다시 말해, B-29기의 폭탄 투하를 통해 목표물 파괴라는 성과를 거두기 위해서는 목표물 인근에 수백 발의 폭탄을 퍼부어야 했던 것이다. 그리고 다음 면의 사진처럼 광범한 타깃 지역 일대에 대량의 폭탄을 여러 차례 투하하는 방식으로 소위 '정밀폭격'이 진행되었던 것이다.

한국전쟁 초기 미 공군 폭격에 의한 민간인 희생은 북한 지역에만 국한된 현상이 아니었다. 북한군의 빠른 남하와 함께 남한 지역 내의 북한

'정밀폭격'은 전혀 정밀하지 않았다.
B-29기의 폭탄 투하를 통해
목표물 파괴라는 성과를 거두기 위해서는
목표물 인근에 수백 발의 폭탄을 퍼부어야 했다.

1950년 8월 19일 청진조차장 폭격

군 점령구역이 확대되어가자 미 공군은 적 점령 지역에 대한 폭격의 강도를 계속 증강시켜 나갔다. 그리고 그 폭격의 과정에서 적잖은 한국 민간인들이 희생되었다.

전쟁 초기 남한 지역 민간인들의 희생 양상은 북한 지역보다 좀더 복잡하고 다양한 원인과 구조를 지닌다. 일단 북한 지역과 마찬가지로 남한 지역에서도 북한군 점령구역의 확장과 함께 B-29기에 의한 전략폭격이 진행되었다. 남한 지역에서 활동한 B-29기의 폭격 타깃은 주로 철도와 교량과 같은 교통시설이었다. 그런데 남한의 주요 교통 중심지 또한 인구밀집지역에 위치한 경우가 적잖았기 때문에 B-29기 대량폭격으로 인한 민간인 희생이 전쟁 초기부터 빈번히 등장했다. 서울역이 위치했던 서울 용산구의 민간인 사망률이 매우 높았던 이유가 여기에 있다.

그런데 실제 전쟁 초기 미 공군의 남한 지역 폭격작전을 주도한 것은 B-29기와 같은 중폭격기가 아니라 B-51기나 F-80기와 같은 소형의 전폭기Fighter-bomber였다. 이 전폭기들은 지상군의 전투를 직접적으로 돕기 위한 전술항공작전Tactical Air Operations의 일환으로 남한 지역에서 폭격작전을 수행했고, 실제로 전쟁 초기 북한군의 남하 속도를 저하시키는 데 상당 정도 기여했다. 그러나 이 같은 긍정적 시기는 그리 오래가지 않았다. 전폭기 조종사들은 이내 매우 곤란한 상황에 처하고 말았다. 1950년 7월 중순경부터 남한 지역 내에서 북한군 병력과 차량을 발견해내는 것이 현실적으로 매우 어려워졌기 때문이다.

참전 직후 시점에는 전폭기들도 공격 타깃을 발견하는 데 큰 어려움을 겪지 않았다. 한국전쟁 발발 직후 북한군은 낮 동안에 주도로를 따라

병력과 탱크 등을 이동시키며 남진을 지속했다. 그러나 7월 중순 이후 미 공군 전폭기의 전술항공작전이 급증하면서 북한군의 작전 양상 또한 급속히 변화했다. 북한군은 남한군 추격 과정에서 산길과 우회로를 이용한 측방공격, 독립 저항거점 포위 등의 방법을 활용하기 시작했다. 더불어 북한군 부대들은 전투대형에 대한 미 공군 폭격 때문에 주로 야간에만 이동했다. 부대 지원을 위한 모든 형태의 수송 또한 주로 야간에 이루어졌고, 비가 오거나 비행이 불가능한 날씨에만 주간 이동이 진행되었다.[13] 모두 미 공군 전폭기들의 기습을 피하기 위한 나름의 고육지책이었다.

북한군의 기민한 대응과 함께 전폭기 고유의 기계적 한계와 전술항공통제시스템의 구조적 문제들 또한 목표물 색출을 어렵게 만들었다. 전쟁 초기 전폭기들은 멀리 일본으로부터 날아와 한반도의 임무구역에서 폭격작전을 수행했는데, 대부분이 매우 짧은 항속거리를 지니고 있었다. 통상 전폭기의 항속거리란 연료를 가득 채운 상태에서 작전 후 기지로 돌아올 수 있는 거리를 의미한다. 그런데 한국전쟁 초기 일본에서 이륙한 전폭기들은 항속거리가 짧아서 남한 지역의 목표 지역에서 길어야 10~15분 동안만 머물 수 있었다. 게다가 조종사들은 한반도 상공의 불안정한 무선 환경으로 인해 최대한 빨리 스스로의 판단에 따라 표적을 찾아내어 폭격임무를 완수해야만 하는 압박감과 싸우고 있었다. 빠르게 비행하는 전폭기 내에서 이 모든 것을 해내기란 사실상 불가능에 가까웠다. 그래서 전폭기 조종사들은 손쉬운 타깃을 찾기 시작했고, 그 대부분의 타깃을 민간 지역에서 구하고 있었다.

한국전쟁 초기에 작성된 수많은 조종사 임무보고서^{mission reports}는 이 같은 상황을 생생하게 보여준다. 임무보고서란 매일 비행 직후에 작성하는 조종사들의 업무 일지와 같은 문서이다. 다수의 임무보고서들에 의하면, 조종사들은 "흰옷을 입은 사람들"people in white을 타깃으로 설정하여 무차별적으로 공격했고, 적 병력이 전혀 보이지 않는 농촌 지역에 반복적인 로켓과 기총소사 공격을 가하곤 했다. "흰옷을 입은 사람들"이란 당시 하얀 삼베옷을 입었던 한국의 평범한 민간인들을 뜻한다. 조종사들은 북한군 점령하의 남한 농촌 지역을 '게릴라 막사'로 표현했고, 남한의 민간인들을 '위장된 북한군' 혹은 '적의 군사활동을 돕는 사람들'로 표현하며 자신들의 공격을 정당화했다. 노근리 사건과 유사한 피난민 공격 사례 또한 매우 빈번히 발생하고 있었다. 소위 남한 지역에서 진행된 정밀폭격의 실체 또한 이러했다.[14]

중공군의 개입과
북한 지역의 초토화

1950년 11월 초 맥아더는 놀라고 다급하여 어찌할 바를 모르고 있었다. 압록강까지 도달했던 유엔군이 북한 지역 곳곳에서 새로운 적 중국군에게 참패하고 있다는 소식을 들었기 때문이다. 9월 15일 인천상륙작전에 성공하고 10월 초 38도선을 넘어 북진할 때만 해도 전쟁의 승리는 확실해 보였다. 맥아더는 10월 15일 트루먼 대통령과의 웨이크섬Wake Island 회의에서 추수감사절 무렵 남북한 전체에서 공식적 저항이 끝날 것이며, 크리스마스 때까지 미8군을 일본으로 철수시킬 수 있을 것이라고 단언했다. 그는 중국과 러시아의 개입 가능성에 대한 트루먼의 질문에 대해 다음과 같이 말했다. "거의 없습니다. (…) 우리는 한반도에 우리의 공군기지를 보유하고 있기 때문에, 만약 중국이 평양으로 밀고 내려오려 한다면 최악의 대량학살 greatest slaughter이 벌어질 것입니다."[15]

중국군이 참전할 경우 "최악의 대량학살"이 벌어질 것이라는 맥아더의 말은 허언이 아니었다. 1950년 11월 5일 오전 11시 5분 맥아더는 미 극동공군의 주요 인사들을 한자리에 불러 모았다. 이 자리에서 맥아더는 급변하는 전황에 대한 돌파구를 찾기 위해 미 공군 폭격작전과 관련된 매우 중요한 결정을 하달했다. "이제부터 북한 지역의 모든 건물과 시설, 마을village은 군사·전술적 목표물로 간주합니다. 유일한 예외는 만주 국경과 한반도 내에 위치한 수력발전소뿐입니다."

이날 맥아더는 극동공군의 주요 사령관들에게 북한의 도시와 농촌 자체를 주요 군사적 목표물로 간주하라고 지시했다. 맥아더는 민간인 거주 지역 내의 특정 군사시설에 대한 파괴가 아닌 '민간 지역 자체'에 대한 파괴를 명령했다. 도시나 농촌 지역 내 적 병력과 보급품의 존재 유무는 더이상 폭격작전 수행 여부의 기준이 되지 않았다. 오히려 미 공군은 적 병력이 도시나 마을에 진입하기 전에 해당 지역을 '사전파괴'하라고 지시했다. 이 같은 사전파괴 명령은 북한 내 민간 지역이 추위를 피하고자 하는 적 병력의 휴식처이자 은신처로 활용될 수 있다는 가정에 근거했다. 미 극동공군사령관 조지 스트레이트메이어George E. Stratemeyer

는 이 무시무시한 맥아더의 정책을 소각과 파괴를 위한 '초토화 정책'scorched earth policy이라고 명명했다.[16]

맥아더의 새로운 폭격정책은 명령 하달 직후부터 가공할 위력을 발휘하기 시작했다. 유엔군 진격 시기 북한 지역에서 더이상 가치 있는 목표물을 발견할 수 없어서 대기 상태로 머물러 있던 B-29중폭격기들이 다시 전장으로 나아갔다. 그리고 이 중폭격기들은 북한의 주요 도시들을 불태우기 위해 기존에 북한 지역에서 사용된 적이 없는 새로운 무기를 활용했다. 제2차 세계대전 시기 대일본 공격에서 악명을 떨쳤던 소이탄을 다시 사용하기 시작한 것이다.

1950년 11월 5일 B-29기 22대의 강계 폭격을 기점으로, 북한의 주요 도시들이 소각되기 시작했다. 11월 8일에는 B-29기 69대가 신의주를 폭격했고, 9일에는 B-29기 13대가 삭주·북청·청진을 폭격했으며, 10일에는 B-29기 33대가 청진·의주를 폭격하는 등 공중폭격이 연일 지속되었다.[17] 미 공군의 자체 평가에 의하면, 1950년 11월 공중폭격으로 인한 북한 지역 도시 파괴 정도는 만포진 95퍼센트, 고인동 90퍼센트, 삭주 75퍼센트, 초산 85퍼센트, 신의주 60퍼센트, 강계 75퍼센트, 희천 75퍼센트, 남시 90퍼센트, 의주 20퍼센트, 회령 90퍼센트에 이르렀다.[18] 이 같은 수치는 사실상 해당 지역의 전소, 작전명 그대로의 '초토화'를 의미했다. 그리고 1950년 11월 초 주로 한·중 국경 지역의 도시와 농촌을 중심으로 전개되던 대규모 폭격작전은 공산군의 남하와 함께 북한 지역 전역으로 확산되었다.

1950년 겨울 미 공군의 맹렬한 초토화 정책은 말 그대로 북한의 도시

1950년 11월 5일 폭격 전후의 강계시

B-29기 22대가 강계시를 폭격했다.
사실상 해당 지역의 전소,
작전명 그대로 '초토화'되었다.

와 농촌 지역을 잿더미로 바꿔버렸다. 1950년 11월 17일, 유엔군사령관 맥아더는 주한미국대사 존 무초John J. Muccio에게 공군활동 내용에 대해 설명하면서 다음과 같이 단언했다. "불행히도 이 구역은 사막화될 것입니다."Unfortunately, this area will be left a desert[19] 맥아더의 발언에서 "이 구역"이란 양군이 대치한 전선과 국경선 사이의 북한 지역 전체를 의미했다.

1951년 7월 이후 유엔군과 공산군은 서로가 보다 유리한 조건에서 정전을 성사시킨다는 동일한 목표를 향해 나아갔다. 그러나 미 공군의 북한 지역 폭격은 1953년 7월 정전협정 체결 시점까지 하루도 끊이지 않고 계속되었다. 특히 1952년 7월 포로송환 문제를 두고 정전회담이 교착 상태에 빠지자, 미 공군은 회담에 정치적 압력을 행사하기 위해 '항공압력전략'air pressure strategy이라는 새로운 전략개념을 만들어냈다. 항공압력전략은 공군력에 가해진 기존의 정치·군사적 제한 요소를 해체시키고, 오히려 공군력을 '정치적 압력수단'으로 직접 활용하는 새로운 개념의 공군전략이었다.

항공압력전략이 미 공군의 새로운 핵심전략으로 부상하면서 또다시 북한의 도시와 농촌은 값비싼 대가를 치러야 할 핵심 공격 대상으로 재설정되었다. 새로운 전략의 하달과 동시에 극동공군 산하 제5공군은 경폭격기의 파괴 목표로 북한 지역 촌락과 도시 35개를 선정했고, 얼마 후 이를 다시 78개로 확대했다.[20] 제5공군 전폭기들 또한 1952년 7월부터 작전계획 72-52operations plan 72-52를 따라 정치적 압력 행사를 위한 민간시설 폭격에 적극적으로 동참했다. 정전 시점까지 지속된 항공압력전략 하의 작전계획 72-52의 핵심목표는 보급 지역의 조직적 공격systemic attack

이었다.[21] 당시 미 공군 문서에 등장하는 '보급 지역'supply area이란 공산 병력들에 의해 활용될 가능성이 있는 시설 일체를 의미했다. 미 공군은 도시의 폐허 위에 새롭게 올라가고 있는 건물이 있으면 이를 어김없이 파괴하고, 보급시설이나 보급 지역 파괴로 보고했다.

항공압력전략은 1953년 5월부터 시작된 북한 지역 저수지 폭격작전을 통해 그 성격을 단적으로 표출했다. 저수지 파괴는 단순한 군사적 측면보다는 정치·심리적 측면을 보다 중시한 폭격작전이었다. 미 공군은 저수지 공중폭격을 통한 평야지역 홍수로 북한 지역의 주식량인 쌀의 생산을 저지하고자 했다. 주식량의 파괴는 군인들뿐만 아니라 민간인들에게 엄청난 고통을 안겨주는 행위였다. 특히 20개의 저수지가 해주 지역에 집중되어 있었고, 북한에서 생산되는 쌀의 대부분이 해주에서 나오고 있었기 때문에, 이 지역의 파괴는 북한 경제에 명백히 큰 부담을 주는 것이었다. 해주 지역 논의 75퍼센트는 저수지 관개시설에 의지하고 있었다. 극동공군은 저수지 파괴를 통해 공산 측 지도부와 민간인들에게 적잖은 정신적 충격을 안겨주고자 했다.

실제 1950년 5월 13일 제58전투폭격비행단 소속 F-84기 20대에 의해 진행된 견룡저수지 폭격은 경의선 주요 구간을 침수시켰을 뿐만 아니라, 수천 평의 논에 측량 불가능한 피해를 주었고, 평양 시내 700채의 건물을 파괴했다. 그리고 5월 15일 F-84기 24대의 자모저수지 폭격은 인근 교량, 철도, 도로, 논, 촌락을 순식간에 파괴했고, 대동강 범람으로 인해 평양 지역 상당 부분의 침수를 야기했다.[22] 적국의 주식량 파괴를 통해 적 병력과 민간인들의 전쟁의지를 상실시키기 위한 저수지 폭격작전

저수지 공중폭격은 군사적 측면보다는
정치적, 심리적 측면을 중시한 폭격작전이다.
저수지 파괴로 쌀 생산이 줄어들어 민간인들에게도
엄청난 고통을 안겨주었다.

자모저수지에서 쏟아져나온 물이 마을로 돌진하는 모습

은 애초 계획대로 잘 진행되었다. 정전협상이 마무리되어가던 때 미 공군은 군사목표만을 정밀폭격한다는 전쟁 초기의 정책에서 이탈하여, 오히려 민간인에 대한 군사적 압력을 통해 자신의 목적을 달성하고자 했던 것이다.

폭격, 이후

한국전쟁 발발 직후부터 시작된 3년간의 미 공군 폭격은 북한 도시와 농촌들을 폐허로 만들어버렸다. 극동공군은 자체 평가를 통해 진남포의 80퍼센트, 청진의 65퍼센트, 해주의 75퍼센트, 함흥의 80퍼센트, 흥남의 85퍼센트, 황주의 97퍼센트, 강계의 60퍼센트, 군우리의 100퍼센트, 교미포의 80퍼센트, 평양의 75퍼센트, 사리원의 95퍼센트, 순안의 90퍼센트, 원산의 80퍼센트, 신안주의 100퍼센트가 파괴되었다고 평가했다. 1953년 8월에 작성된 극동공군 폭격기사령부의 보고서에 의하면, 한국전쟁 기간에 투하된 1만 7000톤의 폭탄 중 1만 톤 정도가 '보급 지역'에 투하되었다고 한다. 이 보고서상의 '보급 지역'이란 적 점령하의 도시와 농촌 지역을 의미했다.[23]

북한 지역을 초토화시켜버린 미 공군의 폭격은 응당 전쟁 시기 북한 주민의 일상을 근본적으로 뒤흔들어 놓았고 전후 그들의 사상에도 지대한 영향을 미쳤다. 대부분의 북한사람들은 폭격으로 인해 가족이나 이웃이 죽거나 다치고 집이 파괴되는 경험을 감내해야만 했다. 북한주민들은 전쟁 기간 내내 폭격으로부터 '살아남기' 위한 나름의 방안을 스스로 찾아야만 했다. 북한정부는 사실상 속수무책이었다. 그래서 결국 그들이 찾아낸 최선의 방안은 땅속으로 몸을 은신하는 것이었다. 도시민들은 폭격으로 인해 파괴된 건물의 잔해 아래에 흙구덩이를 파고 은신했다. 농촌 지역 사람들은 마을 인근 산 아래에 토굴을 파고 그곳에서 생활했다. 그리고 대부분의 북한사람들은 낮 동안에 토굴에서 잠을 자고 밤에는 굴 밖으로 나와 폭격으로 인해 파괴된 철도와 교량을 복구하는 작업에 동원되어야만 했다. 표현 그대로 '시공간의 전복' 현상을 몸으로 겪어내야만 했던 것이다. 전후 다수의 북한사람들은 눈앞에 펼쳐졌던 수많은 죽음과 파괴와 시공간의 전복현상에 의한 고통과 증오의 기억을 간직한 채 감정적 반미주의자로 변해가지 않을 수 없었다. 전후 북한정부는 이 같은 경험을 선전과 교육으로 확대재생산해 나갔다.

미 공군의 공중폭격은 남한사람들에게도 상당한 피해를 주었다. 전폭기의 무차별 사격과 폭탄 투하로 적잖은 민간인들이 사망했다. 그러나 역대 한국정부는 전쟁 기간 미군의 한국 민간인 공격을 오히려 적극적으로 찬양하거나 정당화하기에 급급했다. 예컨대 1951년 3월 이승만 대통령은 미 공군의 도시폭격과 관련하여 "한국민들이 (…) 조용히 참고 차라리 가옥이 파괴될지언정 적에게 나라를 뺏기어 독립된 국가에서 자유민으로 살 수 없는 것을 원치 않는다."고 단언했다.[24] 심지어 2010년 이명박 정부 또한 "민간인이 미군에 의해 희생된 것은 사실이며 안타까운 일이지만, 이는 어쩔 수 없는 희생이었다."[25]고 평가했다. 탈냉전 이후에도 한반도는 여전히 '냉전의 화석'으로 남아 있다는 표현이 과언이 아님을 확인할 수 있다.

한국현대사의 많은 사건들은 냉전적 맹아 현상에 의해 그 본질적 성격이 은폐되는 경우가 허다하다. 미국과 같은 강대국이 한국전쟁에 참전한 의도와 전투행위에 대한 분석도 마찬가지다. 사실상 현재까지도 한국전쟁 시기 미국이 취한 행위의 총체적 의미는 제대로 연구되지 않았다. 한국인들의 평화를 위해 한반도에 들어왔다는 미군이 왜 "흰옷을 입은 사람들"을 적으로 간주했는지, 왜 북한의 도시와 농촌을 모두 불태워버린 초토화 정책을 강행했는지, 왜 정전협상이 마무리되어가는 시점에 북한 곡창지대의 저수지들을 한꺼번에 파괴하여 광범한 벼농사 지역을 침수시켜야만 했는지 등에 대한 분석이 한국전쟁 해석에 종합적으로 포괄될 때 비로소 전쟁의 실상에 한걸음 더 다가갈 수 있을 것이다.

4

박정희와 미국, 이승만과 미국

홍석률

성신여자대학교 사학과 교수. 서울대학교 국사학과에서 박사학위를 받았다. 주요 저서로 『분단의 히스테리』 『통일문제와 정치·사회적 갈등』 『박정희시대 한미관계』(공저), 『뉴라이트 위험한 교과서, 바로 알기』(공저) 등이 있고, 주요 논문으로 「4월혁명과 이승만 정권의 붕괴과정」 「5·16쿠데타의 원인과 한미관계」등이 있다.

1972년 2월, 리처드 닉슨Richard M. Nixon 미국 대통령이 베이징을 방문했다. 한국전쟁에서 미국과 중국이 한반도에서 격돌한 이후, 20여 년 동안 적대적 관계를 유지해오던 양국이 마침내 관계 개선에 나선 것이다. 닉슨의 베이징 방문은 동서 양 진영이 극단적인 냉전 대결에서 벗어나 이른바 데탕트(긴장완화)에 나서는 분위기를 상징하는 사건이었다. 나아가 오랫동안 고립되었던 중국이 다시 세계 경제에 능동적으로 편입되어, 이제는 미국과 더불어 'G2'로 부상하는 데 중요한 전환점을 이루었다. 닉슨은 베이징에 도착한 당일 마오쩌둥毛澤東과 1시간가량 만났지만, 중요 현안에 대한 논의는 저우언라이周恩來 총리와의 대화를 통해 이루어졌다. 닉슨과 저우언라이는 2월 21일부터 25일까지 매일 오후에 만나 대화를 나눴다. 한반도 문제는 23일의 대화에서 주로 거론되었다. 닉슨은 이날 한반도의 안정을 위해서는 미국과 중국이 영향력을 발휘해, 남북한이 적대적 행동을 자제하도록 만들어야 한다면서 다음과 같이 언급했다.

한국인들은 남북 모두 감정적이고 충동적인 사람들입니다. 우리 모두 이러한 충동성과 그들의 호전성이 우리 두 나라를 곤경에 처하게 만들지 않도록 영향력을 발휘해야 합니다. 한반도를 우리 두 나라 사이의 분쟁의 장으로 만드는 것은 어리석고 비합리적인 일입니다. 이러한 일이 한 번 일어났지만, 다시는 일어나지 않아야 합니다. 총리와 내가 이러한 일을 방지하기 위해서 함께 일할 수 있을 것이라 믿습니다.[1]

두 사람의 대화를 담은 비망록은 최근에서야 공개되었고, 이 구절은 일부 언론인과 학자들에 의해 주목되어 인용된 바 있다. 닉슨은 왜 남북한의 한국인 모두를 이러한 방식으로 묘사했을까? 여기에는 기본적으로 한반도 주변 강대국과 남북한 사이에 존재하는 비대칭적 국제관계의 구조가 작용하고 있다. 그리고 직접적으로는 닉슨이 미국 부통령과 대통령으로서, 이승만, 박정희 등 한국의 지도자들과 긴 시간에 걸쳐 접촉하면서 형성된 어떤 고정관념과 관련이 있다. 강자들은 약자를 항상 비합리적이고, 감정적이고, 충동적인 사람들로 묘사해왔다. 과거 제국주의 국가의 사람들이 식민지 사람들을, 백인이 흑인을, 남성이 여성을 항상 이러한 방식으로 이야기했다. 약자들은 합리적으로 판단하고 대응할 능력이 없기에, 강자에 의해 항상 주의 깊게 관리되어야 할 존재로 묘사된다. 그럼으로써 강자가 약자에게 영향력을 발휘하고, 이들을 관리하는 것이 합리화되는 것이다.[2]

1972년 2월 닉슨 대통령의 베이징 방문은
데탕트 분위기를 상징하는 사건이다.
그 자리에서는 한반도의 미래에 대해서도 언급이 되었다.

닉슨 대통령의 베이징 방문

앞서 인용한 닉슨의 언급은 이승만, 박정희 시기 비대칭적 한미 동맹 관계의 구조와 여기에서 파생되는 문제점을 잘 함축해준다. 또한 이러한 이야기가 오가는 가장 기본적인 원인에는 한반도의 분단이라는 상황이 있다. 이 글은 이승만, 박정희 시기 한미관계를 돌아보며, 분단이라는 상황 속에서 강요되는 한미 동맹관계의 구조와 문제점을 이야기하려 한다.

이승만 휴전반대,
북진통일 외교의 그림자

한국전쟁 때 이승만 대통령은 북진통일론을 명분으로 휴전을 반대했다. 1953년 4월 오랫동안 교착상태에 있던 휴전회담이 재개되자, 이승만은 미국정부에 만약 현재 상태에서 그대로 휴전이 되면, 한국군의 작전통제권을 유엔군사령부로부터 철회해 가겠다는 각서를 전달했다. 유엔군사령부의 통제에서 벗어나 단독으로 군사행동을 할 수도 있다고 엄포한 것이다. 아울러 휴전반대, 북진통일을 촉구하는 대대적인 군중 시위도 시작되었다. 미국정부는 결국 이승만이 원해왔던 한미상호방위조약을 체결하는 조건으로, 한국정부로부터 휴전협정에 대한 수락을 받는 구도로 협상을 전개했다. 그러나 1953년 7월 휴전협정이 체결된 이후에도 이승만 대통령은 계속 한국정부는 오직 시한부로 휴전을 수락했다고 하면서, 북진통일 주장을 멈추지 않았다. 이에 1953년 11월 드와이트 아이젠하워Dwight D. Eisenhower 미국 대통령은 부통령 닉슨을 한국에 보냈다. 1972년 베이징 방문 중 닉슨

118

은 저우언라이에게 당시 한국을 방문했을 때의 이야기를 꺼내면서, 자신이 아이젠하워 대통령으로부터 받은 임무는 이승만 대통령에게 한국이 단독으로 북진할 경우 미국은 절대로 이를 지원할 수 없다는 것을 명백히 전달하는 것이었다고 했다. 그리고 이 말을 들은 이승만 대통령이 자신의 눈앞에서 눈물을 흘렸다고 하면서 앞의 인용된 내용을 저우언라이에게 말했던 것이다.

결국 이승만 대통령은 미국과의 벼랑 끝 협상을 통해 한미상호방위조약 체결을 얻어내고, 한국군을 일부 증강시키는 데 성공했다. 이승만이 "외교에는 귀신"이라는 우화는 바로 이때 생겨난 것이다. 이승만의 측근 인사인 임병직은 이승만의 휴전반대, 북진통일 외교를 절묘한 "바둑의 묘수"에 비유했다.[3] 그러나 이러한 이야기들은 이승만이 휴전반대 외교로 얻은 것을 과장하고, 반면 이 과정에서 감당해야 했던 손실을 언급하지 않는 측면이 있다.

한미상호방위조약은 한국의 안보를 지키는 데 있어 절대적이고, 자동적인 개입을 보장하는 것은 아니다. 미국이 유럽 나라들과 맺은 나토 NATO 조약을 예로 들어보면 가맹국이 외부로부터 침략을 받았을 경우, 이는 동맹국 전체에 대한 침략으로 간주하도록 되어 있다. 실질적으로 자동적인 개입을 보장하는 것이다. 그러나 한미상호방위조약은 외부로부터 침공이 있을 경우 "헌법절차에 따라" 개입하도록 되어 있다. 즉 전쟁이 일어나도 그때의 상황과 여론에 따라 미국 의회가 비준을 해주지 않는다면, 미국은 한반도의 전쟁에 개입하지 않을 수도 있다.

또한 한미상호방위조약과 한국정부의 휴전 수락을 교환하는 일련의

한미상호방위조약 가조인식

이승만의 측근 인사 임병직은
이승만의 휴전반대, 북진통일 외교를
절묘한 '바둑의 묘수'에 비유했다.

협상 과정은 짧게 잡아도 1953년 7월 휴전협정이 체결되고도 무려 1년 4개월이 경과한 끝에 일단락을 보았다. 한미상호방위조약은 휴전협정이 체결된 직후인 1953년 10월에 정식 조인이 이루어졌다. 조약이 체결되면 양국 의회의 비준을 받는 절차가 필요한데 그 절차도 1954년 1월 마무리되었다. 이제 조약이 발효되기까지 비준서 교환만을 남겨두었지만, 미국정부는 일부러 이 절차를 뒤로 미루었다.

1954년 7월 이승만 대통령이 미국을 방문했을 때 미국정부는 '한미합의의사록' 초안을 내놓고 체결을 요구했다. 이 초안에는 한국 측이 전쟁을 제외한 방식으로 한국을 통일하기 위해 노력해야 하고, 휴전 이후에도 계속 한국군의 작전통제권을 유엔군사령관 휘하에 두어야 한다는 등의 북진통일을 불가능하게 만드는 구절들이 있었다. 한미 두 정부는 한미합의의사록의 내용을 두고 수개월 동안 줄다리기 협상을 했다. 한미합의의사록의 일부 자구가 수정되었지만, 내용상 큰 변동은 없었다. 결국 이 문제는 1954년 11월 17일 서울에서 한미합의의사록이 체결되고, 워싱턴에서 한미상호방위조약 비준서가 교환되어 마침내 조약이 발효되면서 일단락되었다.[4]

이와 같은 기나긴 협상 과정에서 한국정부는 많은 손실을 감당해야 했다. 전쟁으로 황폐화된 상태에서 미국의 대한 원조 집행이 지연되었고, 회담 막바지에는 환율 문제 등으로 미국이 한동안 한국 측에 유류 공급을 중단하여 버스 운행이 중단되는 등 일대 혼란이 일어났다. 벼랑 끝 협상 끝에 얻어낸 국군 증강의 규모도 휴전 무렵 애초 기획된 20개 사단 규모에서, 실제 병력이 거의 없는 10개 예비사단을 더하는 것에 그쳤다.

그것도 4년 후에 1958년 한미합의의사록의 개정으로 한국군 총병력이 72만 명에서 63만 명으로 감축되면서, 지극히 일시적인 효과에 머물렀을 따름이었다.[5] 또한 한미합의의사록 체결로 휴전 이후에도 한국군의 작전통제권을 유엔군사령관 휘하에 두는 것이 완전히 제도화되었다.

한편 미국정부는 이승만의 단독 북진 가능성을 차단하기 위해 이승만이 단독으로 북진하려고 할 경우, 이승만을 권좌에서 몰아낸다는 이른바 에버레디 계획ever-ready plan을 수립하기도 했다. 이는 물론 비상사태에 대비하는 계획이었고, 당시 미국정부가 이승만 대통령을 권좌에서 몰아내는 것을 의도한 것은 아니었다. 그럼에도 에버레디 계획은 휴전 무렵에만 존재했던 것이 아니라 그 이후에도 적용될 수 있는 비상 계획으로 계속 남아 있었다. 에버레디 계획은 사실상 한국군의 정치화 가능성, 즉 한국군이 하나의 정치적 변수로 등장하는 중요한 계기가 되었다. 예컨대 1954년 11월 작성된 미국정부의 문서에는 다음과 같은 구절도 있었다.

한국 정치·군사지도자들과 적당한 한도 내에서 접촉하여, 이승만 정권이 계속해서 미국과 협조하지 않으면 미국정부가 이승만 정부를 재평가할 것이라고 알린다. 이때 만약 한국인들 자신에 의해 선택적인 상황이 일어나게 되면 미국은 오직 한국에서 광범위한 정치적 견해를 대표하고, 한국군의 지원과 협조를 받고 있고, 미국과 함께 협조할 수 있는 지도자들을 후원할 것이라고 알려 준다.[6]

이승만 정부가 계속 휴전 유지에 비협조적인 태도를 보이면, 미국이 한국의 정권 교체를 유도하는 정책을 취한다는 내용이다. 또한 한국에서 새로 권력을 대체할 지도자의 중요 조건을 나열하면서, 한국군의 지원과 협조를 받아야 한다는 것을 언급했다. 이는 한국 군부가 1950년대부터 실질적으로 하나의 정치적 변수로 등장했음을 잘 보여준다. 실제 1960년 4·19혁명이 발생했을 때, 미국 관리들은 군부가 집권하는 것을 위기를 수습할 수 있는 하나의 정치적 가능성으로 상정했다. 또한 한국의 지도자급 인물과 관료들 중에 일부는 이때 이미 군사쿠데타가 발생할 가능성에 대해 언급하기도 했다.[7] 4·19혁명 당시 송요찬 육군참모총장을 비롯한 한국군 지도자들은 이승만 정부를 적극적으로 보위하기보다는 거리를 두는 모습을 보였다. 한국군이 기존 정치권력에 의해 완전히 통제되지 못하고, 자율성을 지닌 독자적인 정치적 변수로 등장한 데에는 한국군의 작전통제권이 유엔군사령관 휘하에 놓여 있는 구조, 이승만의 휴전반대 외교를 둘러싼 에버레디 계획 등 한미관계의 어두운 그림자가 작용하고 있었던 것이다.

박정희와 존슨의
동요하는 밀월관계

1961년 5·16쿠데타가 발생했을 때, 미국의 케네디 행정부는 쿠데타 주체세력의 성향과 의도에 대해 의구심과 경계심도 있었지만, 결국 쿠데타를 기정사실로 인정해주는 방향

으로 갔다. 박정희 정부 초기, 특히 케네디가 암살되고 권력을 승계한 린
든 존슨Lyndon B. Johnson 대통령이 집권할 당시 한미관계는 '밀월관계'로
표현될 만큼 더할 나위 없이 좋았다. 이는 물론 베트남 파병 때문이었다.
1965년부터 한국정부는 2개 사단 및 1개 여단, 5만 전투병력을 베트남에
파병했다. 존슨 대통령은 그 이후에도 계속 한국군 추가 파병을 요청했
다. 과거와는 달리 미국 대통령이 한국 대통령에게 부탁할 일이 생겼던
것이다. 그러나 이러한 밀월관계도 계속되기는 어려웠다.

　1960년대 중반 한국정부가 남베트남에 군대를 보낼 때 일부 한국 정
치인과 미국 외교관들은 이것이 북한을 자극하여, 북한이 대남 무력공
세를 강화할 가능성을 우려했다. 실제로 북한은 1966년 하반기부터 베
트남 전쟁의 지원과 조속한 통일을 내세우며, 대대적인 대남 무력 도발
을 시작했다. 1968년은 그 정점이었다. 새해 벽두인 1월 21일 밤 북한군
특수부대가 청와대 습격을 시도하다가 바로 코앞에서 저지당하는 사태
가 발생했다. 그리고 이틀 후인 1월 23일 이번에는 동해 원산 앞바다에
서 작전 중이던 미 정보함 푸에블로호가 북한 해군에 의해 나포당하는
사건이 발생하여, 한반도에 전쟁 위기 상태가 조성되었다. 한편 같은 해
11월에는 울진·삼척 해안에 북한의 특수부대원들이 100명 넘게 침투하
여, 태백산맥 지역에서 유격전을 벌이려 기도하다 진압되는 사건이 발
생했다. 1968년 한 해 동안 북한의 무력공세와 관련되어 남쪽에서 사망
한 사람만 무려 500명이 넘었다. 베트남의 불길이 한반도까지 번질 기세
였다.

　박정희는 북한의 거듭되는 군사적 도발을 억제하기 위해 보복공격

베트남에 파병된 한국군

한국군의 베트남 파병으로
박정희 정권과 미국의 존슨 정권은
잠깐의 밀월관계를 가졌다.

을 포함한 대북 강경책을 주장했다. 미국의 존슨 행정부는 1억 달러에 이르는 추가 군사원조로 한국정부를 달래가면서 나포된 푸에블로호 선원들의 송환을 위해 판문점에서 북미 단독대화를 전개했다. 박대통령은 이러한 미국의 모습을 보면서 미국의 안보 공약에 대해 의구심을 품을 수밖에 없었다. 즉 유사시에 미국이 한국을 방기放棄할 가능성에 대해 우려하기 시작했다. 반면 존슨 행정부는 박대통령의 강경한 태도를 보면서 미국이 베트남에 이어 한반도에서 또다시 원하지 않는 전쟁에 연루連累될 가능성을 우려했다. 즉 스나이더가 말한 동맹관계에서 연루와 방기라는 딜레마가 표출된 것이다.[8]

존슨 행정부는 1968년부터 북베트남과의 평화협상을 통해 베트남에서 빠져나오는 정책을 취했고, 이와 연동되어 내부적으로는 한국군이 베트남에서 귀환하는 것에 맞추어 주한미군을 단계적으로 철수시킨다는 정책을 기획했다. 이후 닉슨 행정부에서 단행된 주한미군의 대대적인 감축은 사실상 존슨 행정부 때부터 기획되었던 것이다.[9] 여기에는 미국이 베트남과 더불어 한국에서도 불필요한 전쟁에 휘말릴 가능성, 즉 연루 가능성에 대한 우려가 존재했던 것이다. 이러한 면에서 볼 때 푸에블로호 사건 때 박정희 대통령이 군사보복까지 이야기하며 강경론을 펼쳤던 것은 단기적으로는 추가 군사원조를 얻는 등 이익을 주었지만, 장기적으로는 큰 역효과를 일으켰다.

닉슨과 박정희,
주한미군 감축과 데탕트

1969년 닉슨 행정부가 등장했을 때 미국은 내외적인 어려움에 직면해 있었다. 베트남 전쟁의 수렁 속에서 반전 시위가 격화되어 정치적으로 혼란스러웠고, 미국 경제 나아가 세계 자본주의 경제도 하강기에 접어들었다. 이에 닉슨은 아시아에서 미국의 군사적 개입을 축소하는 정책, 즉 닉슨 독트린을 추진했다. 닉슨 독트린은 미국이 기존에 체결한 군사동맹 조약 등 군사적 공약은 유지하되, 유사시에 적어도 지상군 병력만큼은 미국의 동맹국 스스로가 부담해야 한다는 정책이었다.

박정희 정부로서는 닉슨 독트린 때문에 동맹국인 미국으로부터 방기될 가능성에 대해 다시 우려할 수밖에 없었다. 그러나 한국정부는 5만 명이나 되는 한국군을 베트남에 파병하여 미군과 함께 싸우고 있는 형편이었기에, 한국은 닉슨 독트린에서 예외가 될 수 있을 것이라 기대했다. 실제 닉슨 행정부 출범 초기인 1969년 8월 샌프란시스코에서 정상회담을 할 때 닉슨 대통령은 박대통령에게 미국은 한국을 예외적으로 취급할 것이며 주한미군의 감축은 없을 것이라고 했다.[10] 그러나 닉슨 행정부가 한국을 예외로 취급하는 것은 정말 오래가지 못했다. 한미정상회담 후 3개월만인 1969년 11월 닉슨 대통령은 휘하 관료들에게 주한미군 감축을 지시했고, 1970년 3월 주한미군 1개 사단(7사단) 2만 병력을 1971년 6월까지 감축한다는 계획이 확정되었다. 미국정부는 이렇게 계획이 완전히 확정되고 난 후에야 박대통령에게 이를 통보했다.

박정희는 과거 이승만이 그러했던 것처럼 '강력 대응' 외교를 했다. 1970년 8월 주한미군 감축에 따르는 제반 조치를 논의하기 위해 스피로 애그뉴Spiro T. Agnew 부통령이 방문했을 때, 박대통령은 예정된 시간을 훨씬 넘겨 점심 식사도 없이 무려 6시간 동안 미국의 일방적인 조치에 대해 항의했다. 헨리 키신저Henry A. Kissinger를 비롯한 미국의 관료들은 박대통령의 감정적인 태도emotionalism에 대해 우려를 피력했다.[11]

닉슨이 중국과 관계 개선에 나선 것은 아시아에서 군사적 개입을 축소하면서도 미국의 영향력은 더욱 효율적으로 유지한다는 정책의 일환이었다. 당시 중국과 소련의 관계는 1969년 국경 지역에서 양측이 대규모 무력충돌을 할 정도로 악화되었다. 미국은 중국과 관계를 개선하여 중국과 소련의 틈을 벌리고, 양자 모두에 등거리 외교를 전개하여, 소련과 중국 모두 경쟁적으로 미국과 타협을 모색할 수밖에 없는 상황을 창출했다. 이러한 상황은 결국 북베트남에 대한 중국과 소련의 지원을 약화시켜, 미국이 베트남의 수렁에서 빠져나오는 데에도 도움을 줄 것이었다.

당시 미중 양국의 관계 개선 작업이 잘 진행되려면, 한반도의 안정이 필요했다. 닉슨 행정부는 출범 초기부터 한국정부에 북한에 대해 좀더 유연하고, 타협적인 정책을 취해줄 것을 요청했다. 이러한 맥락에서 닉슨은 앞서 인용한 바대로 저우언라이에게 한국전쟁 때 그랬던 것처럼 두 나라가 한반도에서 분쟁에 휘말리지 말고, 남북한에 적대 행동을 자제하도록 영향력을 발휘하면서, 한반도의 상황을 관리해보자고 이야기했던 것이다.

미중의 관계 개선 과정에서 한반도 문제를 적극적으로 제기한 것은 중국 쪽이었다. 당시 미국의 정책은 한반도의 분단 상태, 나아가 휴전 상태의 현상유지 속에서 안정을 추구하는 것이었다. 때문에 한반도의 현상을 관리하는 것 이외에 한반도와 관련된 쟁점들을 중국과 논의할 이유는 없었다. 반면 중국은 주한미군철수, 평화협정 체결, 유엔군사령부 해체 등을 미국에 요구하고, 또한 일본 자위대가 한국과 군사협력을 강화하는 것에 대해 강하게 경계하는 발언을 했다. 그러나 여기서 중국 자신의 실질적인 이해관계를 담아 이야기한 것은 한일 군사협력 문제 정도였고, 나머지는 북한의 요구를 미국에 전달해주는 차원이었다. 1971년 10월 키신저가 2차로 베이징을 방문했을 때, 저우언라이는 북한이 미국에 요구하는 8개항의 메시지를 전달하기도 했다.[12]

사실상 중국도 미중관계가 진전될수록 미국과 같이 한반도 현상유지에 공조하는 방향으로 갔다. 미국과 중국은 평화협정이든, 통일이든 한반도 문제의 근본적인 해결을 추구하기보다는 한반도의 분단 문제를 국제적 문제에서 남북한 간의 문제로 한국화, 내재화하는 방향으로 갔다. 이를 통해 두 강대국이 한반도를 두고 대립할 가능성을 차단하고, 각자의 동맹국인 남한과 북한에 영향을 미쳐 분단 상태, 휴전 상태의 현상유지라는 틀 안에서 한반도 상황을 관리해간다는 것이었다. 미국과 중국은 1973년 물밑 공조를 통해 유엔에서 한반도 문제를 전담하는 기구인 언커크UNCURK, 유엔한국통일부흥위원회를 별다른 논란 없이 해체하는 데 성공했다. 언커크 해체는 한반도의 분단 문제를 유엔에서 논의되는 국제적 분쟁의 문제가 아니라 남북한이 해결해야 할 문제로 한국화, 내재화하는 상징적인 조치였다.

미국과 중국은 한국전쟁 때 한반도에서 격돌했고, 이것이 오랫동안 양국이 적대적 관계를 지속한 중요한 원인이 되었다. 미중이 관계 개선에 나서는 상황에서 남북한 사이에 아무런 접촉과 대화가 없다면 두 강대국이 한반도 문제를 농단할 가능성은 더욱 높아지는 것이었다. 남북한은 후원자격인 동맹국의 정책에 보조를 맞추고, 또 한편으로는 한반도 운명 당사자로서 자기주도권을 확보한다는 차원에서 분단 이후 처음으로 남북대화를 시작했다. 그러나 남북의 집권세력은 남북대화를 통해 타협과 협상의 분위기를 고조시키기보다는 남북 체제경쟁에 몰두하는 형편이었다. 남한은 "자유의 바람"을 북쪽에 불어넣으려고 했고, 북한은 '민족해방' 논리를 내세웠다. 남북대화를 위해 서울을 방문한 북측 대표단은 노골적으로 김일성과 주체사상을 선전했다.

한편 남북의 집권세력은 데탕트와 남북대화로 말미암은 한반도 정세의 유동성을 모두 '위기' 상태로 규정하며, 내적인 통제를 강화하고, 최고지도자에게 권력을 더욱 집중시키는 방향으로 갔다. 남쪽에서는 과거보다 훨씬 억압적인 유신체제가 수립되고, 북쪽에서는 유일체제를 법적으로 제도화하는 '사회주의 헌법'이 공포되었다. 그 과정에서 김정일이 후계자로 부상했다. 남북한 모두 남북대화를 집권세력의 폐쇄적인 권력 강화로 활용하는 상황에서 남북대화는 더이상 진전되지 못하고, 1973년 8월에 중단되었다. 그리고 그 무렵부터 남북한은 외적으로는 국제무대에서 외교경쟁을 강화하고, 내적으로는 군비경쟁을 강화하는 방향으로 갔다.[13] 이러한 상황에서 한반도는 다시 긴장이 고조되고,

1976년 8월 18일 판문점에서 북한 경비병이 미군 장교 2명을 도끼로 구타하여 살해하는 사건이 발생하여 다시 전쟁 위기 상태로 치달았다.

남북한은 이렇듯 데탕트와 남북대화 국면에서 남북한 체제경쟁을 더욱 확산시키고 강화하는 방향으로 갔는데, 이는 결국 강대국이 주도하는 한반도 분단 문제의 한국화, 내재화를 자기 스스로의 비용과 노력을 들여 관철시키는 결과를 가져왔다. 과거 미국과 중국, 소련이 자신들의 체제 우월성을 내세우며 체제경쟁을 벌였듯이 남북한 스스로가 보다 능동적인 냉전의 주체가 되어, 한반도 차원의 상대적으로 자립적인 냉전구도를 만들어갔던 것이다.

주한 지상군 철수 정책과 3자회담

1974년 닉슨 대통령이 워터게이트 사건으로 퇴진하고, 부통령 제럴드 포드Gerald R. Ford가 대통령직을 승계했다. 포드 행정부 때에는 미중관계도 정체되고, 한반도에도 긴장이 고조되자 더이상 주한미군 감축 문제가 논의되지 않았다. 그러나 1977년 주한미군 철수를 선거 공약으로 내세웠던 카터 행정부가 출범하자 한미관계가 다시 동요하기 시작했다.

지미 카터Jimmy Carter는 집권 초기부터 주한 미지상군 부대의 단계적 철수 정책을 입안하고 추진했다. 박정희는 과거 닉슨 행정부 때와는 달리 상대적으로 차분하게 대응했다. 이는 닉슨 행정부 때 주한미군 감축

주한미국 철수 반대 시위를 하고 있는 충무로 교회 신도들

주한미군 철수론이 거론될 때마다
시민들은 불안해하지 않을 수 없었다.

에 강하게 반발했지만 별로 효과를 보지 못했다는 학습효과가 작용한 측면이 있었다.[14] 또한 카터 행정부가 주한미군을 감축하는 방식이 닉슨 행정부보다는 덜 일방적이었다는 점도 작용했다. 닉슨 행정부는 모든 결정을 다 해놓고, 나중에 통보하는 일방주의 외교행태를 보였다. 그러나 카터는 취임 직후부터 박대통령에게 주한 지상군 철수를 미국정부 내에서 기획하고 있음을 알렸으며, 박동진 외무장관과도 직접 만나 이를 설명하기도 했다.

한편 카터는 오랫동안 지체되었던 미중 수교 작업을 마무리하여 1979년 1월 중국과 공식 수교했다. 과거 닉슨 행정부는 미중관계 개선 과정에서 한반도 문제가 논의되어도 한국정부에 제대로 알려주지 않았다. 이는 박대통령을 더욱 불안하게 만들었고, 데탕트를 위기 상황으로 규정하게 만드는 데 일조했다. 그러나 카터 대통령은 중국과 오간 한반도 문제에 대한 대화 내용을 한국정부에 알려주라고 지시했다. 카터의 핵심 참모인 대통령 안보담당 특별보좌관 브래진스키는 1978년 5월 베이징을 방문하여 본격적으로 미중 수교를 마무리하는 작업을 진행했다. 그리고 브래진스키는 귀국 도중 직접 서울을 방문하여, 박대통령에게 중국과의 한반도 문제를 논의한 대화 내용을 설명해주기도 했다.[15]

그런데 카터의 철수 정책은 이번에는 미국 내부에서 강한 반발에 봉착했다. 일부 군부 인사들과 미국 의원들이 카터의 정책이 한국의 안보는 물론 동아시아의 안정을 해친다며 강하게 반발한 것이다. 또한 1978년 하반기에 접어들어 미국 정보기관들은 새로운 방식으로 북한의 군사력을 평가해보니, 주한 지상군 철수 계획을 수립할 당시에 평가한 것보다 북한의 군사력이 훨씬 강하다는 보고를 내놓았다. 이에 카터의 철수 정책은 일단 유보되지 않을 수 없었다.[16]

한편 카터 대통령은 집권 초기부터 한반도의 긴장완화를 위한 외교적 협상에도 관심을 보였다. 당시 북한은 닉슨 행정부 초기부터 모든 경로를 동원해서 미국과 접촉하려고 시도했다. 1974년 3월 북미 평화협정 제안도 이러한 맥락에서 나온 것이었다. 카터가 당선되자 북한의 대미 접촉 시도는 더욱 거세졌다. 카터는 북한의 대화 제의에 대해 일관되게 남한의 참여 없이 북한과 한반도 문제를 논의할 수는 없다는 답변을 전달했다. 이에 카터 집권 초기부터 남한과 미국 관리들 사이에서는 한반도의 긴장완화를 위해 남한, 북한, 미국의 3자회담 가능성이 논의되었다. 그러나 한국정부는 1977년과 1978년 모두 3자회담에 반대한다는 입장을 전달했다. 3자회담은 베트남 전쟁의 종결을 위해 파리에서 진행된 평화협상을 연상시킨다는 것이었다. 이때 남베트남도 형식적으로 참여했지만, 중요한 협상이 키신저와 북베트남의 대표 레둑토 사이에서 이루어졌던 것처럼, 3자회담은 남한의 입장에서 매우 불리하고, 북한이 3자회담을 활용해 한미관계를 이간할 우려가 있다고 여겼다.[17]

1979년 1월 미중 수교가 성사되고, 같은 해 6월 말 카터 대통령이 한국을 방문하는 일정이 확정되자 카터는 자신의 방한을 북한에 3자회담을 제안하는 기회로 삼으려 했다. 당시 카터의 방한은 주한미군 철수 문제와 인권 문제로 소원해진 한미관계를 회복하고, 한미동맹의 우의를 과시한다는 측면에서 기획되었다. 한국정부도 정상회담을 앞두고 카터의 3자회담 제안을 거부하기가 어려웠다. 우여곡절 끝에 한국정부는

3자회담 제안에 동의했고, 카터의 방한 중에 한미 두 정상이 발표한 공동성명에 북한에 3자회담을 제안하는 내용이 들어갔다.

한미 양국은 공동성명에 담긴 3자회담 제안이 단지 선전적 목적이 아니라 진정성이 있다는 것을 북한에 보여주기 위해, 비밀리에 인도네시아를 매개로 북한에 3자회담 수락을 촉구하는 구두 및 문서 메시지를 보냈으나 북한은 3자회담을 거부했다. 그럼에도 불구하고 카터 대통령은 계속 3자회담을 성사시키기 위해 노력했다. 1979년 10월 백악관 국가안보회의 참모 플랫이 서울에 와서 한국 관리들과 3자회담 문제를 논의하기도 했다. 그러나 플랫의 방문 기간 중 박정희가 중앙정보부장 김재규에 의해 암살당하는 사건이 발생했다.

3자회담 제안은 그 배경과 맥락을 볼 때 북한이 긴장완화를 위해 미국과 협상하기를 원했다면, 사실상 북한에 유리한 구도의 회담이었다. 결국 북한은 중요한 기회를 놓쳐버린 셈이다. 1984년 이번에는 북한이 뒤늦게 한동안 잊혀진 3자회담을 꺼내들어, 이를 공개적으로 제안하고 나섰다. 그러나 당시 미국 행정부는 소련을 악의 제국이라고 선포하며 신냉전 분위기를 이끌었던 레이건 행정부였다. 북한의 3자회담 제안은 미국정부로부터 아무런 관심을 끌 수가 없었다. 이렇게 해서 1970년대 데탕트 분위기 속에서도 한반도에서는 긴장완화가 진척되는 것이 아니라, 오히려 남북 체제경쟁만 더 강화되는 양상을 보였으며, 한미동맹 관계도 계속 동요하는 양상을 보였던 것이다.

냉전적
군사동맹을 넘어서

　　　　　　　　　　탈냉전 이후에도 한반도는 여전히 냉전 상태일 뿐만이 아니라, 휴전 상태이다. 한국의 안보도 여전히 비대칭적인 한미동맹 관계에 의존하고 있다. 많은 사람들이 한미동맹이 안보를 지키고, 나라의 번영을 가져다준 초석이었다고 말한다. 휴전 이후 현재까지 한반도에서 전면적인 전쟁은 재발하지 않았으니, 한미동맹이 여전히 한반도의 세력 균형에서 중요한 역할을 하고 있다고 할 수 있다. 그러나 한미동맹은 전쟁의 재발은 막아왔지만, 그렇다고 한반도의 안정과 지속적인 평화 상태를 조성해주었던 것은 아니다. 휴전 이후에도 남북한 사이에는 끝없이 무력 분쟁이 발생했으며, 1968년 푸에블로호 나포사건, 1976년 판문점 도끼살해사건, 1994년 1차 북한핵 위기 등등 전쟁 위기도 주기적으로 반복되었다. 또한 한미동맹의 역사는 이승만, 박정희 시기의 경험이 보여주는 것처럼 비록 기본 틀은 유지된다고 하더라도 내부적으로 끊임없이 동요하고 갈등하는 양상을 보였다.

　한미동맹의 제도적 기초는 한미상호방위조약이지만, 이 조약은 한국의 안보를 절대적으로, 자동적으로 보장해주는 것은 아니다. 주한미군의 주둔으로 뒷받침되지 않는다면 불안해보일 수밖에 없다. 주한미군 철수 정책이 수립될 때마다 박정희 정부는 그 부당성에 대해 미국정부에 항의했다. 그러나 그때마다 돌아온 대답은 미군은 미국의 군대이기 때문에 이를 어디에, 어떤 규모로 배치할지는 기본적으로 미국정부의 정책에 의해 결정된다는 것이었다. 미국의 여론과 정책이 언제, 어떻게 바뀔지는 예측하기도 어렵고, 한국과 미국 두 나라의 비대칭적인 국제적 지위와 국력을 고려해볼 때, 한국이 여기에 어떠한 영향을 미치기도 어렵다.

따라서 오로지 한미상호방위조약과 주한미군 주둔에 국가의 안보를 의존하는 한 한국정부의 지도자는 불안할 수밖에 없다. 이승만, 박정희 시기의 파격적이고 신경질적인 외교 행태는 이러한 불안감 때문에 나온 것이지, 한국 지도자와 한국인의 감정적이고 충동적인 품성 때문에 발생한 것은 아니라 할 것이다.

사실 군사동맹은 적의 침략을 막는다는 차원의 소극적 안보를 확보하는 데에는 유용하지만, 이것만으로는 상대방과 적대적인 관계 자체를 청산하고 평화적인 관계를 구축하는 적극적, 공세적 차원의 안보[peace making]를 달성할 수는 없다. 한반도의 평화유지를 위해서는 남북관계의 개선 등을 통해 휴전 상태를 넘어서는 한반도 평화체제를 구축하고, 남북한 주변 강대국들과 함께 협력하여 냉전적 동맹관계를 넘어선 집단적 안보협력 체제를 형성할 필요가 있다.

1차 북한 핵실험 이후 남북한과 미국, 중국, 일본, 러시아 등이 6자회담을 벌이는 과정에서 2005년 9월 19일 채택된 공동성명(9·19 공동성명) 제4항에는 다음과 같은 구절도 있다.

6자는 동북아시아의 항구적인 평화와 안정을 위해 공동 노력할 것을 공약하였다.
직접 관련 당사국들은 적절한 별도 포럼에서 한반도의 항구적 평화

체제permanent peace regime에 관한 협상을 가질 것이다. 6자는 동북아시아에서의 안보협력 증진을 위한 방안과 수단을 모색하기로 합의하였다.[18]

한반도에서 항구적 평화체제를 구축하고, 동북아시아에 유럽과 마찬가지로 집단적 안보협력을 모색하는 것을 허황된 상상이라 치부하기는 어렵다. 물론 그 실천을 위해 많은 노력이 필요하고, 북한 핵문제 등 난관을 돌파해야 하지만, 한반도의 당사자들(남북한)과 주변 강대국들이 위와 같은 기본 방향에 대해 합의한 적도 있었다. 남북한이 한반도 주변 강대국들과 협력적 관계 속에서 이러한 작업을 진행시키지 못하고, 비대칭적 냉전적 동맹관계의 틀에만 묶여 여기에 집착하고 있는 한, 한반도의 사람들이 주변 강대국에 의해 감정적이고, 충동적인 사람들로 조롱당하고, 항상 관리를 받아야 할 존재로 묘사될 수밖에 없는 구조는 지속될 것이다.

5

유신, 두 번째 내란

한홍구

성공회대학교 교양학부 교수. 서울대학교 국사학과 대학원을 졸업하고, 미국 워싱턴대학교에서 박사학위를 받았다. '반헌법행위자열전 편찬위원회' 책임편집인으로 활동하고 있다. 주요 저서로 『대한민국사』(전4권) 『특강』 『지금 이 순간의 역사』 『유신』 『장물바구니』 『직설』 등이 있고, 주요 논문으로 「박정희 정권의 베트남 파병과 병영국가화」 「현대 한국의 저항운동과 촛불」 등이 있다.

태국, 필리핀, 한국. 1970년대 아시아의 이 세 나라에는 공통점이 있다. 가장 눈에 띄는 공통점은 비슷한 시기에 친위쿠데타와 독재를 겪었다는 것이다. 세 나라는 모두 미국의 편에 서서 베트남 전쟁에 상당 규모의 병력을 파견했다. 미국은 이런 이유로 아시아에서 비교적 민주주의 제도를 잘 운영하던 이 세 나라가 독재로 들어서는 것을 눈감아주었다.

　　한국은 베트남 전쟁에 미국 다음으로 많은 병력을 파견했다. 전쟁이 끝날 무렵에는 오히려 미국보다 더 많은 병력을 베트남에 주둔시켰다. 한국 다음으로 많은 병력을 파견한 나라는 태국이다. 베트남 전쟁에는 유독 아시아 국가들이 많은 군대를 파견했다. 미국이 '보다 많은 깃발'을 내세우면서 특히 아시아 국가들의 파병을 독려한 것은 백색 제국주의가 황인종의 아시아를 침략했다는 구도로 비춰지는 것을 극도로 꺼려했기 때문이다. 피부색이 같은 한국, 태국, 필리핀 등 아시아 병사들을 내세우면서 미국은 제국주의의 침략 전쟁이라는 본질을 감추고 반공의 성전으로 분칠하고자 했던 것이다.

그러나 베트남 사람들의 완강한 저항으로 점점 수렁에 빠져든 미국은 1969년 닉슨 독트린을 내세우며 베트남에서 발을 빼기 시작했다. 아시아의 문제는 아시아 각국이 알아서 하라는 닉슨 독트린 발표 이후, 미국을 도와 베트남에 파병했던 나라들은 굉장히 난감해졌다. 특히 주한미군을 계속 붙들어두려면 주한미군 대신 한국군을 베트남에 파병해야 한다고 이야기했던 박정희는 주한미군을 미국 본토로 철수시키겠다는 계획이 발표되자 크게 당황했다. 미국은 아시아에서 한 발짝 물러나는 대신 베트남에 파병했던 동맹국들의 불만을 이들 나라의 독재자들이 반공을 내세우며 권력을 강화하는 것을 눈감아주는 것으로 달랬다. 결과적으로 아시아에서 비교적 민주주의 제도를 운영하고자 노력하던 세 나라가 반공독재 국가로 전락하게 되었다.

유신은
어떻게 가능했는가

미국은 아시아 나라들, 특히 수많은 미군이 목숨을 바쳐야 했던 한국이 외형상 민주주의 제도를 유지하는 것에 많은 신경을 썼다. 박정희의 반발을 찍어 누르고 그의 군복을 벗겨 양복으로 갈아입히는 민정이양을 강행한 것이 그 대표적인 예다. 그러나 1970년대로 접어들어 미국은 아시아에서 발을 빼면서 아시아의 동맹국들이 반공의 깃발 아래 친위쿠데타를 감행하는 것을 눈감아주기 시작했다. 친위쿠데타란 이미 정치권력을 장악하고 있던 국가 지도자가 자신의 권력을 보다 강화하기 위해 쿠데타를 일으켜, 입법부를 해체하거나 헌법을 무효화하는 헌정 파괴 행위를 말한다. 1971년 11월 태국의 군사쿠데타, 1972년 9월 필리핀의 계엄령선포, 1972년 10월 박정희의 유신 모두 친위쿠데타이다.

1972년 10월 17일, 박정희는 갑자기 국회를 해산하고 자기가 의장이 되는 비상국무회의가 헌법 기능을 수행한다고 선언했다. 형법에 보면 내란이란 "국토를 참절하거나 국헌을 문란할 목적으로 폭동"한 것으로 되어 있는데, 유신 때 박정희가 탱크를 몰고 나와 국회를 해산한 것은 변명의 여지가 없는 딱 떨어지는 내란 행위다. 내란은 헌법 기능을 파괴 또는 정지시키거나 헌법에 보장된 헌법 기관들의 작동을 멈추게 하는 것을 말한다. 유신에서 이 모든 게 이루어졌다.

5·16과 유신으로 두 차례나 내란을 일으킨 박정희가 정권을 잡고 있을 때는 우스운 일이지만 내란음모사건이 특히 많았다. 5·16 직후에도 반혁명 사건이 속출했고, 한일회담 반대 6·3사태 때도 내란음모사건이 줄지어 일어났고, 유신 직전에도 서울대생 내란음모사건이라는 유명한 사건이 터졌다. 대학생들이 어떻게 내란음모사건으로 끌려오게 되었을까? 공소장에 보면 그들이 현정권을 타도하고 새로운 정부 구성을 모의했다고 되어 있다. 술자리에서 서로 '너 법무부 장관해라' 이런 식으로 농담한 것을 내란음모사건으로까지 확대한 것이다. 중앙정보부에서는 왜 이런 사건을 만들었을까? 진짜 내란을 하는 데 필요했기 때문이다.

심각한 위기상황을 조성하고 내란이 일어날 듯 호들갑을 떨어서 비상사태를 선포하는 데 필요한 불쏘시개로 이용하고자 했던 것이다. 박정희는 어정쩡한 비상사태 선포 후 약 10개월 뒤 본격적인 유신독재를 시작했다.

유신이 선포될 당시 필자는 중학교 1학년이었다. 저녁 7시에 학원 수업이 시작되는데 지각생이 들어오더니 광화문에 탱크가 있다고 말했다. 선생님과 친구들 모두 "저 자식이 헛것을 보고 왔나? 지금 무슨 탱크가 나오나?" 하고는 그 말을 믿지 않았다. 그런데 학원이 끝나고 나가보니 진짜 탱크가 있었다. 이를 두고 박정희를 옹호하기로 유명한 조갑제조차 "느닷없이 계엄령을 선포했다."라고 표현했다.

당시 박정희 정권은 유신을 평화통일을 지향하는 개헌이라고 선전했다. 유신이 선포되기 100일 전쯤 발표된 7·4남북공동성명으로 고양된 평화통일에 대한 기대감을 박정희 정권은 친위쿠데타의 성공을 보장하는 디딤돌로 삼았다. 그 과정에서 중요한 역할을 한 인물이 중앙정보부장 이후락이다. 이후락은 역사적으로 보면 큰 죄인임에 분명하지만 박정희 입장에서는 가장 가려운 곳을 긁어준 충신이었다. 박정희도 유신을 선포하고, 헌법을 짓밟고, 평생 권력을 놓지 않을 거라고 선언하는 일이 나쁘다는 것을 알고 있었다. 박정희 입장에서는 나쁜 짓을 해도 될 명분이 필요했고, 북에 다녀온 이후락은 독재자 박정희에게 나쁜 일을 자행할 수 있는 명분을 만들어준 것이다.

지금은 남북 간의 국력이 비교가 안 되지만 당시에는 북쪽이 상대적으로 잘살았다. 경제력 부분에서 차이가 크지 않았고 군사 면에서는 북

박정희는 유신을 평화통일을 지향하는 개헌이라고 선전했다.
그도 헌법을 짓밟고,
평생 권력을 놓지 않을 거라고 선언하는 일이
나쁘다는 것을 알고 있었기 때문이다.

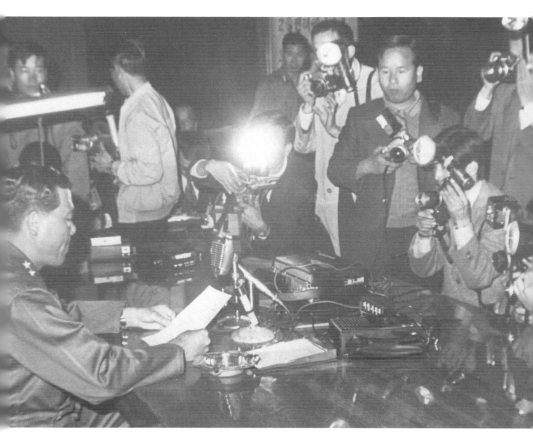

유신 개헌 후 계엄령 발표

쪽이 월등했기 때문에, 전체적으로 북한의 자신감이 높았다. 이후락이 가서 본 북한은 남쪽과 사뭇 달랐다. 김일성은 말이 필요 없었다. 그저 표정 하나 눈짓 하나로 모든 일이 착착 돌아가고 있었다. 박정희는 북에 대해 선의의 체제경쟁을 하자고 큰소리쳤는데, 이후락이 보기에 최고지도자의 카리스마와 영도력 면에서 남한은 북한에 크게 뒤지고 있었던 것이다. 예를 들어, 1971년 국가비상사태를 선포하기 직전에 10·2항명파동이 있었다. 10·2항명파동은 여당인 민주공화당 주류파가 박정희의 뜻에 반해 내무부장관 오치성의 해임건의안을 가결시킨 사건이다. 이 사건으로 격노한 박정희는 중앙정보부를 시켜 사건의 주동자 김성곤(공화당 재정위원장, 쌍룡재벌 총수)을 잡아다가 족집게로 콧수염을 뽑는 등 모욕적인 고문을 가했다. 10·2항명파동이 있다는 것 자체가 민주공화당이 박정희의 뜻대로 움직이는 수족 같은 존재가 아니었음을 의미한다. 김일성의 눈짓만으로 모든 게 이루어지는 북쪽과는 달랐던 것이다.

당시 한국에서는 대학생들은 매일 길바닥에 나와 짱돌을 던지고, 언론은 정부가 하는 일마다 비판의 목소리를 높였고, 야당은 국회에서 사사건건 정권의 발목을 잡았다. 그런 상황에서 여당 의원들까지 대통령에게 항명하면 어떻게 김일성과 대결을 하겠는가 하는 것이 이후락의 생각이었다. 이런 맥락에서 이후락이 '각하의 지휘 아래 일사분란하게 움직일 수 있도록 효율적인 정치체제를 가져야 한다.'라고 제안했던 것이다. 박정희로서는 정말 듣고 싶던 이야기였다. 이후락의 중앙정보부는 박정희의 지시 아래 비밀리에 유신독재를 준비하기 시작했다. 박정희는 18년간 집권했는데 그중 절반이 넘는 11년 동안 계엄령이나 위수령, 긴급조치, 비상사태 등이 선포되어 있었다. 박정희는 정상적인 방법으로는 민주사회를 끌고 갈 의지도 능력도 없었다. 유신체제란 중앙정보부나 보안사, 대공경찰 같은 폭압기구에 의존하지 않으면 1분도 유지될 수 없던 체제였다.

한국적 민주주의?

유신 시절 중학생이었던 필자는 유신헌법을 한국적 민주주의라고 배웠다. 박정희는 체육관에 통일주체국민회의 대의원 2359명을 모아 놓고 치른 대통령 선거에서 무효 2표만 나왔을 뿐 99.9퍼센트 지지로 당선되었다. 북한의 선거는 흑백함 투표로 90퍼센트 이상의 지지를 받는 엉터리 선거라고 비난하던 교과서는 갑자기 만장일치로 의사결정을 하는 신라의 화백회의를 한국적 민주주의의 원형으로 내세우기 시작했다. 물론 지금도 만장일치가 관철되는 조직들이 있다. 대표적으로 유엔안전보장이사회에서는 상임이사국의 만장일치를 원칙으로 한다. 비상임이사국의 반대 의사는 무시할 수 있지만 상임이사국이 거부하면 결의안이 통과되지 않는다. 그런 조직이 또 어디 있을까? 마피아, 즉 조폭들이 그렇게 한다. 결국 안전보장이사회를 장악하는 방법은 가장 힘센 나라들, 즉 상임이사국을 설득하거나 힘으로 제압해서 만장일치를 이끌어내는 것뿐이다. 결국 만장일치제란 민주주의와는 전혀 관계없는 제도이다. 박정희는 이런 것에 한국적 민주주의라는 이름을 붙인 것이다.

박정희의 민주주의에 대한 생각은 1930년대 일본 군국주의자들의 생각과 크게 다르지 않았다. 일본식 교육을 받은 박정희는 민주주의를 인류가 채택해야 할 보편적인 원리로 받아들이지 않았다. 그의 눈에 비친 민주주의는 거추장스럽고, 비효율적인 낭비일 뿐이며, 미국이나 유럽 같은 선진국에서나 하는 배부른 소리였다. 북한이 언제 쳐들어올지도 모르는데 한가하게 공천하고 투표하는 절차를 밟아야 하는가 생각했던 것이다.

박정희는 삼권분립의 원리를 무시하고 국회의원 3분의 1을 대통령이 임명하도록 하고, 비례대표는 없애버렸다. 흥미로운 것은 당시 선출직 국회의원들의 임기가 6년이었던 데 반해 임명직 국회의원들의 임기는 3년이었다는 점이다. 3년 후 20~30퍼센트는 잘렸다. 임명직으로 3년짜리 국회의원이 된 사람들은 자연스럽게 연임을 희망했다. 잘리지 않으려면 어떻게 해야 할까? 발가벗고 뛰어야 한다. 그렇기 때문에 3년 임기가 끝나는 시점이 되면 국회에 난리가 났다. 야당의원들이 뭐라고 발언하면 임명직 국회의원들이 총알같이 달려 나가서 그들을 끌어내렸다.

1973년에는 박정희 주변에 공깃돌 혹은 카드가 많았다. 그중에 가장 악질적인 것이 신문사, 방송사의 정치부장 혹은 부국장, 논설위원들을 회사별로 한 명씩 골라 국회의원을 시켜준 것이다. 지금은 신문기자들이 월급을 많이 받지만 그때는 월급이 정말 적었던 탓에 정권의 제안을 솔깃하게 받아들였다. 박정희에게 충성을 바치는 언론인들은 자기 혼자만 친정부적인 기사를 쓰는 게 아니라, 신문사 전체가 정부를 비판하지 못하게 알아서 검열했다. 사내에서 누가 지명될지 모르기 때문에 중견

간부들이 서로 경쟁을 했다. 중앙정보부가 굳이 나서서 언론을 통제할 필요가 없었다. '알아서 긴다'는 말이 거기서 나왔다.

유신정권은 같은 방식으로 사법부에도 손을 뻗쳤다. 유신정권이 사법부 인사를 하면서 전체 400명 정도 되는 법관 중에서 356명만 재임용시키고 전체의 10퍼센트 정도인 41명은 탈락시켰다. 국정원 과거사위원회에서 조사한 결과, 탈락된 법관들은 대개 사법파동 당시 서명을 주도했던 자, 법원정풍운동을 주도했던 자, 아니면 국가상대 손해배상 청구소송에서 국가에게 배상판결을 했던 자, 신민당사 농성사건 등 학생 시위 관련 사건에서 무죄판결을 내린 자 등이었다. 정부 입장에서 껄끄러운 판결을 한 사람들을 모두 골라낸 것이다. 그때 옷을 벗은 사람들의 면면을 보면 재미있는 내용들이 많다. 예를 들어 당시 부산지법 부장판사였던 유수호는 유승민 의원의 아버지다. 대를 이은 악연인 셈이다. 장수길은 김&장 법률사무소의 그 '장'이다. 유신정권은 법관들을 이렇게 잘라내고도 사법부를 못 믿어서 긴급조치를 내리고 위반자들은 민간인이라도 비상군법회의에서 재판을 받게 했다. 박정희는 일반법관만 걸러낸 게 아니고 대법원 판사 중에서 국가배상 위헌이라고 판결한 사람들은 다 잘라버렸다.

국회에는 물리적인 방법을 사용했다. 국회의원 정도 되는 위치에 있는 사람들을 잡아다 죽도록 패고 고문하는 시대였다. 그러니 대학교수, 신부, 변호사쯤은 찍소리도 못하게 되는 것이다. 한 명을 골라 패서 전체에게 겁을 주려면 누구를 공격해야 할까? 당연히 가장 강한 자다. 그래서 국회의원, 그중에서도 야당에서 가장 시끄러운 13명을 끌고 간 것이다. 심지어 박정희가 그들을 직접 지목하기까지 했다. 이 사건이 밝혀지면서 고문정치 종식 선언이 있었지만, 이후에도 고문은 사라지지 않았다. 유신정권에서 국회의원을 잡아다가 두들겨 패는 상황이니 학생들 역시 조용했다. 그러다가 김대중 납치사건이 일어나면서 학생들이 '이건 정말 아니다.' 하면서 들고 일어났다. 그것이 1973년 10월 2일에 있었던 서울대 문리대 데모이다.

박정희는 김대중을
죽이라고 하지 않았다

김대중 납치사건은 성공한 사건일까, 실패한 사건일까? 사람들에게 물어보면 실패한 공작이라는 답이 훨씬 많다. 김대중을 죽이지 못했으니 실패했다고들 생각한다. 만약 죽이지 못해서 실패한 것이라면 김대중 살인미수사건이라고 하지 왜 납치사건이라고 할까? 국정원 과거사위원회의 조사에서도 박정희가 김대중을 죽이라고 했다는 직접적인 증거는 발견되지 않았다. 대신 박정희는 "김대중이 저렇게 떠드는데 중앙정보부는 뭐하는 거야?"라고 말했을 뿐이다. 결국 김대중의 입을 다물게 하라는 의미이다. 김대중의 입을 다물게 하기 위한 방법은 감금, 협박, 살해 등 여러 가지가 있다. 납치도 그중 하나다. 죽이는 방법도 다양하다. 바다에 빠뜨려 죽일 수도 있고, 칼로 찔러 죽일 수도 있다. 수많은 방법 중에 알아서 하나를 선택하라는 뜻이다. 그것이 바로 권력이다. "나는 저놈만 보면 밥알이 곤두서…" 이렇게 얘기하면 밑에서 알아서 없애주어야 하는 것이다. 그러다 만약 사건이 터지면 어떻게 할까? "당신이 교사했지? 죽이라고 지시했지?"라고 묻는다면, "나는 그런 적 없다. 그저 소화가 안 된다고 했을 뿐이다. 소화가 안 된다고 하면 소화제를 사다주면 됐을 텐데 왜 그런 일을 벌여서…" 이렇게 빠져나가는 것이 권력이다.

김대중은 어떻게 살았을까? 만약 죽이라는 지시가 있었다면 납치 책임자가 죽여버렸을 것이다. 납치범들은 납치 과정에서 지문을 남기는 등 실수도 많았지만, 김대중을 완전히 빼돌렸다. 일본 경찰은 김대중의 소재를 전혀 파악하지 못했다. 중앙정보부가 일본 경찰을 따돌린 동안 충분한 시간적 여유가 있었기 때문에 죽이려 했다면 얼마든지 그럴 수 있었다. 그런데 왜 안 죽였을까? 이는 납치 책임자가 김대중 살해의 책임을 뒤집어쓰게 될까 걱정했기 때문이다. 죽이라는 지시가 있었다면 그저 명령을 따랐다고 하면 되는데, 그런 명령은 없었으므로 책임을 떠안게 될까 겁이 났던 것이다. 납치범은 고민하다가 김대중을 배에 태웠다. 그 배는 원래 김대중을 태우려던 배가 아니라 납치범이 김대중을 일본 땅에서 처리하고 빠져나갈 때 쓰려던 배였다. 들어갈 때는 여권에 도장을 찍고 들어가고, 나올 때는 배를 타고 밀항하려던 계획이었는데 마지막 순간 자기 대신 김대중을 태워서 보낸 것이다.

김대중이 일본에서 한국 영해로 들어간 다음, 납치범은 중앙정보부에 연락해 자신의 귀국에 대해 물었다. 이 사람이 알아서 처리할 줄 알았던 중앙정보부는 황당할 수밖에 없었다. 박정희나 이후락의 입장에서 보면 제 손에 피를 묻히기에는 이미 사건이 너무 커졌고, 한국 영내에 들

1971년 선거 유세장의 김대중

박정희에게 김대중은 눈엣가시였다.
김대중의 입을 다물게 하는 방법에는 몇 가지가 있을까?
납치는 그 방법 중 하나였다.

어설 때쯤에는 미국과 일본이 눈치를 챈 상태였으므로 죽일 수도 없었다. 김대중 전기를 보면 한국에 돌아온 김대중이 자기 집에 가서 초인종을 눌렀다고 한다. 막 귀가한 가장처럼. 집에서 "누구세요?" 하니 김대중은 아무렇지 않게 "나야."라고 했다. 그런 다음 기자 회견을 하는데 그제야 감정이 북받쳐서 눈물을 흘렸다.

사건 수습 과정에서도 박정희 정권은 일본에 큰 망신을 샀다. 김대중 납치에 관계된 사람들은 중앙정보부 요원 중에서도 우수한 사람들만 골라 뽑은 A급 요원들이었다. 그런 에이스들이 김대중을 납치하려고 대기하던 호텔방 물컵에 버젓이 지문을 남긴 것이다. 육안으로 봐도 확인될 정도로 지문이 선명하게 찍혀 있어서 납치에 가담한 사람이 대사관 직원으로 가장한 중앙정보부 요원이었음이 빼도 박도 못하게 드러났다. 일본 신문들은 한국 요원들은 장갑도 안 끼냐며 비아냥댔다. 이에 당시 국무총리였던 김종필이 박정희의 친서를 갖고 일본으로 건너가 일본 총리 다나카 가쿠에이田中角榮에게 사죄를 했다. 비공식적으로는 한진그룹 창업주 조중훈이 다나카 총리에게 박정희가 보낸 정치자금을 전달했다.

김대중 납치사건은 학생 시위로 이어졌다. 박정희 정권은 간첩단 사건으로 이 시위를 찍어누르려 했다. 1973년 서울법대 최종길 교수 사건이다. 서울법대 교수면 판검사들의 선생님인데, 그런 최종길을 잡아다가 고문해서 간첩단 사건을 조작하려 했다. 이 사건에는 기막힌 일화가 숨겨져 있다. 최종길의 막냇동생 최종선은 중앙정보부 공채에 수석으로 입사해 중앙정보부 감찰실에서 근무하던 직원이었다. 그 동생이 "형님, 회사에서 잠시 오시랍니다." 하니 군말 않고 간 것이다. 동생은 "이따 집에서 뵙겠습니다." 했는데 이틀이 지난 뒤에도 형은 돌아오지 않았다. 그래서 알아보니 중앙정보부 수사국 공작과에서 사건을 만들려고 최종 길을 소환한 것이었다. 최종길이 독일에서 유학할 때 그의 친구 중 한 명 이 파리에서 유학하다가 북으로 넘어갔다. 중앙정보부가 이를 소재로 사건을 조작하려는데 최종길이 잘 협조하지 않자 고문을 했다. 최종길 이 고문당하다 쓰러지자, 회생할 가능성이 없다고 판단한 중앙정보부는 그를 7층 건물에서 던지고는 자살했다고 발표했다. 간첩 최종길이 자기 죄상이 탄로나 모든 것을 자백하고 화장실로 가 소변기를 딛고 올라가 화장실 창문 밖으로 몸을 던졌다는 것이다. 이것이 바로 유럽 거점 간첩 단 사건이다. 그 사건 후 중앙정보부는 자기네들이 지어낸 거짓말을 진 실이라고 믿어버리는 수준으로 발전했다. 앞으로 이렇게 중요한 사건은 건물 고층에서 조사하지 않겠다고 발표했다. 그리고 실제로 중앙정보부 는 취조실을 지하로 옮겼다.

학생들의 반유신 투쟁에 자극을 받아 재야의 장준하 등이 유신헌법 을 고치자는 개헌청원 서명운동을 시작했다. 유신헌법에서는 사라졌 지만, 원래 헌법에는 주권자로서 헌법제정 권력을 가진 국민들도 개헌 안을 발의할 수 있었다. 헌법을 고칠 때 개헌안을 내놓을 수 있는 주체 를 국회의원, 정부, 50만 명 이상의 국민 등 셋으로 정해놓았다. 50만 명 이상의 국민이 서명을 하면 개헌안이 자동으로 발의된다. 따라서 당시 100만인 서명운동이 벌어졌다. 지금처럼 휴대폰도 없고 SNS도 없던 그 시대에 순식간에 30만 명이 서명을 했다. 정부로서는 당황할 수밖에 없 는 상황이었다. 박정희는 미리 유신헌법에서 국민들의 개헌안 발의권을 없애버렸지만, 국민들은 헌법적 권리로서의 개헌청원권에 대한 기억을 뚜렷이 갖고 있었다. 개헌청원 서명운동이 들불처럼 번져가자 박정희나 국무총리 김종필이 텔레비전에 나와 '일부 몰지각한 재야인사'들이 국제정세나 남북관계를 생각하지 않고 경거망동하고 있다고 비난과 협박을 했다. 이런 협박도 소용이 없자 박정희는 칼을 빼들어 1974년 1월 8일 긴급조치 1호와 2호를 동시에 선포했다. 이에 따르면 유신헌법을 고치자고 주장하거나 비판하면 영장 없이 체포해서 비상군법회의에서 징역 15년 형에 처할 수 있었다.

긴급조치가 내려진 다음 제일 먼저 잡혀간 사람은 장준하였다. 장준하는 지금 진보진영에서 많은 존경을 받고 있지만, 사실 장준하의 사상 자체는 아주 보수적이다. 장준하가 4·19혁명 직후에 통일 문제에 대해 쓴 글을 읽어보면 지금 수구 꼴통이 쓰는 글과 비슷할 정도이다. 천진난만한 학생들이 무책임하게 통일론을 내세우는데 '그러다가 북이 쳐들어오면 누가 책임질 거냐?' 이런 이야기를 하기도 했다. 장준하는 해방 후 백범 김구가 환국할 때 백범을 모시고 온 최측근 비서였다. 당시는 임시정부 국무위원들도 다 못 돌아올 때였다. 백범의 총애를 받던 장준하는 나중에 백범이 남북협상에 나설 때 '빨갱이들과 무슨 협상을 하냐'며 백범과 결별했다. 사상적인 면만 놓고 본다면 장준하는 백범보다 더한 극우였다고 할 수 있다.

1950년대와 1960년대 최고의 잡지였던 『사상계』의 발간인이기도 한 장준하는 4·19혁명 이후 10년이 지난 뒤에 4·19 묘지를 방문하여 소감을 남겼다. 그 나름대로 4·19의 실패 원인을 분석한 것인데 굉장히 감동적이다. 그가 묘지를 둘러보니 무덤 주인들이 대개 14~15세 중학생 아니면 많아봐야 23~24세 대학생들이었다. 민주주의가 어떻고 자유가 어떻고 외치던 그 수많은 지식인들, 대학교수, 언론인, 정치인, 법조인, 성직자는 단 한 명도 거기에 누워 있지 않았다. 애들만 죽은 것이다. 그런 혁명이 성공할 수 있을까? 장준하는 4·19혁명이 좌절한 원인이 여기 있다고 보았다. 그 분석이 옳고 그르고를 떠나 장준하는 당시 사회 지도층으로서 가장 통렬한 자기반성을 했다. 장준하는 앞으로 민주화운동, 통일운동에서는 애들만 앞장세워 피 흘리게 하는 일은 없어야겠다고 다짐했다. 말로만 그렇게 한 것이 아니라 실제로 아이들보다 앞서 반유신 투쟁의 최전선에 나섰다. 서슬 푸른 시대, 국회의원까지 끌려가 두들겨 맞는 그 시대에 개헌청원운동을 책임지고 끝까지 주도한 이가 바로 장준하다. 장준하의 사상은 보수적이었지만 그의 삶의 태도는 진보적이었다.

이렇듯 긴급조치 1호의 첫 번째 구속자는 장준하와 백기완이었고, 그 뒤를 청년학생들이 이었다. 그런데도 박정희 정권이 보기에 긴급조치의 효과가 크지 않은 듯했다. 학생들의 시위가 계속되자 유신정권은 1974년 4월 3일 긴급조치 4호를 선포하여 민청학련과 관련된 학생들을 사형시키겠다고 나섰다. 데모하는 학생들뿐 아니라 아무 이유 없이 수업을 빠져도 사형시킨다고 했다. 하지만 수업을 빠지는 데 꼭 특별한 이유가 있는 것인가? 날씨가 너무 좋아서 혹은 날씨가 너무 구질구질해서 빠질 수도 있고, 술이 먹고 싶어서 또는 어제 먹은 술이 안 깨서 빠질 수도 있다. 학생들이 데모를 하거나 수업을 거부한 학교는 폐교하게 돼 있었다. 물론 그런 이유로 폐교당한 학교도 없고 사형당한 학생도 없었지

장준하와 백기완은 긴급조치 1호가 나온 지 5일 만에
중앙정보부로 연행, 구속되어 검사 구형대로 징역 15년을 받았다.
그 뒤를 청년학생들이 이었다.

긴급조치 1호 위반으로 재판정에 선 장준하와 백기완

만 말이다.

더 황당한 것은 민청학련 사건의 처리 과정이다. 학생들을 데려다가 군법회의에 회부했는데, 재판 판결문을 읽은 사람이 재판이 끝나고 육군참모총장이 됐다. 별을 주렁주렁 단 군부 실세들이 재판장이랍시고 사형과 무기징역을 남발했고, 법복을 입은 판사들은 다소곳이 옆에 서서 장군님들께 재판 순서와 절차를 알려줬다. "장군님, 증인 선서시켜야 합니다. 그 다음에는 검찰부터 증인 심문 시키고 변호인 반대 심문 시키시면 됩니다. 다음은 피고 진술 차례입니다." 이런 걸 알려주느라 옆에 있었던 것이다. 박정희 정권이 이런 군법회의를 만들었다.

이 재판에서 사형을 구형받은 고故 김병곤의 유명한 일화가 있다. 사형은 주로 4학년이나 졸업생들이 받았는데 당시 3학년이었던 김병곤이 사형을 구형받았다. 김병곤이 최후진술에서 한 첫마디가 "영광입니다." 였다. 자기처럼 어린 학생에게 사형을 구형해주셔서 영광이라는 것이었다. 당시 법정에 있던 김지하는 큰 충격을 받았다. '사형이라서 영광이라고? 죽인다는 말인데?' 김병곤은 체격도 좋고 목소리도 우렁차 마치 옛날 장군님 같은 스타일이었다. 그런 사람이 법정에서 '똥별'들을 향해 "영광입니다." 했을 때의 충격은 엄청난 것이었다.

민청학련 사건의 변호를 맡았던 강신옥 변호사는 변론을 하다가 욱했다. "이 학생들이 대체 무슨 죄가 있느냐? 나도 이 학생들과 똑같은 생각이다. 지금은 내가 변호사로 변호하고 있지만 내가 만약 학생이었으면 나도 저 자리에 앉아 있었을 것이다."라고 말했다가 다음 재판부터 실제로 피고인석에 같이 앉게 됐다. 재판이 아니라 개판이었다. 김대중

정부 때 감사원장을 지낸 한승헌 변호사가 "대한민국 정찰제는 백화점이 아니라 이 법원에서 시작됐다. 검찰이 구형한대로 판결이 나왔다. 검찰이 15년 부르면 15년, 10년 부르면 10년 그렇게." 이런 이야기를 할 만큼 터무니없는 재판이었다.

사법살인과
언론에 재갈 물리기

유신정권은 권력 유지를 위해 인혁당 사건 관련자 8명을 사형에 처하는 등 사법살인도 서슴지 않았다. 인혁당 사람들의 사형이 확정되던 날인 1975년 4월 8일자 『동아일보』 톱기사는 "월남공군기가 대통령 관저에 투탄"했다는 소식이었다. 여기서 월남은 남부 월남, 즉 남베트남을 말한다. 우리로 치면 대한민국(북한 비행기가 아니라!) 공군기가 청와대를 폭격한 사건이 벌어진 것이다. 이미 남베트남에 망조가 들었단 얘기다. 같은 면에 북베트남 탱크가 사이공(지금의 호찌민시)에서 11킬로미터까지 육박해왔다는 기사도 실려 있었다. 보병이 빨리 걸으면 2시간 정도 걸릴 거리였으니, 월남 정세가 다급해졌던 것이다. 베트남이 그런 극도의 불안감에 빠져 있을 때 박정희는 본때를 보여서 반체제 세력을 잡겠다고 생각했다. 그래서 바로 다음 날 사형 확정 18시간 만에 인혁당 관련자들의 사형을 집행했다.

당시 중앙정보부에는 대구·경북 출신의 TK 인사들이 많았다. 잡혀 간 사람들의 증언에 따르면 자기들에게 물을 떠다주던 사환까지도 다

경상도 말씨를 썼다고 한다. 1차 인혁당 사건은 중앙정보부 핵심 요직에 있던 대구 출신의 우익청년들이 자기들이 젊었을 때 대구에서 대립했던 좌파 청년학생운동 출신들 중 아직까지 살아남은 사람들을 손보려고 했던 사건이었다.

인혁당 사건은 노무현 정권 시기 국정원 과거사위원회에서 재조사를 했는데, 필자가 실무책임자였다. 1차 인혁당 사건에서 중앙정보부의 핵심적인 주장은 북한 간첩이 내려와 인혁당을 조직하고 북으로 복귀했다는 것이었다. 조사 결과, 북에 간 사람이 간첩은 간첩이었다. 다만 북에서 보낸 남파간첩이 아니라 미군첩보기관이 북으로 침투시킨 북파간첩이었다. 중앙정보부에서도 수사 초기에는 남파간첩이라 생각했지만, 그가 북파간첩임을 확인하고도 그냥 처음 발표를 밀고나가 고문으로 사건을 조작했다. 중앙정보부가 사건을 서울지검으로 송치했는데, 공안부 검사들이 증거도 없고 고문으로 조작된 사건이라며 기소를 거부하는 일이 벌어졌다. 당시 서울지검 공안부에는 부장검사 한 명과 일반검사 세 명, 총 네 명이 근무하고 있었다. 공안검사라면 대한민국에서 가장 보수적인 사람들인데 그 사람들마저 '이게 어떻게 사건이 되냐'며 기소를 거부하고 사표를 낼 정도였다. 당시 신문에서는 네 명 전원이 사표를 냈다고 나왔지만 사실 오보였다. 결정적인 순간에 한 명이 빠지고 세 명만 사표를 냈다. 어떻든 당시에는 그나마 검찰 권력의 양심이나 상식이 어느 정도 살아 있었던 것이다. 그런데 최근의 서울시 공무원 간첩조작 사건을 보면 공안검사들이 새로운 증거를 가져오라고 다그쳐 사실상 국정원에 증거조작을 시킨 셈이다. 한국의 보수가 지난 50년 사이에 이렇게 망

가졌다.

　1964년에 1차 인혁당 사건이 있었고, 그로부터 10년 뒤인 1974년에 2차 인혁당 사건이 터졌다. 그런데 두 사건의 피의자와 사건을 수사하거나 처리한 사람들이 비슷하다. 이때 잡힌 피고인들의 절반 정도는 1차 인혁당 사건 때 고생했던 사람들이고, 사건을 만든 사람들도 그대로였다. 1차 인혁당 사건은 중앙정보부 수사과장 이용택, 검찰총장 신직수, 법무장관 민복기가 만들었는데, 2차 인혁당 사건 당시에는 이용택이 중앙정보부 수사국장, 신직수가 중앙정보부장, 그리고 민복기가 대법원장이 되어 사건을 처리했다. 10년의 세월이 흘렀건만 그놈이 그놈이란 말이 딱 들어맞는다.

　오늘날 밝혀진 바에 따르면 2차 인혁당 사건의 실체는 그리 대단한 것이 아니다. 피고인들은 통일을 염원하는 진보 인사들로 7·4남북공동선언으로 통일에 대한 기대감에 충만해 있었다. 그러다가 유신이 선포되고 통일 이야기가 갑자기 뚝 끊기자 북쪽은 통일 문제에 대해 어떤 입장을 견지하고 있는지 몹시 궁금해 북한방송을 받아 적은 노트를 돌려본 것, 그것이 다였다. 노트는 특무대 중사 출신 하재완의 것이었다. 하재완은 군복무 당시 북한방송 청취 담당으로 방송을 듣고 받아 적는 일을 많이 했다. 이것이 2차 인혁당 사건 혹은 인혁당재건위 사건의 실체인데, 이 정도의 일을 가지고 8명이나 죽였다. 정말로 황당한 것은 판결문 어디에도 인혁당재건위라는 반국가 단체가 만들어졌다는 말이 없다는 사실이다. 인혁당재건위 서울 지도부, 부산 지도부, 서울 지도부에 준하는 단체 등 서로 직접적인 관련이 없는 세 개의 단체가 있었을 뿐이다.

이렇게 중앙정보부의 조작왕들도 서로 연결 짓지 못한 세 개의 단체성원들을 4월 9일 한날한시에 잡아 죽였다.

그때 사형당한 사람 중 한 명인 여정남은 경북대학교 정법대 학생회장 출신으로 하재완 집의 가정교사였다. 인혁당과는 아무런 관련이 없었던 여정남을 유신정권은 민청학련과 인혁당을 연결 짓는 고리로 삼아 죽여버렸다. 대학생들의 반유신 학생운동에 붉은 칠을 하기 위해 인혁당 빨갱이들이 배후에 있다는 소설을 쓴 것이다. 민청학련 사건으로 잡혀 들어간 이철이나 유인태에게 처음에는 수사관들이 "너 여정남에게 무슨 지령을 내렸냐?" 하고 다그쳤다고 한다. 이철이나 유인태가 "아니, 제가 여 선배에게 무슨 지령을 내립니까? 나이도 네 살이나 많고 아주 친한 사이도 아닌데…"라고 대답하자 수사관들은 "야 이 새끼야. 너네는 서울대고 저놈은 지방대 아니야. 서울대 놈들이 다 그런 거지."라며 두들겨 팼다는 것이다. 그런데 어느 날 갑자기 똑같은 수사관이 들어와서 "여정남에게 무슨 지령을 받았어?"라고 묻기 시작했다. 조작의 각본이 수정된 것이다. 대구 출신의 여정남은 인혁당 사람들을 고향 선배로, 서울의 대학생들과는 학생운동 관련으로 알고 지냈는데, 중앙정보부는 그런 여정남을 조작의 핵심 고리로 삼았던 것이다.

당시 하재완의 막내아들은 네 살이었는데, 아버지가 사형당했다는 소문이 퍼지자 끽해야 여남은 살 먹었을 동네 형들이 그를 빨갱이 자식이라고 놀리며 사형시키는 놀이를 했다고 한다. 새끼줄에 묶어 끌고 다니다가 빵 하고 총을 쏘면 아이는 꽥 하고 쓰러졌다. 이 사건을 33년이 지난 후에 무죄라고 하니 어쩌면 좋을까. 솔직히 그때 인혁당 사건의 피해자들이 억울하게 죽었다고 생각한 국민은 극히 소수였다. 다들 빨갱이를 미리 적발해서 다행이라고 안도의 한숨을 쉬거나 대공 요원들에게 박수를 보냈다. 우리가 하재완과 같은 골목에 살지 않았을 뿐이지, 우리 모두 그의 아들을 묶었던 새끼줄 한 자락을 잡고 다닌 셈이다. 과거사 문제에 대해 모두 화해를 이야기를 한다. 화해, 참 좋은 말이다. 그러나 가해자와 피해자의 화해를 말하기 전에 구경꾼들은 억울한 피해자들에게 어떤 태도를 취해야 할까.

1974년에는 자유언론실천운동이 시작되었다. 자유언론수호운동에서 이름이 바뀌었다. 자유언론은 누가 지켜주는 것이 아니라 기사를 제대로 쓰고 실천하는 것이라는 반성이 있었기 때문이다. 『동아일보』를 중심으로 젊은 기자들이 일어난 일을 사실대로 쓰기 시작했다. 당시 『조선일보』도 여기에 참여했는데 그 배후에는 오늘의 『조선일보』를 만든 장본인인 선우휘가 있었다. 바로 그 선우휘가 "야, 『동아일보』도 세게 하는데 우리도 체면이 있지 좀 세게 쓰자."라고 했다고 한다. 선우휘의 말이 아니더라도 당시 『동아일보』는 자유언론수호운동을 치열하게 벌였다. 『동아일보』 기자들은 사실 보도를 하면서 잃어버렸던 언론인의 양심을 되찾기 시작했다.

유신정권도 가만히 있지 않았다. 이승만 때처럼 무식하게 신문을 다짜고짜 폐간시키거나, 신문사에 쳐들어가는 대신 교묘하고 교활하게 광고주들에게 압력을 넣었다. 당시 『동아일보』 광고는 비싸기도 했지만, 1면 광고는 현금으로 갖다 줘도 며칠을 기다려야 실을 수 있을 정도로 인기가 높았다. 그런데 어느 날 갑자기 광고주들이 광고를 빼기 시작했다. 광고국에서 "아니 왜 그러십니까?" 그러면 "다 아시지 않습니까? 미안합니다."라고 하며 광고 동판을 찾아갔다고 한다. 그럼에도 『동아일보』는 물러서지 않았다. 광고를 싣기로 했던 공간을 비워두고 신문을 찍었다. 놀라운 것은 독자들의 행동이었다. 작게는 3천 원, 5천 원짜리 새끼손가락만 한 광고에서 5만 원, 10만 원짜리 손바닥만 한 광고를 내주려고 사람들이 신문사 앞에 줄을 서서 기다렸다. 지게꾼이나 머리에 광주리 인 아주머니가 와서 꼬깃꼬깃한 하루 일당을 맡기고 갔다는 기사를 기자들이 울면서 썼고, 독자들도 울면서 읽었다. 『동아일보』에 광고 내려 간다고 하면 택시 운전사들이 돈을 안 받을 정도였다. 대한민국 언론사에, 아니 세계 언론사에 다시없는 기적이었다. 그 기적은 13년 후 『한겨레』의 창간으로 이어졌다. 『한겨레』 창간에는 『동아일보』 해직 기자들과 『동아일보』에 광고를 냈던 사람들이 많이 참여했다.

『동아일보』 문제는 일개 신문사의 명운이 걸린 문제가 아니라 한국 민주주의의 사활이 걸린 문제로 부각되었다. 제일 먼저 무너진 것은 신문사 경영진이었다. 그들은 깡패를 동원해 자유언론을 실천하던 기자들을 몰아냈다. 경영진 입장에서 이해하자면 김상만 사장은 광고가 떨어져 나가 발생한 경영난도 경영난이지만, 폐간을 두려워했던 것 같다. 일제강점기 때 『동아일보』가 왜 일왕의 사진을 실었을까? 폐간이 두려워서 미리 설설 기었던 것인데 결국 폐간당했다. 이번에도 김상만 사장은 박정희 정권이 『동아일보』를 폐간시킬까봐 두려워했던 것이다. 그렇지만 결국 『동아일보』가 망하는 길이었다. 사주가 깡패를 동원해 농성하던 기자들을 몰아내고 그들을 대량으로 해고할 때, 편집국장이던 송건호는 "이러면 우리 동아일보 망합니다."라고 눈물로 호소하다가 아끼던 기자들이 다 쫓겨나자 자신도 사표를 던졌다. 해고당한 기자들은 회사 앞에서 계속 출근투쟁을 했다. 전체 250여 명의 농성자 중 절반이 조금 넘는 직원들이 쫓겨났고, 나머지는 회사에 남았다. "너는 어머님이 편찮으시잖니." "네게는 시집 장가 보내야 할 동생들이 있잖아, 들어가라." 이런 식으로 함께 농성했던 사람들이 나뉘었다. 이게 참 무섭고 안타까운 결과를 낳기도 했다. 같은 마음으로 함께 농성했던 사람들인데 시간이 갈수록 마음이 멀어진 것이다. 전처럼 회사를 다니는 사람들 입장에서는 회사 앞에서 농성하면서 출근투쟁을 하는 동료들이 불편해지고 못마땅하게 보이기 시작했다. '데모하려면 청와대나 중앙정보부 앞에서 할 것이지, 왜 신문사 앞에서 저러는 거야?' 이런 생각이 싹트게 마련이다.

지금 『동아일보』는 1970년대 『동아일보』와는 비교가 되지 않는다. 다른 신문들은 1960년대부터 정권에 굴복했지만, 『동아일보』는 근근이 오랫동안 버텼다. 그러다가 1973~74년에 『동아일보』가 제대로 싸우는 모습에 시민들의 기대가 쏠려 2등 없는 1등이라 할까, 독보적인 위치를 점했다. 그러나 1980년대 『동아일보』는 『조선일보』에 따라잡히는데, 이는 인재들이 다 나갔기 때문이다. 당시 막내였던 정연주 전 KBS 사장을 비롯해서 공채로 들어온 사람들은 다 잘려나갔다. 한 조직에서 8년치 인재가 빠지니 버틸 수가 없는 것이다. 1980~90년대 한국 경제가 변하면서 퇴근 후 집에서 석간을 보는 것이 아니라 출근해서 회사에서 조간을 보는 것으로 생활 패턴이 바뀌었다. 신문들 역시 이 흐름에 맞춰 석간에서 조간으로 전환했는데 동아일보는 그마저도 놓쳤다. 그런 변화를 따라잡지 못한 것이다.

신문사에서 쫓겨난 이들을 포함해 민주화운동의 과정에서 권력에 굴하지 않았던 이들에게 유신은 그야말로 겨울이었다. 그 혹독한 겨울을 그들은 어떻게 견뎌냈을까? 당대에 이미 실천하는 지성으로 존경받던 리영희 교수는 1976년 정부의 압력으로 한양대학교에서 해직됐다. 실업자가 되어 집에서 낮잠을 자다가 잠결에 옆에서 놀던 어린 남매가 '아버지가 실업자라 이번 크리스마스에는 선물이 없을 것 같다.'는 이야기를 나누는 것을 듣고 가슴이 아파 월부 책장사를 시작했다. 책을 가지고 나갔다가 빙판에 미끄러져서 책이 망가지기도 했다. 천하의 리영희가 매일 새끼줄로 책 20권을 묶어들고 서울시내 중·고등학교 국어교사를 찾아다녔다고 한다.

장준하는『사상계』의 발행인이었는데, 1950~60년대를 풍미한『사상계』와 1970~80년대를 주도한『창작과비평』의 위상은 조금 달랐다.『창작과비평』은 진보 지식인들 사이에서 압도적인 영향력을 행사했지만 보수는 거의 보지 않았다. 반면『사상계』는 진보, 보수 구분 없이 다 보는 잡지였다. 장준하는 전쟁의 폐허 속에서 젊은 지성들에게 스승이 되어주었고, 그들을 배움의 길로 이끌었다. 그런데 정작 제 새끼 다섯은 한 명도 대학에 보내지 못한 무능한 아비였다.

1975년『동아일보』사태 때 울면서 사표를 던진 송건호 편집국장도 40대 중반의 가장이었다. 당시『동아일보』편집국장 월급이 은행의 대리 월급 수준밖에 안 될 정도로 깜짝 놀라게 적었다고 한다. 올망졸망한

『동아일보』사태 당시 편집국장이었던 송건호는
유신시대를 지내며 일제강점기를 생각했다.
5년도 못 갈 것 같은 박정희 시대를
버티기도 이렇게 힘든데…

해직언론인협의회 창립 1주년 기념식의 송건호

여섯 남매를 둔 해직당한 40대 가장은 박정희가 장관 자리를 준다는 것도 거절했다. 그리고 '돼지갈비 한번 실컷 먹었으면 좋겠다.'는 속마음을 누구한테도 하소연하지 못한 채 자신과의 처절한 투쟁을 벌였다. 그나마 여기저기에서 그에게 원고 청탁을 해서 입에 풀칠은 할 수 있었다. 그 과정에서 나온 책이 『한국현대사론』인데, 이 책을 집필하면서 송건호는 '일제강점기 사람들은 어떻게 버텼을까?' 하는 생각을 했다고 한다. 박정희 정권은 기껏 해야 5년 정도밖에 못 갈 것 같은데, 일제강점기 때 우리 지식인들은 아예 앞이 안 보였겠다 싶었다는 것이다.

최근에 어떤 이에게서 집회에 5천 명도 안 모였다고 한탄하는 소리를 들었다. 과연 유신시대에 몇 명이나 싸웠을까? 유신시대에는 500명 이상 모인 적이 없다. 그런데도 싸웠다. 몇몇 분들이 마지막까지 버텨줬다. 지식인 100명이 감옥에 가면 어떤 정권도 무너진다. 몇 안 되는 지식인들이 감옥을 들락날락 하면서 책 장사를 하고 글을 써서 근근이 버텼다. 장준하, 송건호가 왜 자식들을 대학에 못 보냈겠는가. 지금 대학교수나 언론인, 변호사 등 지식인은 유신 때와는 비교가 되지 않을 정도로 늘어났다. 지금 지식인들은 대개 그분들 책에 밑줄 그어가며 공부한 사람들일 것이다. 그분들의 짐을 나누어질 사람은 얼마나 될까?

장준하 죽음 이후

인혁당 사건의 사법살인이 자행되고 4개월쯤 지난 1975년 8월 17일에 장준하가 포천 약사봉에 등산을 갔다가 의문의 죽음을 당했다. 장준하의 죽음에 의혹이 있다는 기사를 쓴 기자는 구속되었고, 누구도 감히 공개적으로 이 문제를 파고들지 못했다. 장준하가 죽은 것은 그가 또 다른 위험인물인 김대중과 손을 잡았기 때문이다. 장준하는 김대중보다 나이가 더 많았지만, 정치적으로 김대중에게 라이벌 의식 같은 게 있었다. 1971년 대통령 선거 당시 신민당에서 뛰쳐나와 국민당을 만든 장준하는 김대중을 고운 눈으로 보지 않았다. 그러나 유신의 광기가 고조되자 장준하는 모든 것을 내려놓고 김대중을 찾아가 "당신은 집에 갇혀 있으니까 내가 돌아다니겠다. 나는 재야를 발전시킬 테니 현실정치는 당신이 맡아라. 다만 밖에서 활동하는 동안 내가 당신 이름을 빌리면서 사람들을 모으겠다."고 제안했다. 김대중도 적극 찬성하여 두 사람은 굳게 손을 잡았다. 함석헌은 장준하와 김대중이 힘을 합치면 박정희가 그냥 둘 리 없고, 둘 중 하나는 죽을 수밖에 없는데, 김대중은 집에 있으니까 밖으로 돌아다니던 장준하가 죽은 것이라고 했다.

박정희는 1917년생, 장준하는 1918년생으로 둘은 나이가 비슷하다. 하지만 두 사람이 걸은 길은 완전히 달랐다. 젊은 장준하와 젊은 박정희를 비교해보자. 다음 면의 사진 속 총을 든 장준하는 굉장히 비장한 표정에 한껏 무게를 잡고 있다. 그럴 만한 것이 장준하는 죽으러 가기 직전 영정사진이라 생각하고 이 사진을 찍었을 것이다. 일본군 학병으로 중국에 끌려갔던 장준하는 일제의 총알받이로 죽느니 조선 청년으로 죽자고 결심했다. 목숨을 걸고 일본군에서 탈출하여 천신만고 끝에 대한민국 임시정부가 있던 충칭까지 가서 백범 김구를 만났다. 그때 백범은 조

장준하와 박정희,
둘은 나이는 비슷했지만
걸어간 길은 전혀 달랐다.

장준하와 박정희

선의 모든 젊은이가 장군 같았으면 좋겠다며 부둥켜안고 엉엉 울었다고 한다. 백범에게 장준하는 조선 청년들이 따라야 할 모델이었다. 사진 속 박정희 역시 자신만만하다. 박정희는 만주군관학교를 수석으로 졸업하고 일본 육군사관학교로 유학하여 3등으로 졸업했다. 만주군관학교 교장은 "모든 조선의 젊은이는 다카키 마사오를 본받아라."라고 얘기했다고 한다.

필자는 고등학교 1학년 때 장준하의 장례식에 갔다. 어린 마음이지만 꼭 가봐야겠다는 생각이 들었고, 또 한편으로는 사인도 궁금했다. 틀림없이 암살당한 것 같은데, 의문점이 많다는 기사 이후 후속 기사가 한 줄도 안 나니 장례식에 가면 무슨 소리를 들을 수 있지 않을까 하는 생각도 있었다. 그러나 그날 어느 누구도 아무 말도 하지 않았다. 한여름의 더운 날씨였지만 명동성당에는 냉기가 흘렀다. 서늘한 냉기 속에 무거운 침묵만이 계속됐다. 관을 덮은 태극기는 윤봉길 의사가 상하이 홍커우공원에 가기 전에 결심을 다지며 백범을 모시고 사진 찍을 때 뒤에 걸려 있던 그 태극기였다. 운구해서 명동성당 마당에 나와 함석헌이 추모사를 한 후 만세삼창을 했다. 만세, 만세, 그리고 마지막 만세를 길게 "만~세~~" 했는데 손을 내릴 때 다들 으흐흑 하고 울음을 터뜨렸던 기억이 지금도 생생하다. 그 울음 이후 대한민국의 민주화운동은 깊은 침묵에 빠졌다.

그 침묵을 깨뜨린 것이 1976년 1월 23일 원주 가톨릭사제단이 주도한 원주선언이다. 이날 원동성당에서는 신·구교 일치주간 기도회가 열려 가톨릭 사제뿐 아니라 개신교 지도자들도 함께 참여했다. 거기서 우리가 너무 오랫동안 침묵하지 않았나 하는 반성과 다시 시작하자는 논의가 있었고, 정치인 쪽에서도 김대중, 윤보선 등이 움직이기 시작했다. 그 흐름이 합쳐져 3·1구국선언이 나왔다. 이 선언은 문익환 목사를 비롯한 개신교 세력을 중심으로 정치인들이 힘을 합쳐 이뤄졌다. 이 사건으로 구속된 사람들 중에 신부님들도 많지만, 사실 신부님들은 원주에서 이미 선언문을 발표한 바 있기 때문에 3·1구국선언에 깊이 가담한 것은 아니고 장소를 빌려줬을 뿐이었다. 3·1구국선언에는 김대중, 윤보선, 정일형 등 정치인과 서남동, 윤반웅, 함석헌, 이문영 등 개신교 인사들이 서명을 했는데, 개신교 인사들과 정치인들이 마땅히 선언할 장소가 없으니까 명동성당 3·1절 미사에서 한 것이다. 그때 김수환 추기경의 옷자락이 그만큼 넓었다.

오늘날에는 명동 사건 또는 3·1구국선언이라 불리는 거창한 사건이 되었지만, 정작 당시에는 3·1절 미사 끝자락 광고 시간에 선언문만 읽고 시위도 없이 끝난 조용한 일이었다. 그런데 다음날 박정희가 김대중이 서명했다는 보고를 받고 화를 내며 다 잡아들이라 하는 바람에 사건이 커졌다. 이 사건으로 장준하 암살 이후에 죽어 있었던 민주화운동 진영이 다시 움직이기 시작했고, 이를 계기로 흔히 재야세력이라 하는 집단의 기본 틀이 만들어졌다. 개신교, 가톨릭, 바깥에서 활동하던 인사들, 여기에 『동아일보』와 해직 기자, 학교에서 잘린 사람들이 모두 모이게 되었다. 1970년대에는 학교나 『동아일보』 등에서 해직당한 사람들이 호구지책으로 출판사를 차리는 경우가 많았다. 한길사, 광민사, 돌베개 등이 그런 곳이다. 1960년대에는 이와 달랐다. 데모를 열심히 하다 학교에서 잘리면, 중앙정보부에서 취직을 알선해주곤 했다. 내란죄로 감옥에 갔으나 후에 현대건설에 입사한 이명박이 대표적인 예이다. 이명박은 박정희가 정주영에게 추천했다고 한다. 1960년대의 학생운동 출신들은 신문사로, 대학원으로, 기업으로, 공화당으로, 심지어 중앙정보부로 뿔뿔이 흩어졌을 뿐, 운동진영에서 버티며 살아남은 사람이 거의 없었다. 그런데 1970년대에는 제적학생들이 쏟아져 나왔다. 더군다나 『동아일보』 해직 기자를 비롯한 A급 지식인 150명이 직장을 잃었다. 맨날 책보고 글 쓰던 사람들이니 일부는 출판사를 차리고 일부는 필자가 되고 또 일부는 번역자가 되었다. 편집부원은 데모하다 잘린 학생들 몫이었다. 그리고 학생운동 층이 넓어지면서 독자층도 넓어졌다. 운동을 하면서 먹고살 수 있는 재생산구조가 마련된 것이다.

3·1구국선언 이후 박정희 정권은 지식인층과 대학을 집중 감시하여 경찰이 대학 캠퍼스에 상주했다. 필자는 78학번인데 박정희가 죽은 후에야 학교 벤치에 앉아봤다. 캠퍼스에 벤치가 없었던 것도 빈자리가 없었던 것도 아니었다. 그 벤치에는 항상 누가 봐도 티가 나는 짭새(형사)들이 앉아 있었다. 눈매가 날카로운 40~50대 아저씨들이 가죽점퍼를 걸치고 학교 벤치에 앉아 있으니 누구든 알 수밖에 없었다. 1970년대에 데모를 할 때는 사이렌을 울리든 유리창을 깨든 사람들의 주목을 끈 뒤 꼭 "학우여!" 하고 소리치며 시작했다. 그런 데모가 각 캠퍼스마다 한 학기에 한두 번씩은 있었다. 당시에는 짭새들이 워낙 많이 깔려 있다보니 "학우여!"를 채 끝내지 못하고 "학" 하다가 잡혀가는 일도 있었다. 지금은 우스갯소리로 이야기하지만 당시에는 그렇게 끌려가는 선배들의 모

습을 보면 정말 피가 거꾸로 솟았다. 유시민의 '항소이유서'라는 글에는 당대의 이러한 모습이 세세하게 묘사되어 있다.

1978년 12월 10대 총선에서는 모든 전문가들의 예상을 뒤엎고 야당인 신민당이 집권당인 공화당보다 득표율에서 1.1퍼센트를 앞섰다. 모두가 엄청난 충격을 받았지만, 10달 뒤 박정희가 머리에 총을 맞는 일이 벌어질 것이라고는 아무도 예상하지 못했다. 유신에 대한 불만은 팽배했지만 상황이 워낙 폭압적이다보니 1979년 상반기에는 전국의 주요 대학가에서 학생 시위가 단 한 건도 일어나지 않았다. 대학생들조차 침묵했던 1979년의 폭압적인 상황에 균열을 가져온 것은 바로 여성 노동자들이었다. 한국의 민주화와 산업화를 놓고 진보와 보수가 서로 공을 다투지만, 1970년대의 민주화와 산업화 두 영역에서 진정한 주역이었던 사람들은 바로 여성 노동자들이다.

유신의 종말은 1979년 8월의 YH사건에서 비롯되었다. 국내 최대의 가발수출업체였던 YH무역이 위장폐업을 하고 여성 노동자들의 임금을 떼먹은 사건이다. 여러 달을 회사에서 싸웠지만 효과가 없자 노동자들은 마지막으로 밖으로 나가 호소하기로 했다. 당시 여성 노동자들의 호소문에는 임금을 받지 못하면 자신들은 빚에 팔려 술집으로 사창가로 내몰리게 된다면서, 평범한 여성으로 살아갈 수 있도록 사회에서 관심을 가져 달라고 적혀 있었다.

여성 노동자들이 찾아간 곳은 김영삼이 새로이 총재가 된 신민당이었다. 만약 전 총재인 이철승이 여전히 그 자리에 있었다면 여성 노동자들은 신민당으로 가지 않았을 것이다. 이철승이라면 노동자들의 억울한

사정에 귀 기울이지 않고 경찰을 불러 갈 곳 없는 여성 노동자들을 쫓아냈을 것이기 때문이다. 김영삼은 여성 노동자들을 따뜻하게 맞으며 경찰은 야당 당사를 침범할 수 없다며 안심시키고, 보건사회부 장관과 노동청장을 불러줄 테니 잘 이야기해보라고 했다. 하지만 유신정권은 경찰을 투입해 노동자들을 강제로 끌어냈다. "닭의 모가지를 비틀어도 새벽은 온다."라는 유명한 말을 남기며 끌려간 김영삼은 그래도 야당 총재라고 두들겨 맞지는 않았지만 신민당 의원들은 여러 명이 피범벅이 되었다.

그 와중에 여성 노동자 한 명이 목숨을 잃었다. 김경숙, 당시 스물두 살의 꽃다운 나이였다. 겨우 스물두 살인데 YH무역 노동조합이라는 당시로서는 꽤 큰 노조의 조직부장이었다. '아니, 스물두 살에 무슨 조직부장?'이라고 생각할지 모르지만 김경숙은 9년차 노동자였다. 국민학교를 졸업하자마자 공장밥을 먹은, '배고프고 예쁜 쪼깐이'였다. 다음 면의 그의 텅 빈 빈소 사진은 보는 이의 숨을 막히게 한다. 영안실도 아니고 시립병원 복도, 무연고 행려병자에게 촛불 하나 켜놓는 선반 같은 곳 앞에 먼 친척 아저씨 한 분만 물끄러미 앉아 있다. 가족들은 시골에서 올라오지 못했고, 같이 울어줄 동료 노동자들은 모두 잡혀가 철창 속에 있었다. 상황은 숨 가쁘게 돌아갔다. 신민당 총재 직무정지 가처분신청 → 김영삼 총재의 국회의원직 제명 → 부마항쟁 → 10·26사건… 고은 시인은 이렇게 말했다. "김경숙의 무덤 뒤에 박정희의 무덤이 있다, 가봐라."

영안실도 아닌 복도에 마련된
텅 빈 빈소의 모습은 보는 이의 숨을 막히게 한다.
같이 울어줄 동료 노동자들은
모두 잡혀가 철창 속에 있었다.

김경숙의 영안실

유신은 끝났다, 끝나지 않았다

"야수의 심정으로 유신의 심장을 쏜" 중앙정보부장 김재규는 박정희와는 친형제 같은 사이였다. 김재규는 법정에서 10·26사건의 간접적이지만 아주 중요한 요인으로 박근혜와 최태민 문제를 꼽았다. 박근혜를 등에 업은 영세교 교주 최태민이 저지른 온갖 비리는 유신정권 핵심인사들의 최대 골칫거리였다. 이들은 여러 경로를 통해 박정희에게 최태민 문제를 정리할 것을 건의했지만, 박정희는 친인척 관리에 냉혹했던 평시와는 달리 '어미 없는 딸'이 불쌍하다며 우유부단하고 무기력한 모습을 보였다. 그 대표적인 예가 중앙정보부가 올린 최태민 비리에 관한 보고서를 박근혜에게 주어 김재규와 최태민을 대질시킨 친국사건이다. 김재규로서는 좌절감과 모욕감을 넘어 이제 박정희가 한 나라를 이끌만한 정상적인 판단력을 상실했다는 생각을 굳히게 만든 계기였다.

김재규는 자신의 거사를 자유민주주의 혁명이라 부르며 국민들에게 자유민주주의를 만끽하라는 유언을 남겼다. 그가 박정희를 쏜 진정한 이유는 부마항쟁과 같은 대규모 시위가 서울에서 발생할 경우 박정희가 발포 명령을 내려 엄청난 유혈 사태가 일어날 것을 우려했기 때문이다. 결과적으로 보면 김재규가 막으려고 했던 대규모 유혈 사태는 시간과 장소를 달리하여 광주에서 일어났다. 유신체제는 김재규가 생각했던 것보다 강고했다. 박정희의 고급 경호원(경호실 작전차장보, 행정차장보)으로 유신잔당이었던 전두환과 노태우는 박정희가 죽은 뒤에도 13년 동안 박정희 없는 박정희 체제를 이끌었다.

새끼 박정희들은 광주를 피로 물들였다. 광주 이야기를 할 때 가장 가슴 아픈 대목은 마지막 날 도청에 남은 사람들 이야기다. 5월 26일 밤 '도청에 남아야 할까, 집에 가야 할까' 선택의 기로에서 끝까지 그곳에 남은 사람들이 있었다. 그 사람들이 모두 집에 돌아갔다면 광주는 없는 것이다. 그날을 기억하는 이들은 그들에게 진 빚과 살아남은 자의 슬픔을 간직하고 열심히 살았다. 그때 그분들은 도청에 남으면서 오늘 우리는 이렇게 죽지만 대한민국의 미래는 밝을 것이라는 마음을 가졌을 것이다. 만약 그날 도청에 남았던 분들이 드라마 「시그널」처럼 지금 우리에게 무전을 걸어와 일제 35년보다 더 긴 시간이 지난 지금 대한민국은 어떤 나라이고 대통령은 어떤 사람이냐고 묻는다면 우리는 뭐라 답해야 할까? 여전히 지금과 같은 현실이 계속되어 대통령은 유신잔당 정도가 아니라 유신공주가 하고 있고, 젊은이들은 헬조선 흙수저에 신음하고, 자라나는 아이들의 꿈은 정규직인 나라라면, 그때 그분들이 도청에 남는 게 맞았을까? 유신은 끝나지 않았다. 그리고 광주도 끝나지 않았다. 역사는 끊임없이 다시 써져야 한다. 1980년 광주는 끊임없이 우리에게 말을 걸어온다. 응답하라, 2017!

6

베트남 전쟁의
반쪽 기억

박태균

서울대학교 국제대학원 교수. 서울대학교 국사학과에서 박사학위를 받았다. 주요 저서로 『사건으로 읽는 대한민국』, 『박태균의 이슈 한국사』, 『베트남 전쟁』, 『한국전쟁』, 『우방과 제국, 한미관계의 두 신화』, 『함께 읽는 동아시아 근현대사』(전2권, 공저) 등이 있고, 주요 논문으로 「1956년–1964년 한국 경제개발계획의 성립과정」, 「한국군의 베트남전 참전」, 「박정희의 동아시아인식과 아시아·태평양 공동사회 구상」 등이 있다.

한국군 중 베트남에 파병되었던 전투부대는 2개의 사단과 1개의 여단이었다. 육군 2개 사단은 각각 맹호부대와 백마부대, 해병대 여단은 청룡부대로 편성되었다. 1965년부터 1973년 귀국할 때까지 약 8년간 총 34만여 명의 한국군이 베트남에 파병되었다. 국가기록원 공식 사이트에는 한국군의 파병에 대해 다음과 같이 기술하고 있다.

이루 헤아릴 수 없는 수많은 전투에서 대한민국 국군은 위용을 떨치며 숱한 전과를 올렸다. 그리고는 1971년 11월 6일 한국과 베트남 정부는 단계적 철수에 합의하고, 그해 12월 청룡부대 1만 명의 철수를 필두로 1973년 3월까지 철수를 끝마쳤다. 약 8년여 동안 한국군 총 34만여 명이 월남전에 참전한 것이다.

처음부터 월남파병은 조약상의 의무나 우리가 원해서 참전한 전쟁은 아니었지만 결과적으로는 자유우방에 대한 신의를 지켰고, 휴전 중인 우리 군이 실전경험을 쌓는 기회도 되었으며, 우리 군의 전력증강과 경제개발에 소요되는 차관을 보장받는 등의 반대급부도 얻게 되었다. 그리고 참전 중 수많은 국군 장병들이 흘린 피의 대가로 벌어들인 외화는 상당 부분 조국근대화와 산업화로 지칭되는 경제발전에 기여했고, 특히 우리 군의 군사기술과 군 장비 등의 현대화를 이루는 기틀을 보다 앞당기게 만들었다. 덕분에 이제 한국군이 결코 약체가 아니라는 사실을 전세계에 널리 알렸고, 꿈에도 그리던 자주국방이라는 말을 서서히 입 밖에 내게도 되었다.[1]

공식 사이트는 아니지만, 파병부대 중 하나인 맹호부대를 소개하는 글에는 "적 사살 1만 8천여 명, 포로 획득 3천여 명 등의 전공을 세우며, 한국군의 명성을 세계만방에 떨치게 하였습니다."라고 한국군의 활약을 크게 평가하고 있다. 아울러 당시 베트남의 지도자 호찌민은 "한국군을 만나면 무조건 피하라."라고 하면서 특히 "맹호를 만나면 모든 작전을 취소하고 철수해 병력과 장비 등 인민의 재산을 보존하라."는 지시를 내렸다는 사실을 소개하고 있다.[2]

그러나 맹호부대에 대한 베트남 현지의 평가는 이와는 전혀 다르다. 맹호부대가 초기에 활동했던 빈딘성의 빈안 마을에는 위령비 하나가 서 있다. 이 위령비 뒤에는 벽화가 그려져 있는데, 여기에는 맹호부대를 상징하는 호랑이가 새겨진 군복을 입은 한 한국군이 등장한다. 벽화 속의 한국군은 손에 수류탄을 들고 있고, 한국군의 주위에는 학살당하는 민

빈안 마을의 위령비와 뒤쪽 벽화에 그려져 있는 한국군의 모습

한국군은 베트남에서 '전공'만 세우지 않았다.
위령비와 벽화에 그들의 잘못이 새겨져 있다.

간인들의 모습이 함께 그려져 있다.

위령비 옆에는 한국군에 의해 희생된 베트남 민간인들의 공동묘와 비석이 서 있고, 위령비로 들어가는 입구에는 위령비를 세우게 된 경위가 설명되어 있다. '1965년 1월 빈안 지역에 들어온 한국군은 2월 말까지 약 한 달 반 동안 1004명의 베트남 민간인을 학살했다.'는 내용이 그것이다. 그리고 베트남의 몇 곳에는 한국군의 민간인 학살에 항의하는 '증오비'가 아직도 남아 있다. 그렇다면 베트남 전쟁에 참전한 한국군에 대해 한국과 베트남에 왜 이렇게 극단적으로 다른 평가가 존재하는 것일까?

서로 다른 평가와 기억은 한국군에 대해서만 그런 것이 아니다. 베트남 전쟁 자체에 대해서도 극단적으로 다른 평가가 나타나고 있다. 앞서 인용한 국가기록원 사이트만 보더라도 '경제발전에 대한 기여' '국군 현대화' 그리고 '한국군이 약체가 아니라는 것을 전세계에 알렸다'는 점에만 주목하고 있으며 베트남 전쟁 자체에 대해서는 어떠한 언급도 하지 않고 있다. 한국 역사교과서를 보면 베트남 전쟁을 한국전쟁과 같이 자유국가인 남베트남과 공산독재국가인 북베트남 사이의 '남북전쟁'으로 규정하고 있으며, 그 전쟁의 결과에 대해서는 어떠한 언급도 없다.[3]

한편 미국뿐만 아니라 유럽과 일본의 역사서에 나타나는 베트남 전쟁에 대한 평가는 매우 부정적이다. 특히 미국에서의 일반적 평가는 '잘못된 곳에서, 잘못된 시기에, 잘못된 적에 대해, 잘못된 전략으로 싸운, 잘못된 전쟁'이라는 것이다. 그 결과 전쟁 시기에 미국과 전세계에서 베트남 전쟁에 대한 개입에 반대하는 시위가 광범위하게 발생했으며, 그 이후에도 베트남 전쟁은 미국의 실패한 대외정책의 상징적인 사례로 평가되고 있다.

한국에서의 베트남 전쟁에 대한 평가가 다른 나라와는 상이하게 나타나는 이유는 몇 가지 잘못된 기억에서 출발한다. 첫째, 미국이 베트남에 개입한 것은 공산주의 확산을 막기 위한 것이었으며, 한국정부는 우방의 입장에서 파병을 결정한 것이다. 둘째, 한국군 파병은 경제성장이라는 국익에 복무했기 때문에 정당한 것이었다. 셋째, 전쟁에서 승리하지 못한 것은 남베트남 자체의 분열 때문이었다.

이러한 인식을 집약적으로 보여주는 것은 남베트남 패망 하루 전에 발표된 한국정부의 특별 성명이다. 그 성명의 내용은 크게 세 가지로 집약된다. 첫째, 남베트남 정부에 반대하는 대학생들과 시민, 그리고 불교도들의 시위는 결국 남베트남의 몰락이라는 결과를 가져왔다. 둘째, 미군의 베트남 철수에서 보듯이 강대국을 무조건 믿으면 안 된다. 셋째, 파리 평화협상 후에도 베트콩과 북베트남에 의해 전쟁이 계속된 점을 고려할 때 공산주의자들과의 협상을 믿으면 안 된다.

특별 성명을 통해 보자면, 한국사회가 베트남 전쟁에 대해 왜곡된 인식을 하고 있는 것은 아니다. 그러나 전체적으로 가장 중요한 사실들에 대한 인식이 결여되어 있다. 베트남 전쟁을 온전하게 인식하고 기억하기 위해서는 다음과 같은 몇 가지 질문에 답을 해야 한다. 첫째로 미국과 한국은 베트남에 왜 갔으며, 베트남 파병은 정당하고 적절한 결정이었는가? 둘째로 한국의 파병 목적은 무엇이었으며, 그 파병 목적은 달성되었는가? 셋째로 미국과 한국군은 베트남 전쟁에서 승리한 것인가? 그리고 마지막으로 베트남 전쟁에 대한 사회적 기억은 현재 한국사회에서 어떻게 작동하고 있는가?

미국이 베트남에
개입한 까닭

　　　　　　　　　　　미국이 베트남에 본격적으로 전투부대를 파병하기 시작한 것은 1965년이지만, 미국의 베트남 개입은 1954년부터 시작되었다. 1945년 일본이 패망하는 시점에 미국은 베트남에 대해 어떠한 이해관계나 권리도 갖고 있지 않았다. 일본 패망 직후 미국이 발표한 일반명령 1호는 일본군 점령 지역에서 일본군의 항복을 받는 방법에 대해 규정하고 있는데, 베트남을 포함한 인도차이나 지역에 대해서는 16도선 이북은 중국국민당군이, 16도선 이남은 동남아시아 연합군사령부가 일본군의 항복을 받도록 하고 있다. 한국의 38도선 이북과 중국 만주 지역에서 소련군이 항복을 받도록 한 것과 유사한 조치였다.

　그러나 일본군의 항복이 곧 독립을 의미하는 것은 아니었다. 베트남은 한국과 달리 1943년 12월 카이로 선언에서 독립을 보장받지 못했다. 미국의 루스벨트와 영국의 처칠, 그리고 중국의 장제스는 베트남을 포함한 동남아시아 지역을 '원래의 상태'로 되돌릴 것을 규정했고, 그 결과 동남아시아에는 일본 점령 이전에 있었던 유럽 제국주의 국가들이 복귀하게 된 것이다. 인도네시아에 네덜란드가 복귀한 것과 마찬가지로 베트남을 포함한 인도차이나에는 프랑스가 복귀했다.

미국의 베트남 전쟁 참전은
과연 옳은 결정이었을까?

베트남에 참전한 미 해병대 군인들

이로 인해 호찌민이 이끄는 베트남의 독립운동 세력들은 프랑스를 상대로 제1차 독립전쟁(1946~54년)을 벌여야 했다. 베트남 사람들은 제2차 세계대전 이후 제국주의 세력들이 당연히 떠날 것이라 생각했지만, 패전국이 아니었던 프랑스는 전쟁피해를 입은 본국의 경제재건 과정에 식민지로부터 수탈한 물자를 이용하고자 했다. 식민지 조선이 제1차 세계대전 직후 윌슨의 민족자결주의에 근거해 독립될 것으로 믿었지만, 당시 승전국이었던 일본의 식민지에는 민족자결주의가 적용되지 않았고, 이로 인해 3·1운동이라는 전민족적 항거가 발생했던 상황과 유사하다.

프랑스군은 1954년 디엔비엔푸에서 호찌민군에 패했다. 베트남에서 더이상 재기하기 어려울 정도의 대패였고, 프랑스는 베트남을 떠나야만 했다. 그러나 미국을 비롯한 유럽의 열강은 베트남을 호찌민을 중심으로 한 베트남 사람들에게 넘기고 싶지 않았다. 호찌민은 소련 및 중국 공산당과 가까운 공산주의자였고, 베트남이 공산화될 경우 이웃 국가인 캄보디아와 라오스뿐만 아니라 동남아시아 전체가 공산화될 우려가 있었기 때문이다.

1954년 프랑스와 미국, 중국과 소련, 그리고 호찌민 그룹의 대표가 제네바에서 만났다. 원래 이 회의는 한국의 정전협정 이후에 평화협정을 체결하기 위한 참전국들의 회의로 계획되었는데, 베트남 문제도 함께 논의하게 된 것이다. 이들은 프랑스가 떠난 후의 베트남 처리 문제를 논의했다. 호찌민의 입장에서는 패배한 프랑스가 떠나면 모든 문제가 다 해결되는 것이었지만, 미국의 입장은 그렇지 않았다. 미국은 동남아시아를 포기할 수 없었다. 특히 아시아에서 미국의 동맹국인 일본의 가장 중요한 시장이었던 동남아시아가 공산화될 경우 일본뿐만 아니라 미국의 아시아 정책에도 문제가 발생할 수 있었다. 그래서 결정한 것이 17도선 분할이었다.

그 결과 17도선 이남에는 미국이 지지하는 정부가, 17도선 이북에는 호찌민이 이끄는 정부가 수립되었다. 또한 강대국 간의 합의에서는 2년 후 총선거를 통한 베트남의 평화적 통일을 규정했다. 그러나 선거에서 승리할 자신이 없었던 남베트남 정부는 1956년 통일 총선거를 거부하고 남베트남에서만 선거를 실시하여 미국의 지원을 받는 응오딘지엠Ngo Dinh Diem을 대통령으로 선출했다. 이후 남베트남에서는 제2차 독립전쟁이 시작되었다. 제1차 독립전쟁이 1954년까지 프랑스를 상대로 한 것이었다면, 제2차 독립전쟁은 1975년까지 미국과 미국의 지원을 받는 독재정부를 향한 것이었다. 그리고 제2차 독립전쟁의 기본 성격은 남베트남 정부에 반대하는 남베트남 사람들의 반독재 투쟁이었으며, 북베트남은 이 전쟁에 대해 남베트남 반정부 세력에 대한 지원자 역할을 한 것이었다.

그러나 미국의 생각은 달랐다. 미국은 이 전쟁을 더 큰 그림을 갖고 보았다. 전쟁을 하고 있던 베트남 사람들조차 갖고 있지 않았던 그림이었다. 미국의 눈에 베트남 사태는 인도차이나 그리고 더 나아가 동남아시아에만 국한된 것이 아니었다. 베트남의 공산화는 곧 중국의 세력 확대를 의미했다. 중국은 한국전쟁을 통해 이미 그 위력을 보여주었으며, 1954년 디엔비엔푸에서 호찌민의 승리 역시 한반도의 정전협정 이후 중국이 북베트남 원조에 집중하면서 이루어진 것이었다는 사실 역시 무시할 수 없었다.

1964년 중국이
첫 번째 핵실험에 성공하면서
미국은 자신들의 아시아 전략에
타격이 있을까봐
마음이 조급해졌다.

중국의 첫 번째 핵실험 성공

바로 이 점이 1964년 통킹만 사건을 계기로 하여 미국이 본격적으로 베트남 전쟁에 개입하게 되는 주요 원인이 되었다. 1964년 중국의 핵실험 성공 역시 미국의 아시아 전략에 큰 위협 요인이었다.

동남아시아는 아시아에서 미국의 가장 중요한 동맹국이었던 일본에게 전후 중국을 대체할 수 있는 중요한 시장이었다. 그런 동남아시아가 중국의 주도권 아래에 들어간다면 일본뿐만 아니라 미국에도 큰 위협이 되는 것이다. 이는 마치 1949년 소련의 핵실험 직후 미국이 세계전략을 바꾸었고 북한의 남침에 대응하여 미국이 개입한 것과 비슷한 상황이었다.

그렇다면 지금도 조작 의혹이 제기되고 있는 통킹만 사건을 통해 베트남에 개입한 미국의 판단은 올바른 것이었을까? 미국은 몇 가지 점에서 오해를 했던 것으로 보인다. 첫째로 베트남과 중국의 관계이다. 베트남과 중국은 역사적으로 그리 가까운 관계가 아니었다. 중국의 입장에서 볼 때 베트남은 한국과 마찬가지로 작은 주변국에 불과했기 때문에 조공관계를 통해 통제와 선린관계를 유지하려고 했다. 그러나 베트남의 입장에서 중국과의 관계는 그리 단순하지 않았다.

전통시대의 베트남은 조선과 마찬가지로 중국으로부터 유교와 선진 문물을 받아들였고, 조공관계를 통해 강대국의 곁에서 생존하고자 했다. 명나라와의 관계가 유교적 명분에 의한 것이었다면, 청나라와의 관계는 생존을 위한 외교관계였다. 조선과 마찬가지로 베트남에서도 소중화사상이 나타났다는 점은 이를 잘 보여준다. 소중화사상은 오랑캐인 만주족의 청나라 대신에 조선과 베트남이 명나라 유학의 정통성을 계승하고 있다는 의식이다.

그러나 베트남은 지정학적으로 조선과 다른 위치에 있었다. 조선은 한쪽에는 중국이 있지만, 다른 한쪽에는 해양 강국인 일본이 위치하고 있다. 조선은 생존을 위해 어느 한쪽에 의존해야만 했고, 그중에서도 문명적으로 더 발전해 있던 중국에 의존하는 것이 어쩌면 당연한 것이었다고 할 수 있다. 그러나 베트남의 주변국은 중국과 함께 라오스와 캄보디아가 있다. 베트남은 인도차이나 지역의 최강국이었기 때문에 라오스와 캄보디아에 대한 주도권을 유지해야 했고, 이를 놓고 중국과 대결해야 했다. 결과적으로 중국과 평화적인 조공관계를 맺으면서도 동시에 주변국에서의 주도권을 놓고 대립하고 있었으며, 이 문제로 인해 중국은 베트남이 통일된 지 3년밖에 되지 않은 1979년에 베트남을 침공하기도 했다.

실제로 베트남 전쟁 기간에도 베트남은 중국보다 소련과 더 가까운 관계를 유지했다. 중국의 지원을 받기는 했지만, 중국에 대한 섭섭함이 적지 않았다. 1954년 미국이 주장한 17도선 분할에 중국이 동의했다는 점, 1961년 라오스 평화중재안에 중국이 동의했다는 점, 1968년 미국과의 평화협상에 중국이 반대했다는 점, 그리고 1972년 닉슨의 중국 방문을 허가했다는 점 등이 모두 북베트남 공산당에게는 섭섭함으로 남았다.

이러한 중국과 베트남의 관계를 고려한다면, 미국의 개입 없이 베트남이 공산화되었다고 해서 중국의 영향력이 베트남을 포함한 인도차이나, 그리고 더 나아가 동남아시아 전체에 확대되었을 것이라고 보는 것은 오해가 아니었을까? 오히려 베트남은 공산화 이후에도 중국과 대립하는, 마치 동유럽에서 유고슬라비아나 알바니아와 소련의 관계와 유사한 관계가 되지 않았을까? 이 점을 고려한다면 미국의 베트남 개입은 중국과 베트남, 그리고 중국과 여타 동남아시아 국가 사이의 관계에 대한 오해에서 비롯되었다고 판단할 수 있다.

물론 미국이 이렇게 오해할 만한 근거도 있다. 중국은 1955년 이후 비동맹회의로 구성된 제3세계의 모임에 적극 개입해왔다. 1950년대 말 이후 소련과의 갈등이 심화되면서, 중국은 제3세계와 함께 비동맹을 중심으로 국제관계에서의 세력을 확장하려고 했다. 1960년대 전반기 중국 공산당은 인도네시아 좌파 화교들을 이용해 공산주의 혁명이 가능하다고 공공연히 주장했던 것이다.[4] 그러나 인도네시아와 베트남은 경우가 달랐다.

미국은 베트남 전쟁을 하고 있는 내내 중국의 개입을 의식하지 않을 수 없었다. 미국은 17도선 이북에 대해 공군을 통한 폭격을 감행했지만, 지상군이 17도선을 넘어가지는 않도록 했다. 17도선 이북으로 미 지상군이 넘어갈 경우 중국이 본격적으로 개입할 가능성이 있다고 판단했던 것이다. 이는 1950년 인천상륙작전 이후 미군이 주력이 된 유엔군이 38도선 이북으로 넘어갔다가 중국의 대군이 개입했던 사실이 트라우마로 작용했기 때문이다. 한국전쟁에서 중국군이 개입한 후 미군은 거의 붕괴 상태에 이르게 되었다. 즉 미군은 중국군이 본격적으로 개입한 직후 38도선은 물론 낙동강 전선도 지키기 어려울 것으로 보았다. 이러한 경험을 했던 미군으로서는 베트남에서도 17도선 이북으로의 진격에 신중할 수밖에 없었던 것이다.

중국과 베트남의 관계가 나쁘기는 했지만, 17도선 이북으로 미군이 진격했을 경우 중국이 개입했을 가능성은 크다. 이는 중국정부가 국경 지역에 미국에 우호적인 정권이 수립되어 중국을 겨냥한 미군기지가 설치되는 것을 원하지 않았다는 사실과도 연관된다. 그럼에도 불구하고 17도선 이북으로 진격할 수 없었다는 것은 베트남에 있는 미군의 사기를 떨어뜨리는 것이었다. 왜냐하면 미군들에게는 어떠한 군사적 목표도 없었기 때문이다. 이들이 할 수 있고, 해야만 하는 일은 단지 남베트남 정부를 지켜주는 일이었고, 이것은 군인의 일이 아니라 경찰이 해야 할 일이었다. 남베트남 정부에 반대하는 베트콩은 베트남의 남과 북에서 끊임없이 충원되었기 때문에 미군들로서는 집으로 돌아가기 위해 달성해야 하는 목표가 전혀 없었던 것이다.

베트남 전쟁 당시 미군에 대한 연구가 군사 전술에 대한 연구보다 상관살인, 탈영, 반전운동 등에 대한 주제에 집중되어 있는 것도 군사적 목표가 부재했다는 점과 관련이 깊다. 영화 「지옥의 묵시록」이나 「플래툰」, 그리고 「풀 메탈 자켓」 등에서 잘 드러나는 것과 같이 뚜렷한 목표를 갖고 있지 않았던 베트남에 있는 미군들에게서 다양한 정신적 문제가 나타날 수밖에 없었다.

한국군은
왜 갔는가

미국이 베트남에 개입했던 또 다른 이유는 미국이 지원을 하면 남베트남 정부가 베트남의 남쪽 지역을 안정적으로 통치할 수 있을 것이라 판단했기 때문이다. 이는 1960년대 이후 한국에서의 성과와 깊이 연관된다. 1950년대 한국은 미국이 원조를 하는 동맹국 중에서 가장 희망이 없는 곳이었다. 남베트남과 비교해도 한국은 미국 원조의 효율성이 가장 떨어지는 곳으로 평가되었다.

이러한 상황에서 4·19혁명과 5·16쿠데타가 일어나면서 점차 한국에 대한 미국의 평가가 바뀌기 시작했다. 혁명 이후의 민주당 정부와 쿠데타 이후의 박정희 정부는 경제제일주의를 내세우며 경제개발계획을 적극적으로 입안·추진했다. 그 결과 1964년 이후 경제성장의 효과가 나타나기 시작했고, 1964년의 6·3사태 이후 정치적으로도 일정 정도 안정적인 상황을 유지하게 되었다. 미국은 남베트남도 한국과 같은 상황이 가능할 것으로 판단했던 것 같다.

미국은 남베트남에서 군사전략을 추진하면서도 경제성장을 위한 원조를 멈추지 않았고, 전략촌 설정을 통해 지역개발운동을 적극적으로 추진했다. 남베트남의 경제성장이 이루어진다면, 베트콩이나 북베트남 공산당에 대한 베트남 사람들의 지지가 감소할 것으로 판단했던 것이다. 미군이 철수하는 과정에서 남베트남 주재 미국 부대사로 전 주한미국대사였던 사무엘 버거를 임명한 것도 이와 무관하지 않았다. 버거 대사는 5·16쿠데타 직후 군사정부를 안정시키고 박정희를 정권의 핵심 지도자로 지지하는 임무를 맡았었다.

물론 미국의 이러한 평가도 잘못된 것이다. 남베트남 정부는 한반도 남쪽의 정부와 달랐다. 베트남 사람들은 프랑스에 의지하다 미국에 의지하고, 민중들의 불교보다 가톨릭을 지지했던 남베트남 정부를 지지하지 않았다. 19세기말 개화파에서부터 일제강점기 우파 민족주의 운동을 주도했던 한국의 보수세력들은 한반도 남쪽의 대한민국 정부에서 탄탄한 기반을 구축해가고 있었다. 게다가 한국전쟁을 거치면서 한국사회에는 반공이데올로기가 확산되어 있었기 때문에 한국의 보수세력들은 남베트남의 보수세력에 비교되지 않는 강력한 기반을 갖고 있었다. 결과적으로 미국은 베트남과 중국의 관계뿐만 아니라 베트남 상황에 대해서도 잘못된 판단을 하고 있었던 것이다.

이런 상황에서 미국정부는 한국정부에 파병을 요청했다. 한국과 같은 상황을 남베트남에도 조성해보고자 한 것이었을까? 한국에 대한 파병 요청은 한국의 상황을 남베트남에 이식하기 위한 것은 아니었던 것으로 보인다. 만약 그러한 목적이 있었다면 미국은 전투부대보다는 건설사업과 관련된 전문가들의 파견을 요청했을 것이다. 그러나 미국이 원했던 것은 전투부대였다. 왜냐하면 미국 외에 다른 동맹국의 부대가 함께 해야만 전쟁에 개입하는 명분을 보여줄 수 있으며, 특히 아시아 지역에서 동맹국을 동원하는 것이 필요했다. 미국은 아시아 동맹국의 부대가 함께 할 경우 베트남 사람들의 반발이 덜 심할 것으로 판단했다.

미국의 베트남 개입에 대해 유럽과 아시아의 제일 중요한 동맹국들은 누구도 환영하지 않았다. 영국과 프랑스, 독일은 참전을 거부했고, 일본도 참전할 수 없는 상황이었다. 유럽 나라들은 전후복구가 완전히 끝나지 않았으며, 미국이 중심이 되는 세계체제에 대한 사회적 반감도 적지 않았다. 일본의 경우 미국과의 안보조약 반대와 함께 반전 시위가 고조되고 있는 상황이었다.

196

결국 미국이 선택한 동맹국들은 미군이 주둔하고 있던 한국과 필리핀, 베트남의 인접국인 태국, 그리고 동남아시아에 이해관계를 갖고 있던 호주와 뉴질랜드였다. 이들 국가들은 미국과의 관계를 고려할 때 참전 요구를 거절하기 힘들었다. 특히 한국의 경우에는 한국전쟁 시기 미국이 도와주었다는 점과 함께 한미동맹을 강화시키는 것이 필요했다. 미국의 입장에서 볼 때 한국군을 비롯한 필리핀군과 태국군은 미군에 비해서 적은 월급으로 동원할 수 있다는 이점도 있었다.

이러한 상황하에서도 한국의 파병은 간단한 문제가 아니었다. 스스로의 방위를 지키지 못해서 외국군이 주둔하고 있는 상황에서 다른 나라를 도와주러 간다는 주장은 논리적으로 성립되지 않았다. 일부 국회의원과 전문가들도 이런 논리를 들어 한국군 파병에 반대했다. 그러나 한국정부에게는 또 다른 고민이 있었다. 그것은 미국정부가 1950년대부터 추진해왔던 주한미군과 한국군 감축정책이다.

미국은 1950년대부터 대한원조를 감축하고자 했다. 한반도가 전쟁이 완전히 끝나지 않고 정전체제가 계속되는 상황이었기 때문에 주한미군과 거대한 규모의 한국군을 유지해야 했지만, 거기에 들어가는 돈을 계속 감당하기는 어려웠다. 미국의 자원은 한정되어 있고 한반도 외에 다른 지역에도 원조를 해야 했기 때문이다. 특히 1954년 한미합의의사록을 통해 한국군의 작전통제권을 유엔군사령관 겸 주한미군 사령관이 통제하는 대신 한국군의 유지비를 지원하기로 한 만큼 한국군의 규모를 감축하지 않고서는 한국에 대한 원조를 감축하기 어려웠다.

미국은 1954년부터 주한미군과 한국군 감축을 위해 노력했고,

1958년에는 주한미군에 핵무기를 배치함으로서 주한미군 감축으로 인해 생기는 군사력의 공백을 메우고자 했다. 그러나 한국정부는 이를 원하지 않았다. 북한의 공격을 막기 위한 안보적 이유도 있었지만, 정권의 가장 중요한 기반이 되는 군인을 감축하는 것은 정치적으로 불리했기 때문이다. 이에 한국정부가 추진한 정책이 한국군의 해외 파병이었다. 만약 한국군이 해외에 파병되어서 미군을 돕는다면, 주한미군이나 한국군을 감축하지 않을 것이라고 판단했던 것이다.

한국정부는 1950년대에 이미 인도네시아와 베트남에 파병하겠다는 의사를 미국정부에게 전달한 적이 있었고, 1961년 5·16쿠데타 직후에도 베트남 파병 의사를 밝혔다. 물론 미국정부는 이러한 한국정부의 요구를 받아들이지 않았다. 미국이 인도네시아나 베트남에 본격적으로 파병하지 않은 상황이었고, 미군이 도와주고 있는 나라인 한국에서 오히려 다른 나라를 돕겠다고 한국군을 파병한다는 것을 미국사회에 설득시킬 수 없었기 때문이다.

그러나 통킹만 사건 이후 미국의 전투부대가 본격적으로 파병되면서 상황이 바뀌기 시작했다. 이제 한국군이 필요했다. 초기에 한국군이 보냈던 의무부대나 태권도부대만으로는 전쟁을 수행할 수 없었다. 1965년부터 한국의 전투부대가 파병되기 시작했다. 한국정부로서도 주한미군의 일부가 베트남 전선으로 가는 것보다는 주한미군의 규모를 유지하면서 한국의 전투부대를 파병하는 것이 더 좋은 방안이라고 판단했다. 주한미군은 북한의 남침을 막는 가장 중요한 역할을 하고 있었고, 한국군이 파병된다면 그 공백을 메우기 위한 원조를 통해 한국군을 더 증

젱킨스 상병과 그의 가족들

찰스 젱킨스 주한미군 상병은
베트남에 가고 싶지 않아 월북했다고 밝혔다.
그는 2004년 일본인 부인과 딸과 함께
탈북하여 일본으로 탈출했다.

강시킬 수 있는 기회가 될 수 있었다.

실제 주한미군 내에서는 베트남으로 이동한다는 소문이 돌았었던 것 같다. 찰스 젱킨스Charles R. Jenkins 당시 주한미군 상병은 베트남에 가고 싶지 않아 월북했다고 밝혔다. 베트남 전선으로 가는 것은 곧 죽음을 의미한다고 생각했기 때문이다. 1965~70년까지 미국정부는 한국군의 파병 대가로 주한미군을 감축하지 않았으며, 감축할 경우 한국정부와 사전 협의를 하겠다고 약속했다.

경제적 목적 역시 중요했다. 그러나 초기 파병의 이유는 돈이 아니었다. 주한미군을 유지함으로써 북한의 남침을 막고 한미관계를 강화해야 한다는 목적이 더 강했다. 전투부대를 파병하고 나서 미국이 1966년 브라운 각서(브라운은 당시 주한미국대사)를 통해 한국에 대한 특별원조와 파병군인의 전투수당 지급을 약속하면서 경제적 목적이 추가되었고, 이후에는 경제적 목적이 더 주요한 목적이 되었지만, 초기에는 더 중요한 이유가 있었던 것이다.

한국정부는 목적을 달성했는가

한국정부는 파병을 통해 엄청난 돈을 벌었다. 먼저 파병된 군인들의 전투수당이 주 수입원이었다. 한국군의 베트남 파병 기간이었던 1965~72년 사이 한국이 벌어들인 무역외수입 중 군인들의 전투수당 송금이 전체의 19퍼센트를 상회했다. 한

표 1_베트남 특수가 한국 경제에 미친 기여도

(단위: 100만 달러)

연도	특수총액 (A)	GNP (B)	수출총액 (C)	외화 보유고 (D)	무역외 수지(E)	A/B (%)	A/C (%)	A/D (%)	A/E (%)
1965	19.5	3,006	175	138	125.8	0.6	11.1	14.1	15.5
1966	81.1	3,671	250	236	238.4	1.7	24.4	25.9	25.6
1967	151.3	4,274	320	347	375.2	3.5	47.3	43.6	40.3
1968	168.6	5,226	455	388	424.5	3.2	37.0	43.5	39.7
1969	200.4	6,625	623	550	497.1	3.0	32.3	36.5	40.3
1970	204.6	7,834	835	584	490.7	2.6	24.5	35.1	41.7
1971	133.3	9,145	1,068	535	486.6	1.5	12.5	24.9	27.4
1972	83.2	10,254	1,624	694	579.2	0.8	5.1	12.0	14.4

* 출처: 박근호 「한국의 경제발전과 베트남 전쟁」, 수서방 1993, 39면.

국군뿐만 아니라 베트남에서 근무했던 근로자와 기술자들의 월급 송금 역시 중요한 수입원이었다. 영화 「국제시장」에도 나오는 이들의 숫자는 군인의 5분의 1도 되지 않았지만, 전체 무역외수입 중 16.5퍼센트를 차지했다. 무역외수지(외환 수입 전체의 72퍼센트)가 무역수지보다 2배 이상 많았던 것을 보면 수당으로 번 돈이 엄청났음을 알 수 있다.

표 1에서 볼 수 있듯이 베트남 전쟁에서 번 돈이 한국 경제에 미친 영향 역시 매우 컸다. 전쟁 특수로 번 돈의 총액이 외환보유고와 수출, 그리고 무역외수지에서 차지하는 비중은 1968년의 경우 전체의 40퍼센트 내외에 달했다. 베트남 파병이 없었다면 한국의 경제개발계획이 안정적으로 실시될 수 없었다고 주장할 수 있을 정도로 큰 액수였다. 돈뿐만 아니라 한국군 파병의 대가로 미국이 지원해준 군수산업 유치 그리고 한국과학기술원KIST 설립 역시 경제적으로 중요한 성과였다고 할 수 있다.

표 2_1965~1967년 남북 간 교전 상황

	1965	1966	1967
비무장지대 충돌	42	37	423(236)
비무장지대 남쪽에서의 충돌	17	13	120
북한군 사망자 수	4(34)	43(43)	224(146)
유엔군에 의해 붙잡힌 북한군의 수	51	19	50
유엔군 사망자 수	21(40)	35(39)	122(75)
유엔군 부상자 수	6(49)	29(34)	279(175)
남한 경찰 사망자 수	19	4	22
남한 경찰 부상자 수	13	5	53

* 출처: FRUS 1964~1968 29권, 1967년 7월 21일자 문전문(괄호안은 『조선일보』 1967년 11월 4일자 통계)

그러나 한국정부의 본래의 목적은 안보와 한미동맹 강화였다. 외화 획득이 아니었다. 그렇다면 한국군 파병의 본래 목적은 달성되었는가? 파병 직후의 상황을 본다면 그렇다. 주한미군과 한국군의 감축을 막음으로써 북한의 오판을 막고 한반도에 안정을 유지하고자 한 기본 목적 차원에서 보면, 1970년까지 주한미군은 7만 명 수준에서 유지되었으며, 북한의 도발도 1965년에 비해 1966년에는 감소했기 때문이다.

그러나 이러한 상황은 1967년 이후 갑자기 변하기 시작했다. 표 2에서 볼 수 있듯이 비무장지대에서 벌어진 남북 간의 충돌횟수를 보면 1967년 갑자기 급증하기 시작했다. 한국의 전투부대를 파병한 지 2년도 되지 않아 발생한 일이었다. 1967년 말 유엔군사령관과 한국의 중앙정보부장은 기자회견을 열어 이듬해에는 북한에 의해 제2의 한국전쟁이 일어나거나 게릴라전이 발생할 가능성이 있다는 의견을 밝혔다.[5] 도대체 왜 갑자기 이런 일이 발생했는가?

북한은 1966년 조선노동당 당대표자대회를 열어, 북베트남과 베트콩을 돕기 위해 한반도에 위기를 고조시키는 전략을 채택했다. 북한으로서는 북베트남과 베트콩을 돕기 위해 직접 파병을 할 수는 없었다. 남한군의 전력이 증강되었고, 미군이 남한에 주둔하고 있었기 때문이다. 또한 북한과 중국은 1965년 한일협정을 계기로 한반도에서 일본의 군사적 역할이 더 커질 것이라는 위기감도 갖고 있었다. 따라서 북한정부는 직접 파병보다는 한반도에 안보 위기를 조성함으로써 한국군이 더이상 베트남에 파병될 수 없는 상황을 만들고자 했다. 미국뿐만 아니라 한국정부의 입장에서 볼 때 한반도에 안보 위기가 조성된다면 한국의 전투부대를 베트남에 더 파병할 수 있는 명분이 없었다.

실제로 미국은 한국에 더 많은 전투부대를 원하고 있었다. 한국군의 유지비가 싸기도 했지만, 미국 내에서 반전운동이 확산되면서 더이상 미군을 증강시키기가 어려웠기 때문이다. 베트남 주둔 미군사령관은 1968년의 구정공세를 기점으로 베트콩과의 싸움에서 승기를 잡을 수 있을 것이라고 판단해 더 많은 파병을 요청했다. 미군을 더 보낼 수 없는 상황에서 한국군은 그 대안이 될 수 있었고, 1968년 1월의 푸에블로호 나포사건과 청와대 습격사건이라는 안보 위기 속에서도 존슨 대통령은 한국정부에 더 많은 한국군 전투부대 파병을 요청하기도 했다. 그러나 결국 안보위기로 인해 미국정부 내에서 한국군의 추가 파병 요구를 반대하면서 한국군의 추가 파병은 이루어지지 않았다.

이러한 상황과 함께 안보 위기의 또 다른 원인은 한국정부의 정책 때

반전 시위대

미국은 베트남 전쟁에 더 많은 병력이 필요했으나
자국 내의 반전운동이 확산되면서 추가 파병이 어려웠다.
미국은 한국에 더 많은 파병을 요청했다.

문이었다. 즉 한국정부는 미국에 더 많은 군사원조를 얻어내고, 한국군의 사기를 앙양시키기 위해 북한의 도발에 적극적으로 대처했기 때문이다. 한국정부는 1966년 브라운 각서 이후 더이상 파병에 상응하는 원조를 제공하지 않겠다는 미국정부에 군사원조를 요청했다. 특히 한국정부의 요청사항은 간첩과 게릴라의 침투를 막기 위한 구축함과 헬리콥터와 같은 군사장비 제공이었다. 그리고 이러한 요구를 정당화하기 위해 일정한 안보 위기가 필요했다는 것이 당시 주한유엔군사령관의 판단이기도 했다. 물론 베트남에 파병되어 있었던 한국군의 사기를 진작시키기 위한 목적도 있었다. 결국 한국군 전투부대의 파병은 한반도의 안보 상황을 안정시키기보다는 더 악화시켰다고 볼 수 있다.

한편 미국의 가장 중요한 동맹국들이 베트남 파병을 거부한 상황에서 한국정부가 파병했다는 것은 한미관계를 개선할 중요한 계기가 될 수 있었다. 실제로 미국정부는 베트남에 미군 다음으로 큰 규모의 전투부대를 파병한 한국정부를 특별하게 대우했다. 특별한 원조를 했고, 박정희 대통령을 초청해 뉴욕에서 카퍼레이드를 했으며, 존슨 대통령이 1966년 한국을 방문해 박정희 대통령에 대한 지지를 표시하기도 했다. 존슨의 방문은 1967년 대통령 선거와 총선거 6개월여 전에 이루어졌다.

그러나 한미관계의 이러한 밀월은 오래가지 못했다. 1969년 닉슨 대통령의 취임 직후부터 한미관계는 점점 더 악화되었다. 닉슨 대통령은 베트남에 대한 개입을 멈추겠다는 공약으로 당선되었다. 취임 직후 괌에서 아시아에 대한 개입을 축소하겠다는 내용의 독트린을 발표했고, 1971년에는 베트남의 미군 감축뿐만 아니라 주한미군도 1개 사단을 감축했다. 한국군이 베트남에 있는 동안에는 주한미군의 규모에 변동이 없을 것이라던 존슨 대통령의 공약이 휴지조각이 된 것이다. 뿐만 아니라 미국 의회는 베트남 전쟁 기간 동안 미국의 원조를 받은 한국과 필리핀, 태국을 조사하기 위한 특별위원회를 만들어 현지에 조사단을 파견하기도 했다.

박정희 정부는 1971년 12월 비상사태를, 1972년 10월 유신체제를 선포했다. 두 번의 선언에는 공히 미국의 아시아 전략 변화로 인하여 한반도에 안보 위기가 오고 있다는 점이 중요한 배경으로 포함되어 있었다. 미국정부의 요청에 따라 유신 선언에서 미국의 아시아 정책 변화에 대한 문구가 삭제되기는 했지만, 한국정부의 자주국방 선언은 미국의 아시아 안보공약 변화에 대한 대응이기도 했다.

유신체제의 수립은 한미관계 악화의 또 다른 원인이 되었다. 미국정부로서는 동맹국이 민주주의체제를 갖고 있기를 원했다. 이것은 미국의 이상을 보여주는 것이기도 했고, 미국 의회와 시민사회 그리고 언론의 비판을 막기 위한 것이기도 했다. 물론 이것이 필수적인 조건은 아니었다. 미국이 이승만 정부나 이란의 팔레비 정부, 아이티의 소모사 정부를 지원했던 것은 전략적 중요성 때문에 민주주의라는 대전제를 버린 행위였지만, 냉전하에서 반공은 민주주의보다 더 중요한 이념이었기 때문이었다.

그럼에도 불구하고 민주주의는 역시 미국의 세계전략에서 중요한 아이콘이었다. 미국이 1952년 부산정치파동과 1963년 군사정부의 민간정부로의 이관 번복에 대해 강력하게 반발하고 개입했던 것이 그 대표적 예라고 할 수 있다. 그러나 미국은 1972년 유신체제 선포에는 개입하지 못했다. 이미 1971년 주한미군 1개 사단 철수로 인해 더이상 한국의 내정에 개입할 수 있는 체면과 힘을 잃었기 때문이다.

유신체제의 수립은 한미관계가 최악으로 가는 신호탄이었다. 미국은 베트남 전쟁에 대한 반대여론에 힘입어 점차 인권외교를 강화해 나갔다. 의회에서는 독재국가인 한국에 대한 미국정부의 원조를 계속 비판했다. 유엔은 이제 남한뿐만 아니라 북한도 옵저버로 초대하기 시작했다. 1977년에는 한국정부가 미국의 국회의원들에게 뇌물을 주고, 반유신운동을 하는 교민들을 불법 사찰한 '코리아게이트' 사건이 발생했다. 미국 의회는 한국정부의 불법 활동에 대한 청문회를 시작했다. 이 와중에 한반도에서는 판문점 도끼살인사건이 발생해 전쟁 직전의 상황에 이르기도 했다. 그리고 1977년 카터 행정부에 이르러 독재국가인 한국에 대해 무기판매를 금지하는 법안이 통과되었다.

이러한 상황들을 고려한다면, 베트남 전쟁을 통해 한미관계를 개선하려던 움직임이 달성되었다고 할 수 있을까? 남북 적십자회담(1971년)과 7·4남북공동성명(1972년)이 있기는 했지만, 남북관계는 점점 더 악화되었다. 전투부대의 베트남 파병을 통해 한국정부와 한국사회가 얻은 것은 무엇인가? 5천 명이 넘는 한국군이 베트남에서 희생되었음에도 불구하고 한국정부는 소기의 목적을 달성했는가?

모든 역사교과서에서 지적하고 있듯이 베트남 전쟁을 통해 한국은 돈을 벌었다. 그러나 그 돈이 과연 떳떳하게 번 돈인가? 결과보다는 과정을 중요시해야 한다고 얘기하면서, 과연 우리는 그 과정에 대해서 얼마나 고민해보았는가? 게다가 베트남 전쟁으로 외화가 쏟아져 들어오던 시점에 한국사회는 첫 번째 경제 위기를 경험했다. 1969년부터 부실기업이 속출하기 시작했다.

부실기업 대책을 세우기 위해 정부에서는 청와대에 부실기업 정리를 위한 대책반을 꾸렸다. 청와대의 조사 결과 1967년 이후 기업들이 정부의 보증하에 너무 많은 외채를 쓰기 시작했고, 들여온 외채는 설비 확충을 통한 생산에 쓰인 것이 아니라 부동산 투기를 비롯한 회사의 운영자금으로 쓰였다는 것을 파악하게 되었다. 그 결과 회사의 채무가 늘어났고, 회사들은 이러한 상황을 극복하기 위해 은행 빚뿐만 아니라 사채를 쓰면서 부실기업의 위기가 확대되기 시작했다. 이러한 상황은 1960년대를 통해 잘 진행되고 있었던 경제개발계획 전체를 위협할 수 있는 것이었다.

정부는 부실기업들을 조사해서 부동산을 처분해 채무를 해결할 수 있도록 하고자 했지만, 그것도 쉽지 않았다. 또한 미국의 경제사정이 안 좋아지면서 기업들이 수출을 통해서 건전성을 회복하는 것도 어려워졌다. 결국 정부가 내놓은 방안은 기업이 사용한 사채를 동결시킴으로써 기업을 살리는 것이었다. 당연히 국민들의 세금으로 마련된 공적 자금이 투입되었고, 사채를 빌려준 사람들은 피해를 입었다. 이 과정에서 기업주들이 사채를 위장해 불법으로 자신의 배를 불리고, 회사에 손해를 입힌 사실도 밝혀졌지만, 정부는 이들에게 모두 면죄부를 주었다.

그런데 이 과정에서 의문이 제기될 수밖에 없다. 도대체 베트남으로부터 들어온 그 많은 돈은 다 어디로 간 것일까? 당시 정부가 장악하고 있었던 은행을 통해 송금한 돈, 한진과 현대 같은 기업들이 베트남에 진출해서 번 돈들은 다 어디로 가고 부실기업 문제가 나타난 것일까? 게다가 임금을 제때에 받지 못한 한진의 근로자들이 한진빌딩을 점거하고 방화하는 사건까지 발생했다. 베트남 전쟁으로 가장 많은 돈을 벌었던 한진은 그 많던 외화를 어디에 쓴 것인가?

베트남 전쟁에서
진정 얻어야 할 것들

한국군은 1973년 1월 미군이 철수할 때 일부 사이공 주재 한국대사관에 있는 인원을 제외하고는 모두 철수했다. 공식 집계에 의하면 5008명의 사망자가 발생했고, 그보다 더 많은, 집계조차 어려운 수의 부상자가 발생했다. 그러나 이들은 한국사회에서 잊혀갔다. 한국사회는 성공하지 못한 전쟁인 베트남 전쟁을 기억으로부터 지워버렸다. 남베트남 패망이 있었던 1975년부터 긴급조치에서 시작해 숨 가쁘게 달려왔던 민주화의 과정 또한 베트남 전쟁을 기억의 저편으로 날려버렸다.

참전 용사들과 그 가족들은 1992년 9월 26일 독립기념관에서 열린 제1회 파월기념일의 행사가 끝난 직후 고속도로를 점거했다.[6] 국가에 의해 동원되어 베트남 전선에서 목숨을 걸고 싸웠지만, 전쟁이 끝난 후 돌아온 것은 아무것도 없었다. 전쟁에서 다친 육신으로 평생을 고생했건만 정부의 보상은 충분하지도 공정하지도 않았다. 과연 한국사회에게 베트남 전쟁은 무엇이었는가?

앞에서 설명한 바와 같이 1975년 남베트남 정부가 패망했을 때 한국 정부는 세 가지로 요약되는 특별성명을 발표했다. 그러나 이 성명에는 한국정부의 책임과 관련해서는 아무런 내용도 포함되어 있지 않았다. 무엇보다도 먼저 한국정부는 국민들에게 사과해야 했다. 이길 수 없는 전쟁, 파병해서는 안 되는 전쟁에 한국군을 파병했고, 결국은 전쟁에서 졌다는 점을 인정해야 했다. 미국의 동맹국으로서 불가피한 파병이기는 했지만, 그렇다고 해서 전쟁에서 패배한 책임이 모두 없어지는 것은 아니다. 만약 이길 수 없는 전쟁이었지만 불가피하게 파병할 수밖에 없었다면, 전투병보다는 재건이나 의료부대 파병으로 그쳤어도 되었다. 또한 안보를 위해 파병한다고 했지만, 그 목적을 달성하지 못한 것에 대해서도 국민에게 사과했어야 한다.

둘째로 파병되었던 한국군과 한국군으로 인해 피해를 입은 베트남의 민간인들에게 위로의 말을 전해야 했다. 국가의 전략과 이익을 위해 파병을 했지만, 파병된 장병들 스스로도 큰 피해를 입었고, 이들의 전투과정을 통해서 베트남 민간인들도 큰 피해를 입었다. 또한 베트남 민간인들에게 피해를 준 군인들은 그 이후에 정신적 고통을 겪었다. 한국정부가 베트남 민간인들에게 사과하지 않았기 때문에, 정부에 의해 동원된 한국군은 계속 가해자로 남아 있어야 했다. 지금도 그 상황에는 변화가 없다. 정부의 사과를 통해서만이 베트남 전쟁에 동원되었던 한국군이 가해자의 입장으로부터 벗어날 수 있을 것이다.

셋째로 남베트남 정부의 몰락을 보면서 국민들에게 좀더 지키고 싶은 정부를 만들겠다는 약속을 해야 했다. 미군과 한국군의 패배, 그리고 남베트남 정부의 몰락은 결코 군이 약했기 때문이 아니었다. 누구나 쉽게 알 수 있듯이 세계 최강의 미군과 시민들이 무장한 베트콩 사이의 전력은 비교할 수 없을 정도로 큰 차이가 났다. 그러나 결과는 베트콩의 승리였다. 문제는 베트남 사람들에게 남베트남 정부는 지키고 싶지 않은 정부였다는 사실이다. 그 정부는 국민을 위하는 정부가 아니라 프랑스와 미국, 그리고 지주와 기득권 계층을 위한 정부였다. 아무리 미국이 와도 국민들이 지키고 싶어 하지 않는 정부를 지킬 수는 없었다.

그렇다면 한국정부는 남베트남 패망의 교훈을 통해 국민과의 소통을 확대하고, 국민에게 사랑받는 정부를 만들어야 했다. 그리고 이것을 약속해야 했다. 그러나 결과는 그렇지 않았다. 오히려 반대로 긴급조치 9호를 선포해서 모든 국민들의 입을 막아버렸고, 더 강력하게 국민을 통제하고자 했다. 그 결과 결국 10·26사건을 통한 유신체제의 몰락으로 이어졌다.

1999년 베트남 전쟁에서 한국군에 의한 민간인 학살 문제가 제기될 때까지 한국사회의 누구도 이러한 교훈의 필요성을 제기하지 않았다. 베트남 전쟁은 그저 돈을 번 전쟁일 뿐이었다. 일본이 한국전쟁을 통해 돈을 벌고 경제부흥을 이룩했다는 사실에 대해서는 배 아파하고 비판하기도 하면서, 한국사회가 베트남 전쟁을 통해 정의롭지 않은 돈을 벌었다는 사실에 대해서는 눈감았다. 그리고 그 결과는 다시 2003년 이라크 파병으로 이어졌다.

2003년 이라크 파병이 결정될 때 한국 국회에서는 베트남 파병의 효과를 둘러싼 논쟁이 벌어졌다. 여기에서 야당은 전쟁 특수를 위해 파병해야 한다고 주장하고, 여당은 베트남 전쟁 당시 군인들의 피해를 고려할 때 파병을 하지 말아야 한다고 주장했다. 파병을 추진하는 정부의 정책을 여당이 반대하는 기괴한 상황이 발생한 것이다. 그리고 국민들은 여론 조사를 통해서 정부와 야당의 손을 들어주었다. 그 전쟁이 정의의 전쟁이냐 아니냐가 중요한 것이 아니라 그 전쟁을 통해서 돈을 벌 수 있느냐 아니냐가 중요하다는 판단을 했던 것이다.

베트남 전쟁의 진정한 교훈과 파병의 직접적 목적에 대한 전체적인 기억이 돌아오지 않는다면, 한국이 다른 나라에서 벌어지는 전쟁에 파병하는 악순환은 계속될 것이다. 또한 후손들에게 돈을 벌었다는 결과보다는 그 돈을 버는 과정이 더 중요하다는 훈계를 할 수도 없을 것이다.

아울러 한국사회가 이 문제에 대해 더 관심을 가져야 하는 이유는 한국 자체가 베트남과 같은 피해자였기 때문이다. 한국사회는 지금도 일제강점기의 징병과 성노예 문제, 한국전쟁 시기 노근리 사건과 같은 민간인 학살 문제의 트라우마로부터 벗어나지 못하고 있다. 이러한 상황에서 특히 일본에 대해 진정한 사과를 요구하고 있다. 2016년 한국정부와 일본정부 사이에서 '위안부' 문제에 대한 합의가 있었지만, 한국사회는 그 합의에 대해 만족하지 못하고 있다.

한국이 진정 과거의 문제로부터 벗어나고자 한다면, 먼저 한국 스스로가 가해자였던 과거의 문제를 직시해야 한다. 한국 스스로의 문제는 해결하지 못한 채 다른 나라로 인해 한국이 피해자가 되었던 문제에 대해 가해 국가를 비난한다는 것은 말이 안 된다. 한국 스스로가 먼저 반성

212

'베트남 피에타' 옆에 선 소녀상

베트남전 한국군 민간인 학살 희생자인
여성들과 아기들의 넋을 위로하기 위해

하고, 피해자들에게 사과를 한 다음에야 한국은 가해자들에게 떳떳하게 사과를 요구할 수 있다. 바로 이 점이 시민사회가 베트남 피해자들을 상징하는 조각과 소녀상을 함께 세우고 있는 이유다.

눈앞의 이익이 아니라 국가의 백년대계를 생각한다면, 과거를 되돌릴 수 없다면, 잘못을 사죄할 줄 아는 나라, 과거사에 대해 반성할 줄 아는 나라라는 이미지가 훨씬 더 중요하다. 그리고 한국사회의 현재와 미래를 위해서 베트남 전쟁에 대한 한국사회의 기억을 바로잡아야 한다. 역사는 단지 과거의 문제에 그치지 않는다. 현재와 미래를 결정하는 문제이다.

민주화의
숨은 주역을
찾아서

오제연

성균관대학교 사학과 조교수. 서울대학교 국사학과에서 박사학위를 받았다. 주요 저서로 『보수주의자의 삶과 죽음』(공저) 등이 있고, 주요 논문으로 「해방 이후 1970년대까지 대학의 위상 변화」 「4월혁명의 기억에서 사라진 사람들」 등이 있다.

민주화운동과 학생운동, 많은 사람들은 한국현대사 가운데 이 주제만큼은 잘 알고 있다고 생각한다. 이유는 두 가지 정도가 있다. 우선 워낙 유명한 이야기라 배워서 아는 경우가 있고, 또 하나는 본인 스스로 민주화운동이나 학생운동을 직·간접적으로 경험했을 수도 있다. 한국현대사에서 민주화운동과 학생운동은 꽤 오래 지속되었다. 1960년대부터 본격화돼 1970~80년대에 최고조에 달했고 1990년대까지 이어졌다. 이 중 1980~90년대의 운동은 앞서 말한 이유 때문에 많은 사람들에게 어느 정도 익숙하다. 반면 그보다 앞선 시기, 즉 우리가 좀더 시간적 거리를 두고 성찰할 수 있는 시대인 1960~70년대의 운동은 낯설게 느껴진다.

　　그런데 한국현대사의 민주화운동과 학생운동을 들여다보면 한 가지 큰 의문이 든다. 바로 '한국 민주화의 주역은 누구인가' 하는 점이다. 많은 사람들이 '민주화운동'과 '학생운동'이라는 말을 섞어 쓰면서, 대개

이 두 가지를 동의어로 이해한다. 기본적으로 그런 이해가 틀린 것은 아니다. 한국현대사에서 민주화에 가장 앞장섰던 세력은 분명 학생들이었다. 그렇다면 한국 민주화의 주역을 묻는 질문에 대한 답은 이미 나온 셈이다. 하지만 그것만이 답의 전부는 아니다. 학생들과는 구분되는, 그러면서도 학생들과 연관된 또 다른 주역들이 있기 때문이다. 이 사실을 외면하고서는 한국현대사의 민주화운동과 학생운동을 제대로 이해할 수 없다. 이제 다시 물어보자. 한국 민주화의 주역은 학생들 '만'이었을까?[1]

만 85세 대통령의
네 번째 출마

한국 민주화의 역사에서 1960년 4·19혁명은 단연 첫손에 꼽히는 사건이다. 먼저 4·19혁명에 대해 정리해보자. 4·19혁명의 직접적인 원인은 같은 해 3월 15일에 있었던 정·부통령선거의 부정이었다. 한국현대사 속에 온갖 부정선거들이 난무했지만 1960년 3월 15일의 선거는 그 많은 부정선거들과 차원이 달랐다. 그래서 3·15는 '사상 최내의 부정신거' 혹은 '단군 이레 최대의 부정선거'로 평가된다. 당연히 사람들은 이 부정선거에 항의했다. 항의는 대규모 시위로 발전했고 시간이 갈수록 눈덩이처럼 커졌다. 결국 4월 19일 어마어마한 규모의 시위가 서울, 부산, 광주 등 주요 도시에서 벌어졌다. 서울 시위에만 10만 명이 모일 정도였다. 그런데 정부가 이를 가혹한 폭력으로 진압하면서 대규모 유혈 사태가 벌어졌다. 계엄령이 선포되었지만 군대의 힘만으로 이 문제를 수습하는 것은 불가능했다. 4월 25일 교수단 시위를 계기로 대규모 시위가 재개되었다. 바로 다음 날인 4월 26일, 1948년 대한민국 정부 수립 이후 12년간 권좌에 있었던 이승만 대통령이 시민들의 하야 요구를 이기지 못하고 그 자리에서 물러났다. 시민의 힘으로 독재자를 끌어내리는 데 성공한 것이다. 3월 15일 부정선거를 계기로 촉발된 혁명의 과정은 4월 26일 대통령 하야로 일단 마무리되었다.

이와 관련하여 이웃나라 일본의 지식인 다카하시 데쓰야高橋哲哉 교수는 4·19혁명을 비롯한 한국의 여러 민주화운동에 대해 다음과 같이 평가했다.

일본에서 '정신의 자유'가 위협받는 근본 원인은, 너무 쉽게 자유와 민주주의를 얻게 된 일본의 근현대 역사에 있다. 일본의 메이지헌법은 국왕의 하사품이었고 현재의 평화헌법은 2차 대전의 패전으로 굴러 들어왔기 때문에 일본인들이 자유와 민주주의의 소중함을 제대로 깨닫지 못했다. 반면 한국의 경우 독재정권에 대항하여 오랜 기간 동안 많은 시련과 희생을 치르면서 자유와 민주주의를 획득했기 때문에, 한국인들은 시련 속에서 획득한 자유와 민주주의의 소중함을 잘 알고 있다.[2]

4·19혁명은 한국인이 스스로의 힘으로 자유와 민주주의를 획득한 첫 번째 사건으로서 중요한 의미를 갖는다. 4·19혁명의 경험은 이후 민주화운동의 마중물이자 원동력이 되었다. 수십 년간 한국 민주화를 위해 노력한 사람들의 기억 속에는 4·19혁명을 성공시킨 경험, 즉 피땀을

흘려 자유와 민주주의를 획득했던 승리의 경험이 놓여 있다. "고기도 먹어본 놈이 먹을 줄 안다."는 말처럼, 자유와 민주주의도 싸워서 쟁취한 경험이 있는 사람들이 끝까지 지킬 수 있다는 것이다. 4·19혁명은 우리에게 처음으로 그런 경험을 안겨 준 중요한 사건이었다.

이승만 정권은 시민들이 이 정도로 반대할 줄 모르고 부정선거를 저질렀을까? 아니면 시민들이 반대해도 그냥 힘으로 제압하면 된다고 생각했던 것일까? 3·15부정선거의 원인에서 그 답을 찾아보자. 1960년 당시 선거 구도는 여당 자유당 대 야당 민주당으로 단순했다. 본래는 자유당과 민주당 외에 조봉암이 이끌던 진보당이 있었다. 조봉암은 4년 전인 1956년 선거에서 엄청난 돌풍을 일으키면서 이승만과 접전을 벌였다. 하지만 그는 1958년 1월 간첩 혐의로 체포된 후 1959년 7월 사형을 당했다. 무서운 시대였다. 조봉암에게 죄가 있다면 이승만에 맞서 위협이 된 것밖에 없었다. 조봉암은 일제강점기에 좌파지식인으로서 공산주의 운동을 했지만 해방 이후 전향해서 이승만 정권에서 초대 농림부장관, 2대 국회부의장까지 지낸 대한민국의 주요 정치가였다. 그랬던 그가 1956년 선거에서 당시의 반공 분위기를 거스르고 평화통일론이나 수탈 없는 계획경제론, 피해대중론 같은 혁신적인 정책들을 제시하면서 이승만과 각을 세웠다. 그러다가 결국 간첩으로 몰려 사형당한 것이다. 사형 이후에도 조봉암은 오랫동안 간첩으로 규정되었다. 그가 누명을 벗은 건 2011년에 와서였다. 그해 대법원이 재심 끝에 조봉암에 대한 무죄판결을 내렸던 것이다.

다시 3·15부정선거 이야기로 돌아가자. 당시 여당인 자유당에서는 당연히 대통령 후보로 이승만이 나왔다. 이승만은 이미 1954년 사사오입 개헌을 통해 연임에 제한이 없는 대통령 출마를 합법적으로 보장받은 상태였다. 부통령 후보로는 이승만의 비서 출신으로 자유당의 2인자 자리에 오른 이기붕이 출마했다. 한편 민주당은 대통령 후보로 조병옥을, 부통령 후보로 장면을 냈다. 두 사람은 각각 민주당의 구파와 신파를 대변하며 상당한 국민적 지지를 얻고 있었다. 양자는 치열한 당내 경선을 치러 조병옥이 근소한 차이로 현직 부통령이었던 장면을 밀어내고 민주당 대통령 후보로 선출되었다. 반면 장면은 1956년 선거에 이어 또다시 부통령 후보로 나설 수밖에 없었다. 그런데 1960년 선거를 불과 한 달 앞둔 상황에서 돌발 상황이 발생했다. 민주당 대통령 후보 조병옥이 건강 이상으로 미국에 수술 차 건너갔다가 사망한 것이다. 이로써 1960년 대통령 선거는 이승만의 단독 출마로 진행되었다. 대통령 선거 결과는 이미 정해진 것이나 다름없었다. 이런 일이 처음은 아니었다. 4년 전 1956년 선거 때도 민주당 대통령 후보였던 신익희가 선거를 불과 열흘 앞두고 호남선 기차에서 심장마비로 사망한 바 있었다. 야당으로서는 지독한 불운의 연속이었다.

조병옥의 죽음으로 이승만의 네 번째 대통령 당선은 확실시됐다. 그렇다면 왜 이승만 정권은 이 선거를 사상 최대의 부정선거로 치른 것일까? 그것은 이승만의 당시 나이와 관련이 있다. 이승만 대통령은 1960년 선거 당시 만 85세였다. 이승만의 건강 상태가 나이에 비해 나쁘지 않았다고는 하나 85세는 분명 많은 나이이다. 게다가 당시 85세는 지금의 85세와는 달랐다. 지금이야 평균 수명이 크게 늘어 80세에 근접하지만,

1960년 당시만 해도 대한민국 남성의 평균 수명이 60세가 안 됐다. 자연히 사람들은 1960년에 이승만이 다시 대통령이 된다 해도 과연 4년 임기를 채울 수 있을지 걱정했다. 따라서 이승만 정권, 특히 여당인 자유당 인사들은 이승만이 갑작스럽게 사망할 경우 '후계' 문제를 고민하지 않을 수 없었다. 대통령의 사망, 즉 유고시 승계권을 갖고 있는 사람은 부통령이었다. 그래서 1960년의 경우 대통령 선거 못지않게 부통령 선거가 중요했다. 만약 자유당의 부통령 후보 이기붕이 민주당의 부통령 후보 장면을 이기기만 하면 정부 여당의 고민은 쉽게 해결될 수 있었다. 하지만 이기붕은 이미 앞선 1956년 선거에서 장면과 맞붙어 21만 표 차이로 졌던 전적이 있었다. 더 큰 문제는 1960년의 상황이 4년 전인 1956년보다 자유당에 더 불리했다는 점이다. 장기집권과 실정으로 정부 여당의 인기는 날로 떨어져갔다. 게다가 이기붕은 건강 문제로 선거 유세조차 제대로 할 수 없었다. 그럼에도 불구하고 이승만 정권과 자유당은 어떻게 해서든 이승만과 이기붕을 동반 당선시켜야 했다. 이것이 1960년 3월 15일의 선거가 부정선거로 치러진 이유다.

단군 이래
최대 부정선거의 전모

그러면 구체적으로 어떤 선거 부정들이 있었을까? 많은 유권자들이 정부와 여당에 의해 조를 이루어 투표소에 강제로 투입됐다. 사람들은 3명, 5명, 9명 등 숫자를 맞춰 질서 정연하게 움직였다. 투표소 입구까지만 함께 들어가는 게 아니었다. 투표용지를 받아 서로 누구를 찍었는지 보여주면서 투표했다. 공개투표를 한 것이다. 비밀투표 원칙이 철저하게 지켜지는 지금으로서는 상상할 수 없는 이런 일은 정부와 여당 인사들이 투표소를 완전히 장악했기 때문에 가능했다. 물론 당시에도 제도적으로는 야당 인사들이 투표를 참관할 수 있었다. 실제로 야당의 선거 위원이나 참관인들이 투표소에 투입되었다. 그러나 정부와 여당 인사들, 특히 자유당과 결탁한 정치깡패들이 이들을 투표소에 가지 못하도록 갖은 폭력을 행사했다. 투표소에 이미 들어간 야당 인사는 힘으로 밖으로 끌어냈다. 이런 방식으로 정부와 여당 인사들은 투표소를 장악하여 공개투표 등 온갖 황당무계한 일들을 벌였다.

부정선거의 또 다른 유형은 4할 사전투표였다. 선거가 시작되기 전에 유권자의 40퍼센트가 이미 기표한 투표용지를 투표함에 미리 넣어둔 부정행위다. 이는 유권자 명부를 조작했기 때문에 가능했다. 애초에 선거 명부를 만들 때부터 그 동네에 살지도 않는 사람, 살았지만 이사 간 사람, 살았는데 얼마 전에 죽은 사람 등 온갖 허위 인물들을 기재하고, 정부 여당 인사들이 마치 그들이 투표한 것처럼 투표용지에 기표하여 투표함에 미리 넣었던 것이다. 실제 유권자라 할지라도 거동이 불편해 투표가 어려운 사람들의 투표도 이런 식으로 이루어졌다. 사전에 투표된 40퍼센트는 당연히 모두 이승만과 이기붕을 찍은 것이었다. 자유당이 40퍼센트를 먼저 얻고 들어간 셈이다. 돈 봉투나 고무신, 막걸리 등 금품을 제공하는 고전적인 선거 부정 수법도 함께 판을 쳤다. 덕분에

사상 최대의 부정선거인 3·15선거에서는
대통령 후보인 이승만과 부통령 후보인 이기붕을
동시에 당선시키기 위해
온갖 황당무계한 부정이 자행되었다.

마산시청 내 보관 중이던 3·15선거 투표용지함

1960년 3월 15일 선거에서 이승만이 전체 유권자의 86퍼센트의 지지로 대통령으로 당선된 것은 물론 이기붕도 74퍼센트의 득표로 당선되었다. 그러나 이 수치마저 조작된 것이었다. 온갖 선거 부정의 결과 이승만과 이기붕의 표가 너무 많이 나와 그 수치를 적당히 낮춰서 발표했던 것이다. 웃지 못할 해프닝이 아닐 수 없었다.

이전에도 부정선거는 자주 있었다. 그러나 1960년 선거는 그 정도가 너무 심했기 때문에 곧바로 거센 저항이 일어났다. 제일 먼저 일어선 이들은 역시 학생이었다. 2월 28일 대구의 학생 시위가 그 시작이었다. 이날 대구에서는 야당의 부통령 후보 장면의 유세가 열릴 예정이었다. 정부와 여당은 어떻게든 훼방을 놓으려고 했다. 당시 선거 유세장에서 분위기를 띄웠던 사람들은 대개 젊은 학생들, 특히 고등학생들이었다. 장면이 대구에서 유세를 하기로 한 2월 28일은 공교롭게도 일요일이었다. 정부와 여당에서는 학생들이 야당 유세장에 가는 것을 막기 위해, 일요일인 그날 대구의 모든 고등학생들에게 등교 조치를 내렸다. 명목은 다양했다. 갑작스런 시험, 단체 영화 관람, 소풍, 토끼몰이 등을 실시해 학생들을 학교에 잡아 두었다. 당시 고등학생들, 특히 지방의 고등학생들은 또래 중 소수에 불과한 엘리트 집단이었기 때문에, 일요일 등교령 뒤에 숨은 정치적 의도를 대번에 파악했다. 결국 일요일에 학교에 등교한 학생들은 이에 반발하며 일제히 거리로 뛰쳐나왔다. 그들은 "학생을 정치의 도구로 이용하지 말라."고 부르짖으며 시위를 벌였다. 그후 전국 각지에서 학생들의 산발적인 시위가 벌어졌다. 가장 대표적이 것이 선거 바로 전날인 3월 14일 밤 서울에서 1천여 명의 고등학생들이 공명선거를 요구하며 벌인 시위였다. 이때 학생들은 횃불까지 들고 나와 시위를 벌였다.

마산,
4·19혁명의 불길을 댕기다

3·15부정선거 이후에도 시위가 이어졌다. 가장 격렬했던 곳은 마산이었다. 마산에서는 3월 15일 선거 당일 오후부터 사람들이 "선거를 인정할 수 없다."며 거리로 나오기 시작했다. 시위는 밤늦게까지 계속되었고 이를 진압하기 위해 경찰이 총을 쏘면서 유혈 충돌이 일어났다. 이날 하루에만 8명이 죽었다. 이를 1차 마산항쟁이라고 한다. 거의 한 달 후 4월 11일에 2차 마산항쟁이 일어났다. 그리고 이 2차 마산항쟁이 기폭제가 되어, 시위가 서울로 확산되었고 마침내 대학생들이 움직이기 시작했다.

1차 마산항쟁과 2차 마산항쟁 사이에 약 한 달의 차이가 있다. 물론 그 사이에도 전국 각지에서 산발적인 시위가 일어났다. 하지만 그 규모나 여파는 그리 크지 않았다. 그렇다면 1차 마산항쟁 후 사그라들 뻔한 저항의 열기가 어떻게 한 달 만에 2차 마산항쟁으로 다시 타오를 수 있었을까? 그것은 김주열 때문이다. 아니, 어쩌면 그의 어머니 때문일 수도 있다. 원래 김주열은 마산 출신이 아니었다. 그의 고향은 전라도 남원으로, 1960년 마산상고에 진학하기 위해 막 마산에 온 상황이었다. 그런데 김주열은 1960년 3월 15일 부정선거에 항의하는 대규모 시위가 있던 그날 시위에 참여했다가 실종됐다. 지인들이 김주열을 찾아 헤맸지만 찾지 못했다. 시체들도 뒤졌지만 실패였다. 결국에는 남원에 있던 김주열의 어머니가 마산에 와서 한 달 내내 미친 듯이 아들을 찾아 헤맸다. 그러면서 김주열의 실종 소식이 마산 시내에 쫙 퍼졌다. 마산 시민이면 실종된 김주열과 그를 애타게 찾는 어머니의 사연을 모를 수 없게 된 것이다. 특히 자식을 둔 부모들은 애타게 자식을 찾는 김주열 어머니의 모습을 무척 안타까워했다. 김주열의 어머니는 한 달 내내 아들을 찾다가 결국 찾지 못하고 4월 11일에 마산을 떠났다. 그리고 몇 시간 후 마산 앞바다에서 김주열의 시체가 떠올랐다.

역사에는 종종 절묘한 우연들이 구조적인 요인들과 겹쳐 큰 영향을 주기도 하는데, 이 경우가 그랬다. 미친 듯이 아들을 찾던 어머니가 모든 것을 체념하고 마산을 막 떠난 그 시점에 아들의 시체가 떠오른 것이다. 김주열과 그의 어머니에 대한 이야기는 이미 마산에 널리 알려졌기 때문에, 김주열의 시체가 발견됐다는 소식도 순식간에 퍼져나갈 수 있었다. 게다가 발견된 시체의 모습이 몹시 끔찍했다. 시위 진압 당시 경찰은 벽도 뚫을 정도의 파괴력을 지닌 미사일처럼 생긴 폭동 진압용 최루탄을 시위대를 향해 직사했다. 바로 그 최루탄이 시위대에 있던 김주열의 눈을 뚫고 들어간 것이다.

김주열은 어쩌다가 경찰의 표적이 되었을까? 일설에는 당시 사람들이 밤에 시위를 할 때는 대개 짙은 색 옷이나 검정 교복을 입었는데, 김주열은 할머니가 밖에 나가지 못하게 하는 바람에 할머니 몰래 교복을 벗어놓고 하얀 셔츠 차림으로 나갔다고 한다. 한밤중에 다들 짙고 검은

옷을 입고 시위를 하는 상황에서 밝은 옷을 입은 그가 경찰의 눈에 확 띌 수밖에 없었을 거라는 추정이다. 이미 김주열과 그의 어머니에 대한 사연을 안타까워하던 마산 시민들에게 그의 시체가 마산 앞바다에서 끔찍한 상태로 떠올랐다는 소식은 큰 충격이 아닐 수 없었다. 마산 전체가 엄청난 분노에 휩싸였다. 이것이 4월 11일에 있었던 2차 마산항쟁의 원인이다.

또 한 가지 주목할 점은 '낮 시위'와 '밤 시위'의 확연한 차이다. 3월 15일 부정선거 당일 낮에는 주로 민주당원들과 학생들이 평화적으로 시위를 했다. 4월 11일 2차 마산항쟁의 낮 시위도 비교적 질서 있게 진행되었다. 시위대는 매우 격앙돼 있었지만 폭력적인 모습을 보이지는 않았다. 그런데 밤이 되면서 분위기가 달라졌다. 1차와 2차 할 것 없이 마산의 밤 시위는 매우 과격한 양상을 보였다. 관공서, 그중에서도 파출소 같은 곳은 보이는 대로 때려 부쉈고 심지어는 (고의는 아니었다고 하나) 불을 지른 경우도 있었다. 밤 시위에는 나이 어린 사람들이 많이 참여했다. 그중에는 교복 입은 학생들도 있었지만 학생이라고 보기 어려운 소년들도 많았다. 젊은 청년들 역시 많았다. 이들은 무기가 될 만한 것들을 챙겨 나와 그것들을 이용해서 경찰과 싸웠다. 어떤 기록에는 시위대가 경찰의 총까지 탈취해서 싸우기도 했다고 한다. 즉 낮 시위와 밤 시위는 분위기와 양상이 사뭇 달랐다. 그리고 훨씬 격렬했던 밤 시위가 4·19혁명을 격화시키는 역할을 했다.

피의 화요일

김주열 시체의 발견과 2차 마산항쟁을 계기로 시위가 서울로 확산되었다. 또 이때부터 대학생들이 전면에 나섰다. 부정선거가 있었던 3월 15일에서 한 달이나 지나서였다. 이 때문에 일찍부터 시위에 참여했던 고등학생들은 선배 대학생들을 비겁하다고 비난하기도 했다. 4월 18일 고려대 학생들이 먼저 시위에 나섰다. 4월 18일은 고려대 신입생 환영회가 있는 날이었다. 바로 여기서 대학생들이 시위에 늦게 합류한 이유 중 하나를 이해할 수 있다. 요즘은 1학기가 3월부터 시작하지만, 당시에는 4월부터 시작했다. 대학교도 4월에 개강했다. 3·15부정선거 때는 방학이라 캠퍼스에 학생들이 별로 없었다. 고등학생들은 겨울방학과 봄방학 사이에 수업을 했고, 대개 거주 지역에서 학교를 다녀 방학 때도 학교에 나오기 쉬웠다. 대학생들은 달랐다. 대학은 대개 서울에 몰려 있지만, 대학생들은 지방 출신이 많았다. 이들 지방 출신 학생들은 방학이 되면 대부분 고향으로 내려갔다. 방학 때 캠퍼스는 텅 빌 수밖에 없어 의미 있는 집단행동을 하기가 어려웠다. 그래서 3·15부정선거 직후 한동안 대학생들이 침묵했던 것이다. 하지만 4월 개강 이후 대학생들 사이에서 이제는 나서야 한다는 분위기가 확산되었다. 그리고 김주열 시체 발견을 계기로 2차 마산항쟁이 발생하자 드디어 대학생들이 거리에 나섰던 것이다.

4월 18일 고대생들이 요구한 내용은 주로 "부정선거 다시 하라." "김주열을 죽인 책임자를 처벌하라." 등이었다. 이 시위도 굉장히 질서 있고 평화적으로 진행되었다. 이게 당시 학생 시위의 특징이었다. 시위를 마친 고대생들은 학교로 복귀하기 시작했다. 그런데 돌연 100여 명의 정치깡패들이 학교로 돌아가는 고대생들을 습격하는 사건이 발생했다. 당시 이정재, 임화수 등 정치깡패 두목들은 정부 여당과 긴밀하게 연결되어 있었다. 깡패들의 습격을 받은 고대생들은 거리에 나뒹굴었고, 이 모습이 기자들의 카메라에 찍혀 다음 날 신문에 대문짝만하게 실렸다. 이 사건은 막 타오르기 시작한 4·19혁명에 기름을 부었다. 나중에 사실이 아닌 것으로 밝혀지긴 했으나 고대생 한 명이 깡패한테 맞아 죽었다는 소문까지 돌았다. 김주열의 시체가 떠오른 지 얼마 지나지 않아 또다시 학생에 대한 유혈 폭력이 자행되자 대학생들은 더는 참을 수 없었다. 4월 19일 드디어 서울 시내 각 대학 학생들이 일제히 교문을 박차고 나왔다. 대학생들은 뒤늦게 시위 대열에 나섰지만 이내 4·19혁명의 주인공이 되었다.

4월 19일 학생과 시민 10만 명이 서울 시내 거리를 가득 메웠다. 먼저 국회의사당 인근에 시위대가 집결했다. 현재 서울시청 앞 서울시의회 건물이 당시의 국회의사당이다. 격앙된 시위대 중 일부는 이승만 대통령이 있는 경무대로 향했다. 경무대는 청와대의 옛 이름이다. 경찰은 학생들의 경무대 진입을 막기 위해 폭력적인 진압 작전을 폈고, 결국 발포까지 했다. 경무대 앞뿐만 아니라 서울 곳곳에서 경찰의 발포가 있었다. 서대문의 이기붕 집 앞, 내무부가 있던 을지로 등이 대표적인 발포 장소였다. 이날 부산과 광주에서도 서울에서와 같이 대규모 시위가 전개되었고, 이를 저지하기 위한 경찰의 발포가 이루어졌다. 4월 19일 하루 동안 경찰의 발포로 전국적으로 100명이 넘는 사람들이 죽었다. 그래서 사람들은 이날을 '피의 화요일'이라고 불렀다. 참고로 4·19혁명의 전체 과정인 2월 28일부터 4월 26일까지 희생된 사람은 총 186명이다. 이처럼 부정선거를 바로 잡기 위해서 많은 사람들이 거리로 나섰고, 또 많은 사람들이 희생되었다.

우리는 흔히 4·19혁명을 '질서 정연하게 진행된, 순수한 학생들의 정의로운 시위'라는 이미지로 기억한다. 분명히 그런 측면이 있다. 하지만 4월 19일 시위의 실제 양상을 살펴보면 의외로 시위가 격렬했음을 알 수 있다. 격앙된 시위대는 정부기관이나 어용 신문사, 반공회관 등에 불을 질렀다. 낮에도 격렬한 시위가 벌어졌고 그 열기는 밤에 더 뜨거워졌다. 1980년 5·18항쟁 당시 광주처럼, 1960년 4·19혁명 당시 서울에서도 시위대가 파출소에서 무기를 꺼내 무장한 사례가 있었다. 약 1500여 명 정도로 추산되는 무장 시위대는 돈암동, 안암동, 미아리 쪽을 돌아다니면서 밤새 시위를 했다. 그러나 4·19혁명을 기술한 역사책에 이런 내용들은 거의 언급되지 않는다. 4·19혁명은 부정한 선거에 맞선 순수한 학생들의 정의로운 항거로서, 시위 역시 질서 있고 평화롭게 진행되었다는 식으로 설명하는 경우가 대부분이다. 이것이 틀린 설명은 아니지만 4·19혁명의 전부도 아니다.

4월 19일 서울 등 주요 도시에서 시위가 격렬해지자 이승만 정권은 계엄령을 선포했다. 군을 동원한 것이다. 군대가 출동하자 무장한 시위대는 고려대로 도망가서 계엄군과 대치했다. 만약에 군인들이 작정하고 무장한 시위대를 진압하려 했다면, 5·18항쟁 당시 마지막 날 전남도청에서와 같은 비극적인 상황이 발생했을 수도 있다. 양측 사이에 교전

이 벌어지면 결국 계엄군이 이길 것이고, 이 과정에서 1500여 명이나 되는 시위대는 상당수가 희생됐을 것이다. 다행히 계엄군은 유혈 진압 대신 설득을 택했다. 서울시 계엄사령관 조재미 장군이 직접 고려대 안으로 들어가 시위대 대표들을 만났고, 유혈 충돌 없이 시위대가 무기를 버리고 학교를 빠져나갈 수 있도록 조치했다. 덕분에 4월 20일 새벽 무장 시위대는 자진 해산할 수 있었다. 그러나 시위대 중 200명가량은 해산에 동의하지 않았다. 이들은 해산 후에도 주변 지역을 휘젓고 다니면서 공공기관이나 자동차 등을 때려 부쉈다.

승리의 화요일

계엄령 선포 이후 시위가 소강 상태로 접어들자 이승만 대통령은 사태를 수습하기 위해 자유당과 관계를 끊겠다고 선언했다. 마치 자신은 3·15부정선거와 무관한 것처럼 행동한 것이다. 부통령 당선자 이기붕은 "국민들의 뜻을 헤아려서 부통령 사퇴를 한번 고려해보겠다."라는 유명한 말을 남겼다. 당연히 사퇴하리라 여겼는데, 사건의 핵심 당사자가 사퇴를 '고려'해보겠다고 말하자 사람들은 더욱 분노했다. 하지만 계엄령 상태였기 때문에 차마 들고 일어나지는 못했다. 그러던 중 4월 25일 백발이 성성한 250여 명의 교수들이 거리에 나섰다. 그들이 들고 나온 플래카드에는 "학생의 피에 보답하라."라고 적혀 있었다. 계엄령하에서 시위가 발생하면 언제든지 발포가 가능했지만, 군인들은 교수단 시위에 감히 총을 쏘지 못했다. 당시 교수

"죽은 학생 책임지고 리대통령 물러가라."
4·19혁명은 부정선거 규탄과 민주주의 회복에서
이승만 대통령 하야로 요구조건이 점차 구체화되고 분명해졌다.

"이승만 대통령 하야"를 외치는 할머니들

들은 사회의 원로이자 지도자로 인정을 받고 있었기 때문에 그들의 발걸음을 함부로 막기 어려웠던 것이다. 교수들의 행렬을 학생들이 따르고, 그 뒤로 시민들이 붙어서 1만 명 정도로 시위대가 불어났다. 이 중 일부는 밤늦게까지 해산하지 않고 계속 자리를 지켰다. 그리고 다음 날인 4월 26일 아침부터 10만 명이 거리로 쏟아져 나왔다. 교수단 시위가 꺼져가는 혁명의 불길을 살린 것이다.

4·19혁명의 불길을 살린 것 못지않게 교수단 시위에서 눈여겨봐야 할 사실은 이때부터 시위대의 요구가 분명하게 "이승만 대통령 하야"로 모아졌다는 사실이다. 일반적으로 4·19혁명 당시 일찍부터 많은 사람들이 이승만 하야를 요구했을 거라 생각하지만 사실은 그렇지 않다. 시위 초기의 주된 요구사항은 부정선거를 다시 하라는 것이었다. 이어진 요구는 부정선거 계획을 세운 최인규 등 관련자를 비롯해 시위를 과잉진압한 경찰 책임자에 대한 처벌이었다. 그밖에 학생들은 학원의 자유를 보장하라는 구호도 함께 외쳤다. 정권이 학교나 학생 일에 간섭하지 말고 자유를 보장하며, 학생을 정치적으로 이용하지 말라는 주장이었다. 반면 "이승만 대통령 하야"는 교수단 시위 전까지만 해도 시위대의 주된 요구사항이 아니었다.

그렇다면 이승만 대통령 하야 요구는 언제 처음 나왔을까? 4월 11일 2차 마산항쟁에서 일부 시위대가 이승만 하야 요구를 제기한 바 있었다. 이승만 정권은 여기에 민감하게 반응했다. 정부는 그 배후에 빨갱이 혹은 불순세력이 있다고 단정하고 그들을 색출하겠다고 으름장을 놓았다. 하지만 그때까지만 해도 이승만 하야는 소수 의견 수준이었다. 4월 19일

대규모 시위에서 역시 일부 학생과 시민들이 이승만 하야를 요구했지만, 그때도 주된 목소리는 아니었다. "김주열 살려내라." "파괴된 민주주의를 회복하라." 같은 조금은 추상적이고 형식적인 요구가 주로 나왔다. 그런데 4월 25일 교수단 시위에서는 "이승만 대통령 하야"가 분명한 요구조건이 되었다. 상황이 이렇게까지 악화된 데에는 결국 대통령의 책임이 크다고 본 것이다. 이때부터 이승만 대통령 하야는 모든 시위 참가자들이 요구하는 가장 중요한 목표가 되었다. 다음 날인 4월 26일 아침부터 모인 10만 명의 시위대는 한목소리로 이승만 대통령 하야를 외쳤다. 이제 이승만도 결단을 내릴 수밖에 없었다.

그런데 그동안 잘 알려지지는 않았지만, 최근 연구를 통해 4월 25일 서울의 교수들보다 몇 시간 먼저 마산의 할머니들이 이승만 하야를 요구한 사실이 밝혀졌다.[3] "죽은 학생 책임지고 리대통령 물러가라." 마산의 할머니들이 이날 시위에서 주장한 내용이다. 그리고 그 전날인 4월 24일에도 마산 할아버지들이 우회적인 방법으로 대통령 하야를 요구한 바 있다. 이때는 '리대통령'이라는 주어는 쓰지 않고 "갈아치울 때가 됐다." 이런 식으로 구호를 썼다. 누구를 갈아치우겠다는 말일까? 당연히 '대통령 이승만'이다. 이러한 사례들은 4·19혁명의 목표가 시간이 흐를수록 "이승만 대통령 하야"로 수렴되고 있었음을 잘 보여준다. 교수단의 요구도 이런 분위기 속에서 나온 것이다.

대규모 시위가 재개된 4월 26일의 상황을 아주 잘 보여주는 유명한 사진이 있다. 수송국민학교 학생들이 시위하는 모습이다. 이 아이들이 시위에 나온 이유는 이 학교 학생 중 하나가 4월 19일 시위에서 경찰이 무차별적으로 쏜 총에 맞아 죽었기 때문이다. 그래서 4월 26일 같은 학교의 어린 학생들이 거리에 나와 "부모 형제들에게 총부리를 대지 말라."고 요구하는 시위를 벌인 것이다. 계엄령을 선포했지만 군도 더이상 이승만 정권의 편이 아니었다. 4월 26일 대규모 시위가 재개되자 계엄군은 진압을 포기했다. 만약 계엄군이 시위 진압을 시도했다면 4월 19일보다 훨씬 더 비극적인 대규모 희생이 발생했을 것이다. 시민들 입장에서 진압을 포기한 계엄군은 이승만 정권이 아니라 시민을 지키는 '우리 편'이었다. 시민들은 '국군 만세'를 외치며 탱크에 올라가 기세를 높였다. 계엄군은 이러한 시민들의 행위를 사실상 용인했다. 계엄군마저 시민들이 접수한 셈이었다.

더이상 버티기 어려워진 이승만은 이날 오전 시민 대표들을 만났다. 시민 대표들은 이승만 대통령에게 하야를 요구했다. 이승만은 또 미국 대사를 만났다. 미국은 이승만이 기댈 마지막 언덕이었다. 그러나 미국마저 이승만에 대한 지지를 철회했다. 시민, 군대, 미국 모두에게 버림받은 이승만 대통령은 결국 4월 26일 오전 10시 30분경 하야 성명을 발표했다. "국민들이 원한다면 하야하겠다." 속 시원한 성명은 아니었다. 통상적인 하야 절차에 따르면 대통령은 국회에 사직서를 보내고, 국회가 그 사직서를 처리해야 한다. 그런데 이승만 대통령은 하야 성명을 발표한 후 사직서를 국회에 보내지 않으려고 했다. "국민들이 원한다면 하야"한다고 했으니 국민들의 의사를 확인할 시간이 필요하다는 논리였다. 하지만 이런 꼼수로 넘어갈 수 있는 상황이 아니었다. 4월 26일 오후 국회는 회의를 열어 이승만 대통령의 '즉시' 하야를 포함한 4개항의 시

시위에 참가한 수송국민학교 학생들

4월 26일, 경찰이 쏜 총에 맞아
동급생을 잃은 수송국민학교 어린이들이
"부모 형제들에게 총부리를 대지 말라."고 요구하며
시청 앞으로 행진했다.

국수습 결의안을 만장일치로 통과시켰다. 이승만도 더이상 어떻게 할 수가 없었다. 결국 이승만은 다음 날인 4월 27일 국회에 정식으로 사직서를 제출했다.

이렇게 해서 독재자는 권좌에서 쫓겨났다. 사람들은 4월 26일을, 일주일 전인 4월 19일 '피의 화요일'과 대비해 '승리의 화요일'이라고 불렀다. 다들 기쁨에 겨워했다. 차 한 대에 수십 명이 올라타서 국기를 흔들며 카퍼레이드를 벌이기도 했다. 그러나 사실 4월 26일은 매우 혼란스럽고 어지러웠던 하루였다. 승리의 기쁨을 표현하는 과정에서 그동안 쌓였던 울분이 한꺼번에 쏟아져 나왔다. 흥분한 군중들은 동대문 경찰서 등을 습격했고, 경찰의 대응 과정에서 또다시 발포가 이루어져 많은 사람들이 사망했다. 서울뿐 아니라 대전이나 대구 등 전국 각지에서도 비슷한 상황이 발생했다. 군중 가운데 일부는 차를 타고 다른 지역으로 집단 원정 시위를 떠나기도 했다. 예를 들어 서울의 일부 군중들은 인천으로 향했다. 당시 인천 시민들은 서울에서 온 사람들이 어떤 짓을 할지 몰라 두려워했다고 한다. 지방에서도 마찬가지였다. 부산의 일부 군중들은 차를 타고 마산으로 가서 마산 시민들을 긴장에 빠뜨렸다. 마산은 지난 두 차례의 항쟁으로 피해가 컸는데, 부산에서 일단의 무리가 몰려오니 또다시 무슨 일이 벌어질지 몰라 이들을 경계했던 것이다. 마산 시민들은 그들을 겨우 달래 부산으로 돌려보냈다. 4월 26일은 '승리의 화요일'이었지만 하루 내내 굉장히 격앙된 상황을 겪어야만 했다.

시민들은 그동안 자신들을 억누르고 여러 가지로 피해를 준 권력에 대한 분노를 강하게 표출했다. 그래서 이승만 하야 직후 권력과 관련한 기관이나 대상을 때려 부수고 불을 질렀던 것이다. 특히 권력의 상징인 이승만 대통령의 '동상'이 주요 표적이 되었다. 지금은 권력자의 동상을 세우는 것이 매우 어색하고 부적절한 행위로 인식되지만, 당시에는 여기저기에 이승만 대통령의 동상이 만들어졌다.

그중 거대한 이승만 동상이 세워졌던 현재의 남산 식물원 자리는, 일제강점기 당시 천황의 조상을 모신 거대한 신사가 있던 곳이다. 일제가 한반도에 만든 신사 가운데 가장 크고 화려하며 급이 높은 신사로 '조선신궁'이라 불렸다. 1945년 해방을 맞아 조선신궁이 헐리고 공터로 남아 있던 이 자리에 1955~56년 이승만 대통령 팔순을 기념해서 어마어마한 크기의 동상이 들어섰다. 일본 천황을 신처럼 떠받들던 자리에 현직 대통령의 거대한 동상이 세워졌다는 자체가 상징적이었다. 또한 당시 정부는 서울시의 이름을 바꾸려고 했는데, 새로운 지명으로 1순위에 올랐던 것이 바로 '우남시'였다. 우남은 이승만의 '호'이다. 이렇게 서울시는 '이승만시'가 될 뻔했다. 1950년대 후반부터는 이승만과 관련된 다양한 문화 콘텐츠들이 쏟아지기 시작했다. 책, 영화 할 것 없이 대부분 이승만을 신격화하는 내용을 담고 있었다. 일례로 1958년에 출간된 『우남노선』이라는 이승만 전기에는 다음과 같은 내용이 등장한다.

하느님은 청일로 삼대국의 부당한 침략을 막고 공산도배의 세계적화를 방지하기 위하여 자주독립과 홍익인간의 무거운 사명을 띤 이 성웅을 파란 많은 한반도의 양녕대군 이래 착하고 깨끗한 애국의사의 혈통을 골라 경선공네 집에 천사로서 구세주로서 육대독자로서 탄생시킨

철거되는 이승만 동상

이승만 독재가 무너지던 날,
남산 위에 높이 솟아 있던
이승만의 동상도 끌어내려졌다.

것이다.[4]

　　진실로 리박사는 건국의 워싱턴이요, 남북통일의 링컨이며, 약소민
족의 독립주로 하느님이 내려 보내신 한반도의 그리스도이시다.[5]

　　1950년대 대통령 이승만에 대한 선전과 교육은 북한에서 김일성을
우상화하고 신격화하는 것과 비슷하게 그를 보통 사람들과는 다른 신적
이고 초월적인 존재로 그려내고자 했다. 곳곳에 이승만 동상이 세워지
고, 그를 찬양하는 책과 영화가 범람하는 상황에서 당시 사람들은 영향
을 받지 않을 수 없었다. 4·19혁명은 이러한 강고한 상황을 깨는 엄청난
사건이었다. 이승만 대통령 하야 이후 사람들은 크레인을 동원하여 남
산에 있던 거대한 이승만 동상을 끌어내렸다. 당시 어린아이들도 탑골
공원에 있던 이승만의 작은 동상을 떼어내 끌고 다니며 즐거워했다. 종
종 남과 북을 비교하면서 어떤 체제가 나은지에 대해 이야기할 때가 있
다. 분단 후 남과 북 모두 절대 권력의 지도자가 종신집권을 꿈꾸며 스
스로를 우상화, 신격화했지만, 남에서는 시민들이 피땀을 흘려가며 권
력과 맞서 싸워 그것을 깨뜨린 경험을 갖고 있다. 그것이 바로 남과 북의
분명한 차이다.

학생,
시민과 결합하다

1960년 4월 26일 이승만 대통령 하야 후 격렬하고 어지러운 분위기가 이어지자 대학생들이 적극적으로 수습에 나섰다. 대학생들은 "민의民義, 학도學徒는 승리했다.", "수습의 길은 대학생에 있다." 등을 구호로 내세우면서 질서 유지 활동을 벌였다. 당시 경찰들은 대부분 도망간 상황이었기 때문에 치안유지가 전혀 안 되었다. 성난 군중들의 방화에 대응해서 대학생들 스스로 소방대를 꾸렸다. 군중들의 공격 목표가 됐던 경찰서나 파출소를 대학생들이 들어가 지켰다. 대학생들은 그밖에도 청소, 헌혈 등 다양한 수습 활동에 나섰다. 4월 19일 이후 대학생들이 혁명의 주역으로 급부상하면서, 대학생들이 사태를 수습해야 한다는 점에 대해 누구도 이의를 제기할 수 없는 분위기였다. 지방에서도 대학생들을 중심으로 수습 활동을 시작했다.

사태 수습 과정에서 대학생은 물론 지식인, 언론인 같은 엘리트들은, 그동안 과격한 시위를 주도했던 시민들이 이승만 하야 이후에도 혼란을 가중시켜 상황을 악화시킨다고 비난했다. 특히 도시하층민들의 무질서와 폭력성을 손가락질했다. 반면 부산의 『국제신보』는 당시 거의 유일하게 4·19혁명에서 도시하층민들의 역할을 긍정적으로 평가하는 기사를 썼다.

학생들의 의욕을 보람 있게 하기 위해서 힘을 보태주고 그러면서 데모의 범죄 면을 그같이 담당해줌으로써 양아치는 학생의 순결을 법적으로 보장해준 수단으로 자기희생을 감행했다. 금번의 데모가 학생들 만으로는 그처럼 거창한 세력으로 되지 못했을 것 아닌가 싶다. 커다란 흐름이기는 했어도 완고한 절벽을 일조에 무너뜨릴 수 있게까지 결정적 위력을 가진 힘으론 되지 못했을 것 아닌가 싶다. 학생들의 청류에 양아치의 분별없는 탁류가 섞임으로써 노도가 되고 격류가 되었던 것 아닌가 싶다. 양아치에게도 몇 분인가의 논공이 있어도 가할 것이다.[6]

역사를 보면 어떠한 저항이건 그것이 성공하는 과정에서 일정한 폭력성이 수반되는 경우가 많았다. 폭력적인 억압과 탄압에 맞서 성인군자처럼 비폭력으로 저항하는 것은 결코 쉬운 일이 아니다. 4·19혁명도 마찬가지다. 이때 가장 적극적으로 권력의 폭력에 맞서 싸운 사람들이 바로 이 기사에서 '양아치'라고 표현된 도시하층민들이다. 넝마 줍고, 껌 팔고, 구두 닦던 사람들이 4·19혁명 과정에서 험하고 거칠고 폭력적인 면을 담당했다. 만약 이들이 없었더라면, 즉 학생들만 거리에 나서 구호를 외치고 스크럼을 짜서 돌아다니는 수준의 시위를 벌였더라면 시위대의 위력은 훨씬 약화되었을 것이다. 희생자는 줄었겠지만 이승만 정권에 대한 저항은 더 커지지 않았을지 모른다. 한마디로 4·19혁명은 성공하지 못했을 수도 있다. 그런 의미에서 이 기사 속에 나오는 "학생들의 청류에 양아치의 분별없는 탁류가 섞임으로써 이 노도가 되고 격류가 되었던 것 아닌가 싶다."라는 표현은, 도시하층민의 폭력적인 행동들을 합리화하는 수준을 넘어 그들 역시 4·19혁명의 주인공이라는 사실을 정당하게 평가한 것으로 볼 수 있다. 당시 『동아일보』도 구두 닦는 소년들의 기사를 쓰면서 이와 비슷한 얘기를 한 적이 있다.

4·19가 터지자 누구보다도 그들이 용감하였다. 다방골목에서, 빌딩 그늘 밑에서 벌떼 같이 쏟아져 나와 혁명전선 선봉에 섰다. 저녁거리고 뭐고 다 집어치우고 맨주먹으로 총부리와 맞붙어 싸웠다. 그리하여 피를 쏟고 쓰러졌다. 그 생명 무려 수백.[7]

4·19혁명 때 총구 앞에서 목숨 걸고 싸웠던 사람들 중에 도시하층민들이 많았다는 이야기다. 그래서 희생자 가운데 도시하층민의 비중이 컸다. 4·19혁명 당시 희생자 통계를 보면 전체 사망자 186명 가운데 국민학생과 중학생이 19명, 고등학생이 36명, 대학생이 22명이었다. 그런데 하층노동자는 61명이나 되고 무직자는 33명이다. 학생들보다 훨씬 많다. 여기서 말하는 하층노동자란 신문팔이, 껌팔이, 넝마주의, 날품팔이, 구두닦이 등이다. 무직자는 직업조차 없는 사람이다. 이런 사람들이 더 많이 죽었다는 것은 도시하층민들이 4·19혁명의 최선두에서 격렬하게 싸웠음을 의미한다. 도시하층민들은 분명 4·19혁명을 성공으로 이끄는 데 중요한 역할을 했다. 그러나 이승만 대통령 하야 후 수습 과정에서 그들은 과격한 시위, 사회 혼란 등 잘못된 행동을 일삼는 집단으로 비난받았다. 특히 지식인, 언론인, 대학생 등 많은 엘리트들이 4·19혁명에서 도시하층민의 역할을 부정했다. 이렇게 도시하층민들은 4·19혁명을 둘러싼 논공에서 배제되었고, 4·19혁명의 역사 속에서도 사라졌다.

4·19혁명 이후에도 한국의 민주화운동과 학생운동에서 중요한 의미를 갖는 사건들이 계속 이어졌다. 그중 하나가 1979년 10월에 부산과 마산에서 일어났던 '부마항쟁'이다. 부마항쟁은 유신체제 말기 부산대 학생들이 시작한 시위가 부산과 마산 일대로 확산되면서 거대한 항쟁으로 발전한 사건이다. 4·19혁명과 마찬가지로 부마항쟁에서도 밤 시위가 더 과격한 양상을 보였다. 밤 시위의 주인공 역시 학생이 아니라 노동자, 상인, 도시하층민이었다. 다만 4·19혁명에서는 밤 시위대가 주로 권력기관을 공격한 반면, 부마항쟁에서는 권력기관 외에 부자들도 공격대상이 되었다. 시위대가 계급적인 적대감까지 드러낸 것이다. 부마항쟁은 며칠 뒤 박정희 대통령이 측근인 김재규에게 살해당하는 10·26사건으로 연결되었다. 오랫동안 지속된 중앙정보부장 김재규와 경호실장 차지철의 알력이, 부마항쟁에 대한 대처 방식을 둘러싸고 폭발하면서 10·26사건이 일어난 것이다. 부마항쟁은 학생들에 의해 시작되었지만, 이를 독재정권의 붕괴로 이끈 역동성은 시위에 합세한 시민들, 특히 밤에 격렬한 시위를 벌인 노동자, 상인, 도시하층민에게서 나왔다.

'광주 5·18항쟁'도 마찬가지다. 1980년 5월 17일 전두환을 비롯한 신군부가 비상계엄을 전국으로 확대하면서 사실상 모든 권력을 찬탈하는 쿠데타를 일으켰다. 모두가 두려움에 떨면서 신군부의 총칼 앞에 침묵했다. 단 광주만은 예외였다. 다음 날인 5월 18일 광주 전남대 학생들은 5·17쿠데타와 전두환의 신군부를 규탄하며 시위에 나섰다. 신군부는 공수부대 등 계엄군을 동원하여 학생 시위를 무자비하게 진압했다. 여기저기서 학생들이 피를 흘리며 쓰러졌다. 그러자 분노한 광주 시민들이 거리로 쏟아져나오기 시작했다. 며칠간 계엄군과 광주 시민들 사이에 대치 국면이 이어졌다. 5월 21일 계엄군이 집단 발포를 하자 시민들도 파출소 등의 무기고에서 총을 꺼내 들었다. 시민들의 무장에 당황한 계엄군은 일단 광주 밖으로 빠져나왔다. 광주에 일시적인 해방과 평화가 찾아왔다. 광주 시민들은 도청 앞 분수대에 모여 연일 집회를 갖고 항쟁의 의지를 다졌다. 그러나 5월 27일 계엄군이 다시 광주로 진입했다. 끝까지 전남도청을 사수하고자 한 시민군은 계엄군과의 교전 끝에 상당수가 희생되었다. 이렇듯 광주 5·18항쟁도 학생들에 의해 시작됐지만, 이 사건이 역사적 의미를 갖는 큰 사건으로 발전할 수 있었던 것은 광주 시민들의 광범위한 결합 덕분이었다. 실제로 광주 5·18항쟁도 4·19혁명과 마찬가지로 희생자 가운데 노동자와 도시하층민으로 분류할 수 있는 사람들이 학생들보다 훨씬 더 많았다.

현재의 민주화에 있어 결정적인 계기가 된 1987년 '6월항쟁'의 양상도 비슷하다. 이때도 4·19혁명 당시 김주열처럼, 박종철과 이한열 등 학생들의 희생이 중요한 역할을 했다. 1987년 1월 서울대 학생 박종철이 경찰에 끌려갔다. 박종철이 아니라 그의 선배를 잡기 위한 조처였다. 경찰은 박종철에게 선배의 소재를 물었지만 그는 끝까지 모른다고 버텼다. 경찰은 박종철의 입을 열기 위해 물고문을 자행했다. 그리고 이 과정에서 박종철이 사망했다. 처음에 경찰은 고문치사 사건을 은폐하려 했다. "책상을 '탁' 치니까 '억' 하고 죽었다."는 경찰 발표가 그래서 나왔다. 상식적으로 있을 수 없는 황당한 말이었지만, 언론이 통제된 당시에는 이런 말로도 진실을 숨기는 것이 가능했다. 그러나 담당 부검의가 용기를 내어 고문치사 사실을 밝힘으로써 사건의 진상이 드러났다. 전두환 정권은 이후에도 박종철 고문치사 사건을 축소·왜곡하려 애썼지만 결국 모두 폭로되었다. 오히려 이를 계기로 학생운동과 민주화운동 세력들은 힘을 모아 1987년 6월 10일을 디데이로 하는 대규모 항쟁을 준비해 나갔다.

6월 10일을 앞두고 학생들은 연일 크고 작은 시위를 벌였다. 그런데 하루 전날인 6월 9일 연세대 학생 이한열이 교문 앞에서 시위를 벌이다가 경찰이 쏜 최루탄에 맞아 피를 흘리며 쓰러졌다. 그는 곧 혼수상태에 빠졌다. 의식을 잃은 이한열의 소식이 알려지고, 그가 시위 현장에서 피를 흘리는 사진이 신문에 실리면서 학생들은 물론 시민들의 분노가 들끓었다. 이러한 분노 속에서 6월 10일부터 본격적인 항쟁이 시작되었다.

1987년 6월항쟁 당시 학생운동의 방식은 1970년대까지와는 달리 상당히 과격해진 상태였다. 학생들은 투석 수준을 넘어 화염병을 던지며 권력과 맞섰다. 그러나 학생들의 물리력만으로 시위가 성공할 수는 없었다. 이때도 항쟁을 폭발적으로 고양시킨 힘은 광범위한 시민들의 참여에서 나왔다. 우선 중산층 화이트칼라를 상징하는 '넥타이부대'가 항쟁에 적극 가담했다. 노동자, 택시기사, 상인 등 일반 시민들도 합세했다. 그동안 학생들이 너무 과격하고 좌경화되어 있다고 비판해오던 시민들이 1987년 6월항쟁에서 학생들과 결합한 것이다. 이런 사실을 상징적으로 보여주는 사진 한 장이 있다. 다음 면의 태극기를 든 학생 시위대 앞에 웃통을 내놓은 한 남성이 뛰어든 사진이다. 시위를 구경하던 일반인이었다는 그는 학생들에게 최루탄을 쏘지 말라는 의미에서 시위대

1987년 6월항쟁

민주화운동이 성공할 수 있었던 힘은
학생운동과 함께 광범위한 시민들의 참여에서 나왔다.

앞으로 뛰어나갔다고 한다. 결국 전두환 정권은 더이상 버티지 못하고, '6·29선언'을 통해 '직선제 개헌'을 비롯해 당시 학생과 시민들이 주장하던 민주화 요구를 대폭 수용했다. 이후 실제로 헌법이 바뀌었고, 그 헌법이 현재까지 30년 가까이 유지되고 있다. 덕분에 한국의 민주주의는 비록 여전히 많은 한계가 있으나 분명 일정한 진전을 이루어냈다. 한편 이한열은 6·29선언 직후 끝내 숨을 거뒀다. 1987년 6월항쟁은 7월 9일 이한열의 장례식과 노제로 막을 내렸다. 6·29선언으로 항쟁이 어느 정도 수습된 후였기 때문에, 엄청난 인파가 몰렸음에도 별다른 문제없이 평화롭게 장례식과 노제가 치러질 수 있었다. 약 100만 명으로 추산되는 이 날의 장례 인파는 6월항쟁 당시 이루어진 학생과 시민의 광범위한 결합을 스펙타클하게 보여준다.

처음 질문으로 돌아가보자. 한국 민주화의 주역은 누구인가? 4·19혁명 때 가장 먼저 거리에 나선 이들은 고등학생이었다. 4·19혁명이 혁명답게 고양된 데는 막판 대학생들의 역할이 컸다. 부마항쟁, 광주 5·18항쟁, 6월항쟁 때도 마찬가지였다. 부마항쟁과 광주 5·18항쟁은 대학생들의 시위로 시작되었다. 6월항쟁에서는 박종철과 이한열의 희생이 항쟁의 구심점 역할을 했다. 그러나 학생들의 힘만으로 민주주의가 진전된 것은 아니었다. 수많은 일반 시민들, 특히 엘리트 대학생들이 깔보거나 계몽의 대상 정도로 여겼던 도시하층민들의 참여가 중요한 역할을 했다. 학생들이 원했든 원치 않았든, 그들이 의도했든 의도하지 않았든, 학생과 시민의 결합이 한국의 민주화를 이끌었다. 한국 민주화의 일차적인 주역은 학생이 분명하다. 하지만 학생들이 치열하게 독재정권에 맞서도, 일반 시민들의 지지와 동참을 이끌어내지 못하면 대개 그 운동은 소기의 성과를 거두지 못했다. 이렇듯 한국 민주화의 역사 속에는 학생들의 헌신적인 노력 외에도 많은 시민들의 피와 땀이 함께 어우러져 있다. 하지만 기록을 남기고 역사를 쓰는 사람들이 대개 엘리트들이었기 때문에, 그동안 학생의 역할을 지나치게 강조한 면이 있다. 이 과정에서 은연중에 도시하층민 등 일반 시민의 역할이 축소·은폐되거나 주변화되었다. 이제라도 우리는 역사를 바라보는 시야를 넓혀야 하겠다.

오늘날도 마찬가지다. 많은 젊은이들이 대학에 진학하는 현 상황에서 더이상 학생은 엘리트가 아니다. 1990년대 중반 이후 학생운동이 급격히 쇠퇴하면서 그들의 사회적 영향력도 예전만 못하다. 반면 기존의 노동운동, 농민운동과 더불어 각종 시민단체에 의한 운동이 활성화되었다. 최근에는 소수자 인권운동이 활기를 띠고 있다. 과거 민주화운동과 학생운동의 구도는 21세기 한국의 상황과 분명 맞지 않는다. 하지만 한국의 민주주의가 더욱 성숙해지기 위해서는 다양한 주체들의 결합과 연대가 계속 요구된다. 오늘날처럼 사회가 다원화되고 다양한 모순이 발현되는 상황에서, 다양한 주체들의 자발적인 결합과 연대는 결코 쉬운 일이 아니다. 그러나 어떤 운동이든 운동을 선도하는 주체가 폭넓은 공감대 속에서 다른 주체들과 함께하지 못한다면 민주주의의 지속적인 진전은 이루어질 수 없다. 아니 오히려 반동적인 힘에 밀려 민주주의가 후퇴할 수 있다. 이것이 역사가 우리에게 주는 소중한 교훈이다.

한일 역사교과서
논쟁을
해부한다[1]

이신철

성균관대학교 동아시아역사연구소 연구교수. 성균관대학교 사학과에서 박사학위를 받았다. 주요 저
서로 『북한 민족주의운동 연구』, 『한일 근현대 역사논쟁』, 『동아시아 근대 역사학과 한국의 역사인식』
(편저) 『사진과 그림으로 보는 북한현대사』(공저) 등이 있고, 최근 논문으로 「재일동포사회의 통일운
동 흐름과 새로운 모색」, 「대한제국기 역사교과서 편찬과 근대역사학」 등이 있다.

2015년부터 격렬하게 진행된 '역사교과서 국정화 논쟁'은 그야말로 퇴행적인 과정이었다. 그런데 이 논쟁이 역설적으로 전국민의 역사에 대한 인식을 높이는 계기가 되었다. 역사교육이 국가의 논리를 일방적으로 전달하고 국가가 원하는 국민으로 만드는 도구가 아니라, 역사학계와 사회의 다양한 역사인식을 반영하고 만들어가는 통로라는 인식으로 확장되었다. 나아가 역사 문제에 대해 좀더 진지하게 생각해볼 수 있는 기회도 되었다. 이후 본격적으로 설명하겠지만 한국의 역사교과서 논쟁은 일본의 역사교과서 논쟁과도 밀접한 관련을 맺고 있다. 일본 역시 우리와 다르지 않은 과정을 겪었고, 서로 긴밀한 영향을 주고받았다. 우선 우리의 역사교과서 논쟁이 어떻게 진행되어왔는지부터 살펴보자.

2002년 이후의
교과서 싸움

2015년 역사교과서 국정화 논쟁을 이해하기 위해서 먼저 짚어봐야 할 사건이 있다. 바로 금성출판사 근현대사 교과서를 둘러싼 논란과 뉴라이트 성향의 학자들이 집필한 교학사 한국사 교과서의 출간이다. 2002년 처음으로 한국근현대사 과목과 교과서가 탄생하자, 학계나 학교 현장이 아닌 엉뚱하게 정치권에서 논란이 불거졌다. 당시 야당이었던 한나라당이 교과서의 좌편향성을 지적하며 난데없이 교과서를 공격하고 나선 것이다. 여섯 개의 출판사에서 근현대사 교과서를 냈는데, 그중 금성출판사판 교과서가 가장 많은 공격을 받았다. 금성출판사 근현대사 교과서 논란은 2008년에 있었는데, 교육과학기술부에서 금성출판사에 교과서 수정 지시를 내린 것이다. 사실 이때 논란의 중심은 '금성출판사판 교과서'라기보다 '한국근현대사'라는 과목이었다.

식민지를 경험한 우리나라에서 해방된 지 57년 만인 2002년에 와서야 처음으로 근현대사를 심화과목으로 가르쳤다는 것은 역사인식에 대단히 심각한 문제가 있었음을 의미한다. 그 이전까지 근대사 수업은 통사체계의 일부분으로 수업시간에 일부 배정될 뿐이었다. 현대사는 거의 배울 수도 없었다. 예를 들어 해방과 그 직후에 있었던 모스크바 3상회의 정도를 언급한 다음 끝나는 식이었다. 시험에도 거의 나오지 않았다. 그런데 2002년에 한국근현대사 과목이 생기면서 개항기부터 일제강점기는 물론이고 한국현대사까지 교실에서 본격적으로 가르칠 수 있게 되었다. 현재의 정치세력들과 연결된 이야기, 예를 들면 친일파와 그 후손에 대한 이야기, 민주화운동과 관련된 정치세력의 이야기 등을 교과서를 통해 배울 수 있게 된 것이다. 게다가 교과서에서 김일성을 다루게 되었는데, 그 자체가 큰 쟁점이 되었다. 근현대사를 자세히 가르치다보니 사회주의 계열의 독립운동에 대한 이야기를 하게 되었고, 김일성에 대한 언급이 빠질 수 없었던 것이다.

소위 보수세력들은 친일파, 김일성 등을 언급한 데 대해 시비를 걸었다. 지금도 나오는 주장이지만 "도대체 이게 어느 나라 교과서냐?"라는 게 대표적이다. 좀더 구체적으로 이야기하면, "박정희는 친일파로 몰고 적국의 수장인 김일성은 독립투쟁의 영웅으로 떠받드는 것이 어느 나라 교과서냐?"라는 주장이었다. 근현대사 교과서 내용에 대한 갑론을박이 2002년 근현대사라는 과목이 생기면서부터 시작됐던 것이다.

2008년 이명박 정권이 들어서면서 보수세력의 주장은 더욱 거세졌다. 이때 뉴라이트 계열의 교과서포럼이라는 단체가 등장해 대안교과서를 표방하며 『한국근현대사』라는 책을 출판했다. 이 책은 이명박 정권하에서 기존 근현대사 교과서를 공격하는 이론적 토대가 되었다. 2011년에는 이들 세력 중 일부가 갈라져 나와 교학사를 통해 직접 교과서를 출판했다. 그리고 그 책이 학교 현장에서 외면당하자 자신들의 주장을 담은 교과서로만 역사를 가르쳐야 한다고 주장한 것이 2015년의 역사교과서 국정화 논쟁이다. 국정화 논쟁은 2002년 근현대사 교과서 등장 이후 계속되어온 보수 정치세력의 교과서 공격이 초래한 잘못되고 왜곡된 결론인 셈이다.

역사논쟁을 좀더 심도 있게 이해하기 위해 역사를 조금 더 거슬러올라가보자.

정부 수립 직후의 역사교과서 논쟁에서
'역사 바로 세우기'까지

1995년 8월 15일 경복궁 앞 조선총독부 건물 해체가 선포되었다. 1996년 말 건물 지상 부분의 해체가 완료되었고, 중앙 돔 부분은 독립기념관으로 옮겨졌다. 김영삼 정부가 출범한 이래 추진한 '역사 바로 세우기 운동'의 가장 대표적인 사업이었다. 이와 함께 역사교육도 새로워져야 한다는 주장이 힘을 얻었다. 5·16은 혁명이 아니라 쿠데타이며, 교과서에도 이러한 내용을 반영해야 한다는 주장과 이에 맞서는 주장이 충돌하는 일이 벌어졌다. 당시는 제6차 교육과정 개정 작업이 이뤄지고 있는 시점이었다. 당시 유일한 현대사 전공자였던 서중석 교수가 제6차 교육과정 역사과목 현대사 부분 시안을 제출했다. 시안에는 제주 4·3사건에 대해 공산주의자들의 반란이 아니라, 국민에 대한 국가 폭력의 문제, 인권의 문제, 저항의 문제라는 관점에서 다시 봐야 한다는 내용이 담겨 있었다. 그 외에도 10월 대구사건, 4·19, 5·16 등도 재평가해야 한다는 주장도 실려 있었다. 이런 주장은 오늘날에도 논란이 끊이지 않는 만큼 당시에는 더 큰 반대가 있었음을 쉽게 짐작할 수 있다.

그렇다면 군사정권에서는 역사교과서와 관련한 논쟁이 없었을까?

해체되는 조선총독부 건물

총독부 건물의 해체는
김영삼 정부의 '역사 바로 세우기'의 대표적인 사업이었다.
이와 함께 역사교육도 새로워져야 한다는 주장이 힘을 얻었다

당연히 아니다. 군사정권뿐만 아니라, 정권이 자신의 성격을 새롭게 규정할 때마다 역사교과서 논쟁은 어김없이 불거져 나왔다. 문민정부 이전, 1980년에도 논쟁이 있었다. 이때는 잘 알다시피 '광주 5·18항쟁'이 있었지만, 그 열기를 짓밟고 전두환 정권이 등장한 때이다. 박정희 사후에 권력을 잡은 전두환 정권은 박정희 정권이 이정재, 임화수 같은 정치 깡패를 잡아들이면서 사회정화를 내세웠던 것과 똑같은 방식으로 깡패와 부랑자들을 잡아들여 그들을 사회악으로 규정하고 정의사회 구현을 외쳤다. 그뿐 아니라 일반 사람들 중에서도 정권의 입장에서 조금이라도 사회에 해를 끼친다고 판단한 이들을 모두 잡아들였다. 그들 중 대다수는 삼청교육대에 보내졌다. 대학과 언론 등의 기관에서 비판적 인사들을 쫓아내고 언론을 통폐합하는 등 독재정치가 성행했다.

다른 한편으로 전두환 정권은 민족주의를 강조했다. 대학생들을 여의도에 모아놓고 '국풍 80'이라는 관제 축제를 열기도 했다. "우리 것이 좋은 것이여."라는 유행어가 말해주듯이 정권은 어수선한 상황 속에서 민족주의적 분위기를 고양시키기 위한 다양한 노력을 기울였다. 이 같은 분위기에서 소위 재야 역사학자들이 우리 역사의 근원을 훨씬 더 이전으로 끌어올려야 한다는 주장을 하기 시작했고, 결국 교과서에 이들의 주장이 반영되었다. 물론 이때도 적지 않은 논란이 있었다.

시대를 좀더 거슬러올라가 박정희 정권기의 논쟁은 오늘날 역사교과서 국정화와도 적지 않은 관련이 있어 더욱 깊이 살펴볼 필요가 있다. 1972년 유신이 선포되자마자 역사교과서 국정화 논의가 시작되었고, 1974년부터 역사교과서 국정화가 시행되었다. 그때 정부가 내세웠던 논

리는 '역사교육이 너무 부족하다.' '역사교육을 더 강화해야 한다.'는 것
이었다. 2015년 역사교과서 국정화를 발표하면서 내세운 논리와 크게
다르지 않다.

지금도 그렇지만 당시 역사교육은 지나치게 수업 시간이 적은 것이
사실이었다. 해방 직후 미국식 교육 제도를 받아들인 탓에 역사과목이
사회과 과목에 포함되어 있었고, 그러다보니 사회는 필수지만 역사는
필수가 아닌 상황이 벌어졌다. 대학에서도 한국사는 필수과목이 아니었
다. 박정희 정권은 대학에서 한국사를 필수과목으로 가르치도록 했고,
이 조치는 1989년까지 이어졌다.

역사학이 사회과에서 독립하는 모양새의 이 같은 조치는 역사교육
강화라는 측면에서 나쁜 일이 아니었지만, 역사학계는 고민에 빠졌다.
역사교육을 강화하자는 말은 맞는 이야기지만, 그 이면에 유신정치의
정당성 홍보라는 독소가 들어 있었기 때문이다. 게다가 다양한 역사교
육의 기회를 없애버리고 국가가 독점해서 하나의 역사인식을 가르치겠
다는 논리도 받아들이기 힘들었다. 그런 이유로 당시 역사학계 대부분
이 반대를 했다. 정부 스스로 조사한 자료에서도 전세계에서 공산권 몇
몇 나라를 빼고는 국정교과서를 사용하는 나라가 없었다. 하지만 정부
는 자료를 왜곡해 공개하고, 우리는 역사적으로 특수한 상황에 처해 있
으므로 역사교육을 강화해야 한다는 논리로 국정을 밀어붙였다. 이미
언급했듯이 한국사 교육에서 1974년 이래 다시 검정체계가 도입된 것은
2002년에 이르러서이다. 그것도 한국근현대사만이었고, 국사(한국사)과
목은 2010년에 이르러서야 검정교과서를 채택하게 되었다.

다시 좀더 시대를 거슬러올라가면, 대한민국의 역사교육이 시작된 1948년에도 역사교과서 논쟁이 있었다. 이때의 핵심 쟁점은 '친일 교과서' 문제였다. 해방 후 얼마 되지 않은 시점이니 교과서는 물론이고 학교도 부족한 때였는데, 교과서 논쟁이 있었다고 하면 의아하게 여길 수도 있을 것이다. 정부 수립 직후 이승만 정권은 교과서 검정제도를 실시했다. 이때 검정을 통과한 교과서 중에 최남선이 쓴 교과서가 있었는데, 이 교과서가 학교에서 가장 많이 쓰이고 가장 많이 팔렸다. 당장 반대 여론이 들끓었다.

당연한 이야기지만 해방되던 시점에는 일제강점기에 쓰던 교과서밖에 없었다. 교과서를 새로 만들려고 해도 집필을 할 사람이 절대적으로 부족했다. 연구자의 부족도 있었지만, 당시 지식인들 중에서 친일 혐의에서 자유롭지 못한 사람이 많았던 탓도 적지 않았다. 일부에서 사설 교과서들이 등장하기도 했다. 미군정은 진단학회에 급하게 교과서 집필을 맡겨 그렇게 집필된 교과서를 보급했지만, 아직 전국에 일률적으로 보급된 교과서는 없는 형편이었다. 말하자면 미군정 시기에는 미군정의 검정교과서와 자유선택제가 혼용되고 있었다고 할 수 있다.

이 같은 상황에서 신생 독립정부는 수립과 동시에 본격적으로 교과서 검정제도를 시행하고, 그 교과서들을 전국에 보급할 계획을 세웠다. 최남선, 이병도, 김성칠 등 당대의 명망가와 역사가들이 각각 집필한 교과서들이 첫 검정을 통과했다. 그중에 최남선이 쓴 교과서가 그의 명망에 힘입어 가장 많이 팔렸던 것이다. 친일파가 쓴 교과서를 사용할 수 없다는 여론은 점점 거세졌고, 마침내 문교부는 최남선의 교과서를 모두

1945년 10월경 부산의 한 국민학교에서 수업을 받고 있는 학생들

해방기에는 학교도, 교실도, 교과서도 부족했다.
신생 독립정부는 수립과 동시에
본격적으로 교과서 보급 계획을 세웠다.

회수하고, 검정을 취소하기에 이르렀다.

역사학의 본질과 연관된
역사교과서 논쟁

그렇다면 1948년 정부 수립 이전에는 어떤 역사교과서 논쟁이 있었을까? 조선총독부에서 역사를 독점하던 식민지 시기에는 논쟁이 있기 힘들었다. 다만 조선사편수회처럼 일제강점기에 역사 관련 공공기관에서 근무하던 사람들이 역사를 어떻게 볼 것인가 하는 문제를 두고 논쟁을 벌이는 정도였다. 이들의 논쟁은 우리나라에 근대적인 역사교과서가 처음 만들어진 때의 상황과도 관련이 깊다. 한국근현대 역사교과서 출생의 비밀이 여기에 있다고 해도 과언이 아니다.

우리나라에서 근대 역사교과서를 처음 만든 때는 대한제국 시기다. 널리 알려진 것처럼 서양의 근대역사학은 근대국가를 정당화하기 위한 도구로서 성립한 측면이 강하다. 즉 국가 공동체의 정체성을 확립하고 공감대를 확산하기 위해 고안된 것이 근대역사학이라고 할 수 있다. 그것을 전국민에게 주입시키는 것이 역사교육이었던 셈이다. 서양의 근대국가들이 흩어져 있는 국민의 정체성을 하나로 모으기 위해, 우리는 예전부터 하나라는 이야기를 가르치기 시작했다. 그리고 종교적 역사관에서 벗어나 실증을 중시하는 경향이 도입되었다. 서구의 근대역사학을 단순하게 정리하기는 어렵겠지만 근대국가와의 관계와 실증에 기반한 역사 서술은 우리에게도 그대로 전달되었다.

우리 역사에 대입해 설명해보면, 조선 전에 고려, 그전에 삼국시대하는 식으로 거슬러올라가 결국 우리는 모두 단군의 후예라는 식의 이야기를 담는 것이다. 물론 우리 역사 서술에는 이미 그 같은 인식이 존재하고 있었다. 연도별로 왕의 치적을 중심으로 서술하는 편년체 방식이 대표적이다. 이런 방식의 역사 서술이 근대 이후에 바뀌었다. 역사적 사실을 근거로 주제별로 서술하는 근대적 방식이 도입되면서, 당대사, 즉 왕이 죽기 전에도 그 시대의 역사를 서술하여 과거와 현재의 관계를 강조하는 방식의 역사 서술이 등장한 것이다. 이 같은 인식과 관련해 '만들어진 고대'라는 말이 공감을 얻고 있다. 이 말은 고대사회는 고대사회 그 자체로 존재하는데 나중에 근대국가가 성립되면서 자신의 정통성의 뿌리로 재구성되고, 하나의 계통으로 줄 세우기를 하게 되었다는 의미를 담고 있다.

대한제국은 서양의 역사교육 방식을 도입하기로 결정하고, 오늘날 문교부 성격의 '학문국'을 설치하여 이곳에서 교과서를 집필하게 했다. 학문국 관료들은 기존의 편년체, 즉 연대기 형식의 서술에서 벗어나 주제 중심의 역사 서술을 시도했다. 이러한 방식의 역사 서술을 먼저 도입한 동양의 국가가 있었다. 짐작하다시피 일본이다. 일본은 이미 자국의 역사뿐 아니라 우리나라 역사까지 근대역사학적 방식으로 서술하고 있었다. 대한제국의 교과서 집필자들은 일본 근대역사서의 형식과 내용 모두를 참고했다.

그런데 일본이 쓴 조선사 통사를 참고해 집필하다보니 오늘날까지 문제가 되는 임나일본부설 같은 것들이 우리 교과서에 들어오게 되었다. 임나일본부설에는 식민사관의 핵심, 일본 우익 교과서가 주장하는 핵심이 들어 있다. 우리는 우리 역사상 첫 고대국가를 당연히 고조선으로 생각한다. 그러나 일본과 중국은 다르다. 중국에는 고조선이 멸망하고 설치됐던 한사군 때부터 한국의 역사가 시작되었다고 주장하는 사람이 적지 않다. 일본의 식민사관론자들은 임나일본부를 한반도 남부의 통치기관이라고 주장한다. 결국 한반도 북쪽은 한사군을 설치해 중국이 지배했고, 한반도 남쪽은 임나일본부를 통해 일본이 식민 경영했다는 주장이 성립하는 것이다. 이러한 논리를 발전시키면 식민 지배를 정당화하는 논리로 이어진다. 즉 한반도를 점령한 나라는 근대 일본이 처음이 아니며, 남쪽은 이미 자신들이 식민지로 경영하던 지역이었다는 논리가 성립한다. 결국 한반도는 원래 식민지의 운명을 타고난 것이며, 일본이 식민지로 삼지 않더라도 다른 나라의 식민지가 될 것이다, 나아가 일본이 대한제국을 점령하고 보호해줘야 사회주의 러시아의 확장을 막아낼 수 있다는 논리로까지 발전한다.

일본의 이러한 주장에 누가 가장 반발을 했겠는가. 당연히 국내 민족주의 세력이다. 그 역할을 한 대표적인 역사학자가 흔히 근대(민족주의) 역사학의 아버지로 불리는 신채호다. 신채호는 임나일본부는 거짓말이며 대한제국은 고조선, 부여, 고구려로 이어지는 웅장한 역사적 뿌리를 가지고 있다고 주장했다. 이렇게 보자면 대한제국기 역사교과서 논쟁은 식민사학 또는 근대주의 역사학 대 민주주의사학, 반식민주의 역사학의 논쟁이라고도 할 수 있을 것이다. 당대에는 물론 필요한 논쟁이었지만,

그 논쟁이 오늘날까지 별다른 진전 없이 반복되는 것은 생각해볼 여지가 있다. 당시에는 식민주의에 대한 개념이 희박했고, 식민사관이라는 용어도 사용되지 않던 시기였다. 사실 민족주의 역사학이 지나치게 강조되고 확장되면 국수주의 역사학으로 흐를 가능성이 크다. 사실에 주목하기보다 무조건 '우리 것이 좋은 것'이라는 주장에 부합하는 역사 서술이 등장할 위험성이 커지는 것이다. 현재 그런 위험성이 실재로 나타나고 있는 것도 사실이다.

식민지로 전락할지 모르는 역사적 위기 속에서 민족주의 역사학이 등장했고, 일제강점기를 거치면서 더욱 강화되었다. 학교에서는 민족의 자긍심을 강조하는 역사교육이 중심이 되고, 재야에서는 더욱 과격하게 민족주의를 고양시키는 방식으로 역사인식을 형성해왔다고 해도 크게 틀린 말은 아니다. 그리고 오늘날의 역사논쟁에도 식민주의와 민족주의 간의 간극이 여전히 남아 있다. 다시 말하면 우리 역사논쟁의 역사에는 식민주의 또는 근대지상주의적 역사인식과 그에 맞서는 민족주의적 역사인식의 충돌이 중요한 근간으로 자리 잡고 있다는 점을 기억할 필요가 있다. 한편으로 민족주의적 역사인식이 필요한 것은 분명했지만, 그것의 지나친 강조는 국수주의적 역사인식에 쉽게 빠져들 수 있는 위험이 상존한다는 점도 잊어서는 안 된다.

역사논쟁의 뿌리가 근대역사학의 등장 시점에 닿아 있다는 이야기를 길게 하는 이유는 역사인식은 끊임없는 논쟁 속에서 계속 변화 발전한다는 사실을 말하기 위함이다. 그리고 내부적 요인, 사회적 변화가 있을 때마다 그런 역사논쟁이 벌어질 수밖에 없다는 점을 먼저 생각할 필요가 있다. 1994년의 역사교육을 둘러싼 논쟁, 1974년 국정화 논쟁 때에 등장했던 논리들과도 연결이 되지만, 역사논쟁의 핵심은 바로 독재와 민주주의의 문제라고 할 수 있다.

독재가 등장하면 민주주의에 대한 욕구가 분출되게 마련이다. 박정희 대통령도 '한국적 민주주의' '한국적 민족주의' 같은 이야기를 했지만, 민주주의 자체를 거부하지는 못했다. 다만 민주주의를 제한하는 용어를 앞에 붙여 국민을 호도하려 했던 것이다. 민주화는 그러한 제한을 철폐하는 과정이라고 할 수 있다. 박정희 시기의 국정화 반대 논리는 바로 이런 민주화 욕구와 맞닿아 있었다. 이는 1994년에 또 한번 민주화와 연결된 역사논쟁으로 표출되었다. 역사 바로 세우기의 주체로 나섰던 문민정부는 이전의 군사독재 정권과 달리 민주화 이후의 첫 번째 정권이라는 자부심이 있었다. 그들은 당연히 민주화된 시기에 걸맞은 역사책을 새로 써야 한다는 의식을 가지게 되었다.

역사교과서 개정 움직임이 민주화와 깊은 연관을 가지고 있었기 때문에 당시에도 기득권 세력의 공격을 받는 것은 당연한 일이었다.『조선일보』『중앙일보』등이 공격의 선봉이었다. 결국 개정 시안에 있던 것들이 거의 반영이 안 되었고, 5·16이 혁명에서 쿠데타, 군사정변으로 규정되는 선에서 변화가 있었다. 그 변화는 지금까지 그대로 유지되고 있고, 이를 계기로 이후 청문회를 할 때마다 "장관은 5·16을 뭐라고 생각하시오?"라는 질문이 나오게 되었다고도 할 수 있다. 현재 공직자가 가져야 할 제일 중요한 역사인식 중 하나가 그러한 과정을 거쳐 공론화되었다. 결국 1994년에 역사교육을 둘러싼 논쟁 속에서 민주주의라는 역사인식의 중요한 가치가 확인되고 확립된 것이다.

2002년 전개된 역사논쟁은 약간 다른 부분이 있다. 바로 외부로부터의 충격이었다. 한국근현대사 과목에 검정교과서를 도입하는 것은 이미 결정되어 있었지만, 국사과목에 검정교과서를 도입하는 데에는 외부적 영향이 적지 않았다. 당시 역사교육 전반에 검정제도를 도입할 수 있는 동력이 부족했다. 검정제도를 시행해야 한다는 의견은 많았지만 정부 내에서는 아직은 시기상조라는 판단이 우세했다. 그런데 여기에 엄청나게 도움을 준 사람들이 있었다. 역사논쟁과 인식의 발전에 대해 생각할 때 역설적으로 고마워해야 할 사람으로 이명박, 박근혜 두 대통령을 꼽을 수 있겠지만, 실제로 도움을 준 사람은 고이즈미 준이치로와 아베 신조 총리였다. 즉 일본정부의 왜곡된 역사인식, 그리고 일본의 우익 교과서 역사왜곡 세력이 적지 않은 영향을 미친 것이다.

2001년에 일본 교과서 문제가 등장하고, 2003년에 동북공정 문제가 등장했다. 우리의 역사교육에 대한 인식에 계속 외부의 자극이 있었던 것이다. 당시 문제가 되었던 일본 교과서는 '후소샤'라는 출판사에서 만든 교과서였다. 이 교과서가 식민지와 전쟁을 미화해 역사를 왜곡하자, 우리 정부와 시민사회가 강력하게 항의를 했다. 우리 정부는 수십 개 항목을 지정해 수정을 요구했다. 그때 일본정부가 수정을 거부하면서 내세운 주요 논리 중 하나가 "우리는 한국처럼 국정제도가 아니라 검정제도이기 때문에 국가가 교과서 내용을 수정할 수 없다. 그것에 개입하지 않는다."라는 것이었다.

일본의 태도는 국정제도를 채택하고 있는 우리의 국사과목 상황을 되돌아보게 하기에 충분했다. 그럼에도 국사과목은 2010년까지, 즉 한국근현대사 과목이 신설된 이후에도 8년 동안이나 국정제도로 남아 있었다. 다시 정리해보면, 1980년과 1987년 두 시기에 민주화라는 엄청난 변화가 있었고, 그 영향으로 문민정부가 등장했다. 그리고 제6차 교육과정에서 개혁이 진행되었다. 그 연장선상에서 검정교과서를 사용하는 한국근현대사 과목의 설치까지 왔는데, 거기에 대해서 보수적 입장의 사람들은 '이거 대단히 위험하다, 교과서에 야당의 입장이 너무 반영됐다.'면서 공격을 하기 시작했다. 교과서 비판만으로 한계를 느낀 그들은 스스로 교과서를 만들어 대응하고자 했다. 그런데 결국 채택률이 극히 저조하자, 그럼 국정으로 다시 돌아가자고 주장해서 지금까지 오게 된 것이다. 자신들이 교과서를 만들고 채택 과정을 거칠 때까지만 해도 검정제도의 틀을 인정하고 민주적, 시장주의적 입장을 견지하고 있었다고 할 수 있지만, 국정화 단계에 오면서 정치권력을 이용한 '독재적' 상황으로 전환해버린 것이다.

이 같은 상황이 현재의 국정화 논란의 역사적 배경과 전개 과정이다. 그러니까 식민지로 전락하기 직전에 시작되었던 역사논쟁이 현재까지 지속되고 있고, 그 과정에서 식민지, 반식민지 문제와 더불어 민주화 문제가 결합되었다. 이러한 긴 호흡으로 역사논쟁을 본다면 좀더 큰 흐름을 이해하는 데 도움이 될 것이다.

되돌아보는
일본의 역사교과서 공격

우리 역사 중 일부는 우리 안에서뿐만 아니라 중국과 일본, 두 이웃 나라에서도 논란거리다. 우리 입장에서 보자면 논란이라기보다는 주변국들이 우리 역사를 끊임없이 왜곡하고 있다. 이 문제를 심도 있게 이해하기 위해 일본의 역사논쟁을 살펴보자. 일본에서는 언제부터 역사교과서 논쟁이 시작되었을까? 물론 우리의 경우처럼 근대, 메이지 시기부터 있었지만 우리와 관련 있는 가까운 시기만 살펴보자.

일본이 패망하고 10년이 지난 1955년에 소위 '1차 교과서 공격'이 있었다. 패전 후 일본에서는 우익들이 큰소리를 치지 못하는 상황이었다. 평화헌법을 만들고, 군대를 해산하는 상황이었으니 당연한 일이다. 이때 우리의 전교조에 해당하는 일교조에서 쓴 교과서가 주류 교과서가 되었다. 그 교과서에 군국주의를 비판하고 민주주의의 가치를 중시하는 내용이 담겨 있었음은 물론이다. 지금도 그렇지만 일본은 당시에 국정교과서 제도를 채택하고 있지 않았기 때문에 그 같은 내용을 담은 교과서가 학교 현장에서 가장 많이 채택되었다는 의미이다. 그런데 1954~55년 시점에 일본의 자민당이 등장해 권력을 잡았다. 가장 먼저 공격받은 것이 역사교과서였다. 권력을 잡은 이들은 부정당했던 자신들의 정통성을 교과서를 통해 확립하려 했고, 그것을 국민들에게 가르칠 계획을 세웠다. 중학교 때부터 가르치면 그 사람들이 나중에 어른이 됐을 때 자신들의 지지세력이 될 수 있다는 생각을 한 것이다. 즉 역사교육을 국가가 전유해서 그것을 정치도구로 만들려는 속셈을 가졌던 셈이다. 그래서 당시 자민당 정권은 교과서 검정을 강화해, 기존 교과서의 3분의 2를 탈락시켜버렸다. 그때 필자 중 한 명이었던 이에나가 사부로(家永三郎)라는 사람이 정부를 상대로 소송을 제기했고, 무려 20여 년간의 소송 끝에 결국 승리했다.

1980년 일본의 역사교과서 논쟁이 다시 한번 사회문제화되었다. 1982년 이 사실이 우리나라에 크게 알려지면서, 일본 교과서의 역사왜곡 내용도 덩달아 주목을 받았다. 일부 고등학교 교과서에 식민지를 미화하고, 임진왜란을 침략이라고 쓰지 않고 조선에 출병했다는 식으로 기술한 것이 국내에 알려지면서, 강한 반발이 일어났다. 물론 당시에는 관제 데모가 많았지만, 많은 국민들이 데모에 참여하고 모금운동을 하면서, 우리도 독립운동에 관한 교육을 제대로 하자는 분위기가 형성이 되었다. 그 모금운동의 결과 독립기념관이 세워지기도 했다.

1982년 일본은 우리뿐 아니라 중국의 강한 반발에도 직면했다. 그러한 반발을 무마하기 위해 일본은 '근린제국조항'이라는 것을 발표했다. 일본 교과서에 역사를 기술할 때 일본 내부 문제만이 아니라 주변국의 입장도 생각해서 역사를 써야 한다는 내용이다. 일본이 주변국의 요구를 반영해 자신들의 교과서 정책을 후퇴시킨 것이었다. 당시 정황상 일본의 후퇴는 정치적인 고려에 의한 결정으로 보인다. 특히 중국에 대한 고려가 컸다. 1982년은 1972년 발표한 중일공동성명 10주년이 되는 해로, 그해에 일본 천황의 중국 방문 계획이 가장 큰 영향을 미쳤다. 중일 간에 본격적인 교류가 생기는 시점이고, 천황이 방문했는데 문제가 생기면 곤란한 상황이었던 것이다. 어쨌든 이때의 교과서 문제는 일본이 후퇴하면서 더이상 확산되지는 않았다. 이것을 '2차 교과서 공격'이라고 하고, 이때를 기점으로 일본의 교과서에서 동북아시아의 문제가 떠오르기 시작했다.

1990년대에 들어오면서 교과서 문제는 훨씬 확장되었다. 1991년에 우리와 일본 간에 아주 큰 역사적·외교적 문제가 발생하는데, 바로 일본군 '위안부' 피해자 김학순 할머니의 등장이었다. 김학순 할머니가 방송에 나와 자신이 그간 실체를 확인하기 어려웠던 일본군 '위안부' 피해자라고 증언한 것이다. 곧이어 일본에 가서 일본정부를 상대로 소송을 제기했다. 이것은 한일 양국에 어마어마한 충격을 주었다. 일본의 전후세대 입장에서 생각해보면, 자기 할아버지, 아버지가 군대 갔을 때 조선인 '위안부'들을 상대했다는 사실을 알게 된 것이다. 급기야 전국적으로 일본군 '위안부' 문제에 대한 운동을 하는 시민단체 1000여 개가 생기고, 처음에는 부정하던 일본정부도 1994년 고노 요헤이(河野洋平) 총리 담화를 통해 자기 의사에 반한 일본군 '위안부'의 존재와 사실상 군·관헌의 개입을 인정한다고 발표했다. 그후 1997년 검정을 통과한 모든 교과서에 '위안부' 문제가 실렸고, 1998년부터 중·고등학교에서 이 문제를 가르치게 되었다. 이러한 상황이다보니 우익적인 역사인식을 가진 사람들이 궁지에 몰리게 되었다. 그들은 아시아 태평양 전쟁이 아시아 해방전쟁이고 대동아공영권을 위한 전쟁이라고 주장하고 있는데, 그 전쟁에서 아시아 여성들이 이렇게 고난을 당했다는 사실이 교과서에까지 실리니 문제가 심각해진 것이다.

일본 우익은 이 문제에 곧장 대응을 시작했다. 1995년에 일본 자민당에서 '역사 재검토 위원회'라는 것을 만들고, 이 모임에서 근현대사에 대해서 새로운 역사를 쓰자고 주장했다. 위원회는 '아시아 침략 전쟁이 아니라 대동아전쟁이었다.' '위안부나 난징대학살은 조작이다.' 등의 주장을 내놓았다. 그리고 이런 역사인식을 전국민에게 확산시킬 국민운동이 필요하다고 주장했다. 거기에 호응해 1996년 1월, '새로운 역사교과서를 만드는 모임', 우리한테는 '새역모'라고 알려진 문제의 단체가 만들어졌다.

그때부터 새역모가 한 일은 우리의 국정화 추진세력이 한 것과 비슷하다. 제일 먼저 『국민의 역사』라는 대중서를 만들어 서점에서 판매했다. 그 책은 베스트셀러가 되었다. 그 『국민의 역사』를 축약해서 '후소샤판 교과서'를 만들었고, 그 책이 2001년에 검정을 통과하면서 논쟁의 중심이 되었다. 일본에서도 후소샤판 교과서가 처음 나왔을 때 300여 군데가 넘는 오류 지적과 함께 많은 공격을 받았다. 교과서 채택 국면에서 일본사회에서도 엄청난 반발이 있었고, 한국에서도 강하게 반대해 첫해에는 채택률이 0.039퍼센트에 머물렀다. 그런데 10년 후인 2011년 채택률은 0.39퍼센트로 10배 성장했다. 2015년에는 6.7퍼센트가 되었다. 그들이 목표로 삼은 10퍼센트에 아주 가까운 수치까지 온 것이다. 한국에서도 뉴라이트 세력이 교과서를 만들고 채택전에 실패한 것까지는 같은 모습이다. 그런데 그들은 10년을 기다리는 인내를 가지지 못하고 퇴행적인 국정화 시도로 넘어갔다. 같으면서도 다른 슬픈 자화상의 일부이다.

'새역모'는 『국민의 역사』라는 대중서를 만들더니,
이 내용을 축약해 '후소샤판 교과서'를 만들었다.

일본 보수 성향 교과서 홍보

일본보다 무서운
중국의 동북공정

중국에서도 역사교과서 논쟁이 있었다. 그것도 민주화운동과 아주 밀접하게 연관이 되어 있다. 당연한 일이지만 중국도 국정교과서가 아닌 검인정교과서를 사용한다. 일부 혁명 활동의 원로들이 국정교과서를 사용하자고 주장하지만, 전체적인 여론은 반대 분위기여서 실현되지는 않고 있다. 어떻든 중국에서도 국정화와 관련한 논쟁이 있는 것이다.

이와는 별도로 우리와 직접 관계된 역사논쟁은 바로 동북공정東北工程이다. 중국이 동북공정의 이름으로 한반도 역사 문제를 건드리고 나온 것은 동북아시아 지역의 패권경쟁과 무관하지 않다. 현재 동북아시아의 패권을 두고 일본, 정확하게는 미국을 대리한 일본을 어떻게 이길 것인가, 중국의 패권 장악을 역사적으로 어떻게 뒷받침할 것인가 하는 문제의식과 동북공정이 연결되어 있다는 점을 눈여겨볼 필요가 있다.

동북아시아 패권경쟁 문제만큼 중국이 중요하게 생각하는 것은 체제 공고화 문제다. 특히 동북아시아 지역의 안정화는 시급한 상황이다. 2000년에 6·15남북정상회담이 실현된 후 남북관계가 급속히 발전하고, 그 영향으로 중국의 조선족 사회가 크게 동요하기 시작했다. 중국에서 소수민족 자치구가 되려면 특정 소수민족의 인구가 25퍼센트가 넘어야 하는데, 조선족 자치구가 그 밑으로 떨어진 지는 오래되었다. 그런데도 중국은 계속해서 자치구를 유지하고 있다. 이 지역의 조선족들은 기본적으로 중국인의 정체성을 가지고 있다. 그런데 예전에는 북한친화적이었다가 이제는 남한친화적인 사람이 많이 늘었다. 덩달아 정체성에 혼란이 생기기 시작했다. 달리 말하면, 일부 사람이겠지만, 이제 사회주의보다 자본주의가 더 좋게 보이기 시작한 것이다. 그뿐만 아니라 그 숫자가 점점 늘어나는 추세다. 중국 당국의 입장에서는 심각하게 여길 수밖에 없고, 티베트 독립운동과 같은 변방의 동요를 더이상 만들고 싶지 않은 것은 당연하다. 중국의 양 극단에서 소수민족의 이탈 상황이 벌어지지 않게 하기 위해, 그들은 체제 결속을 다질 수밖에 없고, 거기에 역사를 활용하려는 의지를 드러낸 것이다. 즉 동북공정의 핵심은 조선족이 고구려 때부터 중국의 소수민족이었다는 이야기다. 이것이 동북공정의 내부적 요인이다.

외부적으로는 개성공단이 만들어지고 금강산 관광이 시작되는 등 남북관계가 급진전되면서, 북한이 자본주의체제로 넘어갈 가능성이 있다는 점이 고려되었다. 나아가 통일이 현실화될 경우에는 문제가 더욱 복잡해질 것으로 봤다. 흡수통일이 실현되면 순망치한의 문제가 발생하는 것이다. 중국 입장에서는 타이완과도 아직 통일을 못 시켰는데, 북한까지 자본주의화 또는 친미국가가 되어버리면 적들에게 포위되는 형국이 벌어진다. 중국의 선택은 북한을 지키는 것이다. 그리고 북한을 지켜줄 수 있는 역사적 근원이 고구려에 있다고 본 것이다. 북한은 옛날부터 중국인과 같은 민족이라는 주장이다. 중국이 이런 주장을 겉으로 내놓은 바는 없지만, 역사 해석의 이면에 담긴 그 같은 정치적 입장을 경계할 수밖에 없는 상황이다.

한국에서는 당연히 동북공정에 대해 항의하고 다양한 대책을 모색

했다. 그런데 중국은 이 문제를 그들만의 방법으로 간단하게 무시했다. 현재 중국 외교부 홈페이지에는 대한민국의 역사를 1948년 8월 15일부터 시작된 것으로 써놓았다. 그전에는 고대사까지 모두 써놓았는데, 동북공정으로 고대사 논쟁이 벌어지니 아예 대한민국 이전의 역사를 모두 지워버린 것이다.

동북공정에는 다른 뜻도 있다. 중국이 동북공정을 진행하는 목표에는 역사 문제뿐 아니라 동북 지역의 낙후된 경제를 발전시키겠다, 그리고 방치되어 있는 문화유적들을 정비하고 보호하겠다는 의지도 포함돼 있다. 입장을 바꿔보면 이해가 되는 부분이 없는 것도 아니다. 예를 들어 대마도를 우리 땅으로 편입시켰다면, 우리 입장에서 대마도를 우리 역사 서술에 편입시키고, 그곳의 문화재를 정비할 것이냐 말 것이냐 하는 경우와 비교해보면 쉽게 이해할 수 있다. 당연히 우리도 대마도 역사를 우리 역사에 포함시킬 것이고, 대마도에 대한 역사 공부를 할 것이기 때문이다. 어떻든 중국은 현재까지 대학교 교과서에서 고구려를 한국사에 포함시켜서 가르치고 있다. 최종 목표는 아마도 고구려사를 자국 역사에 편입시키려는 것일 텐데, 우리로서는 받아들일 수 없는 주장이다. 역사의 뿌리와 현실의 영토 지배 문제를 구분하지 않고, 한국의 역사적 뿌리까지 무시하며 중국사로 편입하려는 시도에 대해 경계심을 늦춰서는 안 된다.

역사논쟁에서
우리는 무엇을 할 것인가

일본의 역사왜곡, 중국의 동북 공정은 한반도 정세와 통일 이후의 한반도를 전망하는 것과 연결시켜서 생각할 수밖에 없는 구조다. 민족주의와 민족주의가 맞부딪치는 상황 속에서 각국의 정치세력은 자신들의 입장에서 역사를 도구로 사용하고 있다. 역사의 정치도구화는 퇴행적이고 패권주의적인 역사인식과 맞물려 있다. 21세기의 평화 공존적 동북아시아 질서와 민주적 시민사회 발전이라는 가치 지향과는 동떨어진 부분이다. 우리가 그토록 비판해 마지않는 일본의 역사왜곡과 중국의 역사왜곡이 우리 안에서 실현되는 것을 막아내지 못한다면 일본과 중국의 역사왜곡에 맞서고 있는 그 내부의 시민들과는 연계할 방법이 없어진다. 성숙한 시민사회만이 그러한 잘못된 역사의 정치도구화를 막아낼 수 있다. 국내외 역사논쟁을 좀더 긴 호흡과 큰 틀에서 바라본 이 글이 우리가 지향해야 할 역사인식이 어떤 모습이 되어야 하는지를 고민하는 데 작은 도움이 되기를 바란다.

1 기존에 사용되었던 '태평양 전쟁'은 미국과의 전쟁국면만을 표현하는 것으로, 이
   전쟁이 중국·동남아시아를 포함한 전쟁이었다는 것을 반영할 수 없으며, '대동아
   전쟁'은 대동아공영권을 정당화하는 명칭으로 일본이 패전한 후 미국이 사용을 금
   지한 용어로 현재에 사용하기에 부적절하기 때문에 1980년대부터 '아시아 태평양
   전쟁'이라는 호칭이 제창되었다.

2 전후 미국의 일본에 대한 점령정책 전환과정에 대해서는 吉田裕『日本の時代史26 戰
   後改革と逆コース』, 吉川弘文館 2004, 中村政則『新装版 戰後日本 占領と戰後改革 2 占領
   と改革』, 岩波書店 2005 참조.

3 요시다 유타카『아시아 태평양 전쟁』, 최혜주 옮김, 어문학사 2012, 234~35면.

4 처음에는 미국, 영국, 중국, 소련, 호주, 네덜란드, 프랑스, 인도, 캐나다, 뉴질랜드,
   필리핀 등 11개국으로 구성되었으나, 후에 미얀마, 파키스탄이 참가해 13개국이 되
   었다.

5 中村政則『戰後史』, 岩波新書 2005, pp. 11~12.

6 원래 '국체'(國體)는 국가체제의 성격, 원리를 의미하는 것으로, 근대 일본에서 '국
   체'란 천황을 중심으로 한 국가체계를 가리키는 말이다. 일본은 패전 당시 무조건
   항복을 요구한 포츠담 선언이 발표된 이후에도 천황제를 유지하겠다는 국체호지
   (國體護持)를 견지했다.

7 아사오 나오히로 외 엮음『새로 쓴 일본사』, 이계황 외 옮김, 창비 2003, 537~39면.

8 南基正『朝鮮「解放3年史」と日本占領 戰後日本 占領と戰後改革 世界史のなかの一九四五
   年』, 岩波書店 1995, p. 203.

9 管英輝『米ソ冷戰とアメリカのアジア政策』, ミネルヴァ書房 1992, p. 199.

10 三浦陽一「朝鮮戰爭と再軍備」, 歷史学研究会 1974, p. 114.

11 1.종합예산의 균형, 2.세금징수의 강화, 3.신용확장의 엄격한 제한, 4.임금 안정계획
    의 입안, 5.물가통제의 강화, 6.무역과 외환관리의 강화, 7.수출용 자재배급의 효율
    화, 8.광공업 생산의 증가, 9.식량공출의 효율화 촉진 등이었다.

12 『민주일보』 1951년 1월 28일자, 『동아일보』 1951년 1월 29일자.

13 マクマン・ロバート「安全保障か自由か: 朝鮮戦争がアメリカ的世界秩序に与えた影響」, 菅
    英輝編『冷戦史の再検討: 変容する秩序と冷戦の終焉』, 法政大学出版局 2010, pp. 39~61.

14 일본의 재군비 논의 과정과 샌프란시스코 강화조약에 대해서는 유지아 「전후 대
    일강화조약과 미일안보조약 과정에 나타난 미군의 일본주둔과 일본재군비 논의」,
    『일본학연구』 제41집, 2014 참조.

15 NEAR재단 엮음 『한일관계, 이렇게 풀어라』, 양재옥 옮김, 김영사 2015, 347~49면.

3장 한국전쟁과 폭격의 트라우마

1   필자는 2000년경부터 미국의 문서보관소에서 공개되기 시작한 한국전쟁기 미 공
    군 문서 수만 장을 수집·분석해 그 결과를 『폭격』, 창비 2013으로 출판했다. 이 책
    에 등장하는 수많은 미 공군 자료들은 전쟁기 미국의 전쟁수행 방식을 생생하게 보
    여주고, 강대국들에 의해 좌우된 전쟁의 불행한 민낯을 있는 그대로 드러낸다. 이
    글은 『폭격』의 핵심내용을 아주 간단히 정리한 것에 불과하다고 볼 수 있다. 당대
    역사 속에서 생동하는 수많은 문서들을 직접 확인하고 싶다면 『폭격』을 읽어볼 것
    을 권한다. 『폭격』에 등장하는 대부분의 문서와 사진들은 『폭격』에서 최초로 인용
    된 자료들이다.

2   J. David Singer & Melvin Small, *The Wages of War 1816-1965: A Statistical
    Handbook*, John Wiley & Sons, Inc., 1972, p. 131.

3   내무부 통계국 『대한민국 통계연감』, 1955, 212~13면(국방군사연구소 『한국전쟁
    피해통계집』 1996, 85면에서 재인용).

4   슈티코프 「조선민주주의인민공화국 주재 소련대사가 소련 내각회의 의장에게 보
    낸 전문, 조선인민군 지휘기관들의 재편성과 조선인민군의 전투행동에 대한 보고
    서, No. 468」, 1950. 7. 7.(국사편찬위원회 편 『한국전쟁, 문서와 자료, 1950~1953』,
    국사편찬위원회 2006, 74~75면); 슈티코프 「조선민주주의인민공화국 주재 소련대
    사가 소련 내각회의 의장에게 보낸 전문, 조선의 상황에 대하여, No. 477」, 1950. 7.

8.(국사편찬위원회 편, 같은 책 76~78면).

5   United States House of Representative, *Report on the Communist "Peace" Offensive*, Washington D.C.: US Government Printing Office, 1951, p. 34.

6   최은범 「국제인도법의 발전과 전시 민간인보호에 관한 연구 ─ 제네바제협약 및 추가의정서를 중심으로」, 경희대학교 법학과 박사학위논문 1986, 41~47면.

7   1949년 당시 미국 내 언론에 의해 '제독들의 반란'이라고도 불린 미 해군과 공군 갈등의 세부적 전개 양상은 다음에 자세히 드러나 있다. Sahr Conway-Lanz, *Collateral Damage: Americans, Noncombatant Immunity, and Atrocity After World War II*, Routledge, 2006, pp. 23~58.

8   "The Joint Chief of Staff to the Commander in Chief, Far East(MacArthur)," 1950. 6. 29.(US Dept. of State, *Foreign Relations of the United States, 1950, Vol. 7, Korea*, US Government Printing Office, 1976, p. 241).

9   공보처 통계국 「부록 임시인구 및 피해조사결과명세(檀紀四二八三年十月二十五日現在)」, 『서울특별시 피해자명부』 1950, 3~4면.

10   Michael Knight, *Strategic Offensive Air Operations*, London: Brassey's, 1989, pp. 1~2.

11   FEAF Bomber's Command, "Operations Order 1-50, Wonsan, Port and Dock Area," 1950. 7. 13.; FEAF Combat Operations Division, *A Day by Day History of Far East Air Forces Operations*, Vol. 1, p. 64, 93, 96, 98; FEAF Bomber Command Provisional, *Far East Air Forces Bomber Command Digest*, 13 July Thru 31 October, p. 14, 16.

12   "FEAF Operations Analysis Office Memorandum No. 9 : Forces Estimates for Line Targets," FEAF Operations Analysis Office, Fifth Air Force, 1950. 7. 24.

13   『소련 군사고문단장 라주바예프의 6·25전쟁 보고서』 1, 국방부 군사편찬연구소, 2001, 194면.

14   다양한 임무보고서의 구체적 내용에 대해서는 졸저 『폭격』, 창비 2013의 「제3부 평범한 임무」 참조.

15   "Substance of Statements Made at Wake Island Conference on 15 October 1950," (US Dept. of State, *Op. Cit.*, pp. 948~53).

16   George E. Stratemeyer, *The Three Wars of Lt. Gen. George Stratemeyer, His Korean War*

Diary, Air Force History and Museums Program, 1999, p. 258.

17 Headquarters U. S. Air Force, "Air Situation in Korea," 1950. 11., pp. 4~15.

18 "USAF Historical Study No. 72: United States Air Force Operations in the Korean Conflict, 1 November 1950~30 June 1952," 1955. 7. 1, p. 21.

19 "Memorandum of Conversation, by the Ambassador in Korea(Muccio)," 1950. 11. 17.(US Dept. of State, *Op. Cit.*, p. 1175).

20 "History of 3rd Bomb Wing, July-Dec. 1952," pp. 5~9(Robert F. Futrell, *The United States Air Force in Korea 1950-1953*, Duell, Sloan and Pearce, 1961, p. 481에서 재인용).

21 "Fifth Air Force Intelligence Summary," 1952. 10. 20.

22 A Quarterly Review Staff Study, "The Attack on the Irrigation Dams in North Korea," James T. Stewart ed., *Air Power — The Decisive Force in Korea —*, D. Van Nostrand Company, 1957, pp. 172~76.

23 Conrad C. Crane, *American Airpower Strategy in Korea*, 1950-1953, University Press of Kansas, 2000, pp. 168~69.

24 「이승만 대통령, NBC방송과 회견」, 『동아일보』 1951년 3월 16일자.

25 진실·화해를위한과거사정리위원회 『진실화해위원회 종합보고서 III: 민간인 집단 희생사건』, 2010, 277면.

4장 박정희와 미국, 이승만과 미국

1 "#197, Memorandum of Conversation" Feb. 23, 1972, Department of State, 2006, *Foreign Relations of United States*(이하 'FRUS'로 약칭) 1969~1976, Vol. XVII China 1969~1972, Washington DC, United States Government Printing Office, 732~33면

2 에드워드 사이드 『오리엔탈리즘』, 박홍규 옮김, 교보문고 2000 참조.

3 임병직 「아세아의 碁局」, 『신태양』 10월호, 1956; 임병직 「제네바 무대의 연극」, 『신태양』 4월호, 1956.

4 홍석률 「이승만 정권의 북진통일론과 냉전외교정책」, 『한국사연구』 제85집, 1994.

5 김정렬 『김정렬 회고록』, 을유문화사 1993, 203~10면, 456~59면.

6 "The Commander in Chief, UNC(Hull to the Chief of Staff, United States Army (Ridgway)" Nov. 8, 1954, *FRUS* 1952~1954, Vol. 15. part2, p. 1913.

7 박명림 「4월혁명과 5·16군사쿠데타에서 미국의 역할」, 『역사비평』 113호, 2015; 홍석률 「4월혁명과 이승만 정권의 붕괴과정: 민주항쟁과 민주당, 미국, 한국군의 대응」, 『역사문화연구』 36호, 2010.

8 스나이더는 한 국가가 다른 국가와 동맹을 형성하면 한편으로는 이익을 얻지만 자신의 행동의 자유는 불가피하게 제약을 받게 된다고 지적한다. 동맹을 형성한 국가들은 한편으로는 동맹국이 자신을 방기할 가능성을 우려하고, 또 한편으로는 동맹관계 때문에 불필요한 분쟁에 연루될 가능성을 걱정한다는 것이다. 즉 연루와 방기의 우려 사이에서 갈등하며 딜레마에 직면한다는 것이다(Glenn. H. Snyder, "The Security Dilemma in Alliance Politics", *World Politics*, Vol. 36, No. 4, 1984). 안보 딜레마 문제를 한미관계에 적용시켜 설명한 글로는 신욱희 『순응과 저항을 넘어서 — 이승만과 박정희의 대미정책』, 서울대학교출판문화원 2010 참조.

9 강석률 「닉슨 독트린과 데탕트 그리고 한미동맹: 억제의 추구와 동맹국간의 갈등」, 서울대학교 외교학과 석사학위논문 2008.

10 1969년 한미정상회담 비망록은 현재 한국정부가 작성한 것과 미국정부가 작성한 것이 모두 공개되어 있다. 양쪽 기록 모두 닉슨이 주한미군 감축은 없을 것이라고 이야기한 것으로 서술되어 있다. 「정상회담 회의록」 1969. 8. 21, 724.11. US. 1969(분류번호), 3017(등록번호), 외무부문서, 대한민국외교사료관, 204면; "#35. Memorandum of Conversation", Aug. 21, 1969, *FRUS* 1969-1976 Vol XIX, Part 1 Korea, 1969~1972, p. 101.

11 홍석률 『분단의 히스테리: 공개문서로 본 미중관계와 한반도』, 창비 2012, 116~21면.

12 같은 책 참조.

13 같은 책; Ria Chae, *Making the Cold War Their Own: inter-Korean Relations, 1971~1976*, Ph.D. dissertation, The Graduate School of International Studies, Seoul National University, 2015.

14 유훈 「카터 행정부의 세계전략과 주한미군 철수 정책」, 서울대학교 정치학과 박사학위논문 2012; 서은옥 「카터 행정부 시기 주한미군 철수결정에 대한 한국 외무부의 대응」, 서강대학교 정치외교학과 석사학위논문 2011.

15 홍석률 「카터 행정부기 미국의 대한반도 정책과 3자회담」, 『한국과 국제정치』 32권

2호, 2016.

16 조관행「카터 행정부의 북한 군사력 재평가: 주한미지상군 철수중지 결정과정」, 『신아세아』18권 4호, 2011.

17 홍석률, 앞의 글.

18 「제4차 6자회담 공동성명」2005년 9월 19일(장달중·이정철·임수호『북미대립: 탈 냉전 속의 냉전 대립』, 서울대학교출판문화원 2011, 332~33면에서 재인용).

6장 베트남 전쟁의 반쪽 기억

1 http://theme.archives.go.kr/next/koreaOfRecord/overseaDispatch.do (검색일: 2016. 6. 10.)

2 http://blog.naver.com/PostView.nhn?blogId=hl5njp&logNo=31118919 (검색일: 2016. 6. 10.)

3 박태균「2009 개정 교육과정 한국사 교과서 현대사 부분 분석」, 『역사교육』116호, 2010, 315~45면.

4 https://www.youtube.com/watch?v=gthP7IOWB1Y (검색일: 2016. 6. 20.)

5 『조선일보』1967년 12월 27일자.

6 「파월장병 경부고속도로 점거 상하행선 4시간 불통」, 『동아일보』1992년 9월 27일자.

7장 민주화의 숨은 주역을 찾아서

1 이 글은 다음 논저에서 많은 도움을 받았다. 김정남『4·19혁명』, 민주화운동기념 사업회 2003; 오제연「4월혁명의 기억에서 사라진 사람들-고학생과 도시하층민」, 『역사비평』106, 2014; 홍영유『4월혁명통사』1~10, 천지창조 2010; 민주화운동기 념사업회 연구소 편『한국민주화운동사』1, 돌베개 2008.

2 서울대학교 강연문, 2005년 3월 31일.

3 홍석률「4월혁명과 이승만 정권의 붕괴 과정」, 『정의의 행동 그리고 4월혁명의 기 억』, 선인 2012 참조.

4 우남전기편찬회『우남노선: 리승만 박사 투쟁노선』, 명세당 1958, 12~13면(후지이 다케시「'이승만'이라는 표상」, 『역사문제연구』19, 2008, 35면에서 재인용).

5 우남전기편찬회, 같은 책 187면(후지이 다케시, 같은 글 36면에서 재인용).

6 「'양아치'도 이 나라의 아들딸들이다」, 『국제신보』 1960년 5월 14일자.

7 『동아일보』 1960년 9월 3일자(조간).

8장 한일 역사교과서 논쟁을 해부한다

1 한국 내부 그리고 한일 간의 역사논쟁을 좀더 깊이 알아보고자 하는 이들은 필자
의 다음 논저를 참고하기를 바란다. 「국사 교과서 정치도구화의 역사」, 『역사교육』
97집, 2006; 「새 정권과 역사교과서 흔들기」, 『역사와현실』 68호, 2008; 「거꾸로 가
는 역사교육 강화, 파행의 한국사 교육」, 『역사와현실』 77호, 2010; 「국가 간 역사갈
등 해결을 위한 역사정책 모색」, 『역사비평』 100호, 2012; 「탈냉전시대 한중일 3국
의 미래전략과 역사논쟁」, 『사림』 45호, 2013; 「탈식민·탈냉전·민주주의에 대한 도
전, '뉴라이트' 『한국사』 교과서」, 『역사문제연구』 30호, 2013; 「일본 교과서문제와
동북아 역사교과서 대화」, 『사림』 48호, 2014; 「공통부교재를 통한 동아시아 역사청
산과 역사화해의 성과와 한계」, 『사림』 50호, 2014; "History Textbook Dialogue in
Northeast Asia and the European Experience: From the Transferring of Experience
to Mutual Exchange", Korean National Commission for UNESCO, *Korea Journal*
Vol.55 No.1 Summer 2015; 「식민주의와 민족주의의 함정을 넘어서」, 『역사와현실』
100호, 2016. 그외 역사교육연대회의 『뉴라이트 위험한 교과서 바로읽기』, 서해문
집 2009; 김한종 『역사교과서 국정화, 왜 문제인가』, 책과함께 2015를 참고하라.

이미지 제공처 및 소장처

이 책은 다음의 단체 및 저작권자의 허가 절차를 밟았습니다.
이미지를 제공해주신 분들께 진심으로 감사드립니다.
수록된 사진은 대부분 저작권자의 사용·허가를 받았으나,
일부 저작권자를 찾지 못한 경우는 확인되는 대로 허가 절차를 밟겠습니다.

경향신문사(민주화운동기념사업회 제공)   132, 145, 152, 157, 167, 176, 237
국가기록원   70, 120
국사편찬위원회   261
김천길(민주화운동기념사업회 제공)   240
대한민국 국군   125
미국 국립문서기록관리청   100(전체), 106(전체)
장준하기념사업회   170(왼쪽)
코리아리퍼블릭   79
한국사진기자협회   248
황윤희   183(왼쪽)
3·15의거기념사업회   224, 233
A Quarterly Review Staff Study, Air University   109
e-영상역사관   257
Jakub Halun   22(왼쪽)
Shannon McCune   45(아래)

쟁점
한국사
현대편

초판 1쇄 발행 / 2017년 3월 1일
초판 6쇄 발행 / 2022년 10월 25일

지은이 / 유지아 정병준 김태우 홍석률 한홍구 박태균 오제연 이신철
기획 / 박태균
펴낸이 / 강일우
책임편집 / 윤동희 최란경
조판 / 박지현
펴낸곳 / (주)창비
등록 / 1986년 8월 5일 제85호
주소 / 10881 경기도 파주시 회동길 184
전화 / 031-955-3333
팩시밀리 / 영업 031-955-3399 편집 031-955-3400
홈페이지 / www.changbi.com
전자우편 / nonfic@changbi.com

ⓒ 유지아 정병준 김태우 홍석률 한홍구 박태균 오제연 이신철 2017
ISBN 978-89-364-8283-1 04910
        978-89-364-7960-2 (세트)